智慧引领：
高校思政课教学改革与实践探索

王素斐　周毅◎著

武汉理工大学出版社

图书在版编目（CIP）数据

智慧引领：高校思政课教学改革与实践探索 / 王素斐，周毅著. -- 武汉：武汉理工大学出版社，2025.6.
ISBN 978-7-5629-7458-1

Ⅰ.G641

中国国家版本馆 CIP 数据核字第 20251AC484 号

责任编辑：尹珊珊
责任校对：何诗恒　　　　　　　　排　版：任盼盼
出版发行：武汉理工大学出版社
社　　址：武汉市洪山区珞狮路 122 号
邮　　编：430070
网　　址：http://www.wutp.com.cn
经　　销：各地新华书店
印　　刷：天津和萱印刷有限公司
开　　本：710×1000　　1/16
印　　张：15
字　　数：251 千字
版　　次：2025 年 6 月第 1 版
印　　次：2025 年 6 月第 1 次印刷
定　　价：90.00 元

凡购本书，如有缺页、倒页、脱页等印装质量问题，请向出版社发行部调换。
本社购书热线电话：027-87391631　87664138　87523148

·版权所有，盗版必究·

前　言

　　近年来，全球范围内的高等教育改革浪潮此起彼伏，智能技术的广泛应用对高校思政课教学产生了深远的影响。传统的教学方式和手段已难以满足当前学生的学习需求与期望，他们渴望更加个性化、互动化和智能化的学习体验。因此，高校思政课教学必须紧跟时代步伐，充分利用新兴技术的优势，推动教学改革与创新。在此背景下，智慧引领成为高校思政课教学改革的重要方向。智能技术不仅能驱动课堂教学变革，提升教学效率和质量，还能为高校思政课教学提供新的发展方向和机遇。数字化创新则为高校思政课教学拓展了更加广阔的空间，通过数字化赋能，可以实现教学资源的优化配置和共享，推动教学供给侧的改革与实践。同时，信息技术与高校思政课教学的深度融合也是当前教育改革的重要趋势。信息技术的教育价值日益凸显，它不仅能够改变教学方式和手段，还能够促进教学体系的重构和资源的整合。新媒体技术的广泛应用，更是为高校思政课教学带来了全新的视角和体验，通过增强教学实效性、优化教学内容结构、提升教学亲和力以及创新教学模式等方式，为高校思政课教学注入了新的活力。此外，人工智能技术和虚拟仿真技术也为高校思政课教学提供了精准化与创新化的解决方案。人工智能技术能够实现对教学体系的转化和精准化教学，为思政课教学提供更加科学、有效的支持。虚拟仿真技术则能够助力思政课教学革新，通过创新融合和实践应用，为学生提供更加真实、生动的学习体验。

　　本书致力于系统分析和探讨高校思政课教学改革与实践的各个方面，内容涵盖智能技术、数字化创新、信息技术、新媒体技术、人工智能以及虚拟仿真技术等新兴技术在高校思政课教学中的应用与实践。第一章从智能技术引领高校思政课教学改革的角度出发，深入剖析智能技术驱动思政课教学改革的逻辑与进路，探讨智能时代下高校思政课教学改革的新方向和新机遇。第二章关注数字化创新下的高校思政课教学改革与实践，阐述数字化赋能的原则、策略和供给侧改革实践。第三章至第七章分别围绕信息技术与高校思政课教学的深度融合、新媒体技术驱动的教学革新、人工智能技术赋能的精准化教学、虚拟仿真技术助力教学革新以及智慧课堂教学建设与实践分析等方面展开深入研究。第八章聚焦"互联网+"赋能思政课教学的实效、互动与一体化探索，为高校思政课教学的未来发展提供了新的思路和方向。

  本书旨在为广大教育工作者、研究者及相关从业人员提供理论指导与实践参考，推动高校思政课教学的创新发展。教育的目的在于培养具有创新精神和实践能力的高素质人才，而高校思政课教学作为培养学生思政素质和道德品质的重要环节，其改革与实践显得尤为重要。希望本书能够为高校思政课教学的研究与实践提供有益的启示和借鉴，助力教育事业的繁荣与发展，共同推动高等教育的持续进步与繁荣。

王素斐 周毅
2025 年 1 月

目录

第一章 智能技术引领高校思政课教学改革……1
- 第一节 智能技术驱动思政课教学改革的逻辑与进路……1
- 第二节 智能时代高校思政课教学改革的新方向……8
- 第三节 智能技术赋能高校思政课教学改革新机遇……11

第二章 数字化创新下的高校思政课教学改革与实践……16
- 第一节 数字化赋能高校思政课教学改革的原则……16
- 第二节 数字化赋能高校思政课教学改革的策略……22
- 第三节 数字化时代高校思政课教学供给侧改革实践……35

第三章 信息技术与高校思政课教学的深度融合……43
- 第一节 信息技术的教育价值及其对思政课教学改革的影响……43
- 第二节 信息技术与思政课教学深度融合的教学体系及资源……49
- 第三节 信息技术与思政课教学深度融合的数据集成及模式……60

第四章 新媒体技术驱动高校思政课教学革新……74
- 第一节 新媒体技术增强高校思政课教学实效性……74
- 第二节 新媒体技术优化高校思政课教学内容结构……80
- 第三节 新媒体技术提升高校思政课教学亲和力……82
- 第四节 新媒体技术创新高校思政课教学模式……87

第五章 人工智能技术赋能高校思政课教学精准化……95
- 第一节 人工智能技术对高校思政课教学体系的转化……95
- 第二节 人工智能赋能思政课教学精准化的内在机理……101
- 第三节 人工智能赋能思政课教学精准化的技术理路……105
- 第四节 人工智能赋能思政课教学精准化的实践路径……114

第六章 虚拟仿真技术助力高校思政课教学革新············119
第一节 虚拟仿真技术与虚拟仿真教学法············119
第二节 虚拟仿真技术与思政课教学的创新融合············129
第三节 虚拟仿真教学法在思政课教学中的实践············149

第七章 高校思政课智慧课堂教学建设与实践分析············166
第一节 智慧课堂的体系及其在教学中的实施············166
第二节 高校思政课智慧课堂教学模式的构建············182
第三节 高校思政课智慧课堂教学模式的应用············191
第四节 基于云课堂平台的思政课智慧课堂教学实践············196

第八章 "互联网+"赋能思政课：实效、互动与一体化探索············206
第一节 "互联网+"时代思政课教学的实效性与网络化············206
第二节 "互联网+"时代思政课互动教学模式············211
第三节 基于互联网平台的高校思政课一体化建设············220

参考文献············229

第一章　智能技术引领高校思政课教学改革

随着人工智能、大数据等智能技术的飞速发展，教育领域正经历着深刻变革。高校思政课作为落实立德树人根本任务的关键课程，也面临着教学方法、教学模式创新的重要挑战。智能技术在教育领域的广泛应用，为高校思政课教学改革提供了新的思路和可能性。本章主要分析智能技术驱动课堂教学变革的逻辑与进路、智能时代高校思政课教学改革的新方向、智能技术赋能高校思政课教学改革新机遇。

第一节　智能技术驱动思政课教学改革的逻辑与进路

一、智能技术驱动思政课教学改革的逻辑

（一）浅层赋能范式阶段：智能教育

在教育数字化转型的背景下，AI（人工智能）、VR（虚拟现实）、云计算等智能技术以及元宇宙概念共同塑造了全新的教育生态格局，推动了智能教育时代的加速到来[1]。智能教育作为"智能技术与教育融合"的先行探索，为思政课教学改革提供了一条充满潜力的技术整合新路径。在这一融合的初期，智能技术主要以弱智能的形态融入思政课教学，其核心策略体现为浅层的赋能模式。该模式侧重于利用特定的智能技术功能，特别是监督学习机制，对思政课的教学流程进行了初步的改良与辅助。监督学习模式基于精心设计的分类任务与大规模人工标注的数据集，旨在构建能够预测和分类学生反应

---

[1] 欧胜虎. 智能教育时代高校教师角色转型的必然、实然与应然[J]. 成都工业学院学报，2024，27（4）：89-92.

的智能模型。在这一过程中,思政专家的教学智慧与经验被转化为规则与数据,并融入智能技术系统,使其能在特定的教学情境下,按照预设的输入输出关系,执行教学任务或提供个性化学习支持。

然而,此阶段的智能教育在思政课教学中的应用,仍然深度依赖于人类设定的框架与指导。智能技术的表现更多是对传统思政教学行为的模仿与复制,尚未实现真正意义上的自主决策与创新能力展现。尽管诸如智能助教等智能产品在思政课上得到了应用,但这些产品大多局限于作为辅助工具,通过执行预设程序来响应学生的学习需求或协助教师完成教学任务。这种融合方式虽然在一定程度上增强了思政课教学的趣味性和互动性,但其在思政课教学中的渗透深度与广度仍有待进一步拓展,标志着技术赋能思政课教学正处于初级阶段。

综上所述,浅层赋能范式下的"智能技术与教育融合",可以被视为思政课教学技术革新的一次初步尝试。它借助智能技术手段对思政课教学流程进行了有限的优化与重构,但尚未触及思政教育的核心本质与引发深层次的改革。

(二)深度赋能范式阶段:教育智能

教育智能作为"教育"与"智能技术"深度融合的高级形态,其核心不仅在于智能技术对教育领域的深度赋能,更在于它引领思政课教学迈向了一个智能化与人本化并重的全新转型阶段。这一转型,标志着思政课教学与智能技术的结合已超越了简单的技术应用层面,深刻触及了对思政教育的本质、价值追求以及教学方法论的重新解读与深化。

在思政课教学改革的浪潮中,教育智能不仅是一种技术手段的革新,更是教育理念的根本性转变。它促使思政课教学从单一的技术主义倾向中摆脱出来,转向以人本主义为核心的人机协同教育新模式。在这一新兴范式中,教育智能充分展现了其作为先进智能技术的强大潜力,特别是在无监督学习与深度学习技术的综合运用方面,为思政课教学提供了前所未有的支持。

无监督学习作为一种高效的数据探索与分析工具,能够自主处理未标注的复杂数据,揭示学生的思想动态、学习行为等背后的信息结构与规律,为思政课教学策略的制定提供了科学依据与精准支持。深度学习技术则进一步挖掘数据本质,通过复杂的神经网络模型,捕捉学生样本数据中的深层次特征与知识表征,推动思政课内容与方法的智能化革新,使教学更加契合学生的实际需求与心理特点。

教育智能在思政课教学中的最终追求并非技术层面的极致，而是将这些技术能力转化为促进学生全面发展，特别是思想政治素质提升的教育功能。它倡导在思政课教学活动中，将学生的个性化需求置于首位，通过智能技术的精准赋能与课堂生态的深度融合，实现知识传授、能力培养与价值引领的和谐统一。在这一转变过程中，人机协同不仅优化了思政课教学流程，提高了教学的效率与质量，更深化了学生对思政教育本质与规律的认识，推动着思政课教学从"技术驱动"范式向"人本引领"范式的深刻转型。

（三）整合赋能范式阶段：智能教育＋教育智能

在思政课教学的改革浪潮中，"智能教育与教育智能"这一双重路径的融合，不仅为传统教学模式带来了前所未有的挑战与机遇，更深刻揭示了技术赋能教育与学习创新之间的深度交织，成为教育现代化探索历程中的重要里程碑。这一改革不仅是技术进步的体现，更是思政课教学理念与方法论的一次深刻革新。

智能教育作为"互联网＋教育"战略的深化实践，其核心在于技术的创新探索与广泛应用，为思政课教学提供了全新的视角与手段。通过智慧校园的建设，思政课堂得以打破时空限制，实现线上线下融合教学；立体化教学资源库的搭建，让丰富的思政教育资源触手可及，增强了教学的时效性和针对性。在线学习平台的普及，使得个性化学习成为可能，每个学生都能根据自己的学习进度和理解程度，灵活调整学习节奏。智能辅助教学工具的集成，更是为思政课教学插上了科技的翅膀，通过数据分析、智能推荐等手段，精准把握学生的学习状态，有效提升了教学的精准度和有效性。

教育智能作为"教育＋互联网"深度融合的高级形态，其核心理念在于人本主义，强调在技术的支撑下，关注学生全面发展与教学效果的最优化。在思政课教学中，这一理念得到了生动的体现。智慧测评体系能够全面、客观地评价学生的学习成效，为教学改进提供科学依据；智能家教系统则能够针对学生的个体差异，提供个性化辅导，帮助学生更好地理解和掌握思政知识。教学仿真游戏的创新应用，让思政课堂变得更加生动、有趣，提高了学生的学习兴趣和参与度；智适应学习平台则能够根据学生的学习特点和需求，智能推荐学习资源和学习路径，推动深度学习。

这一系列的实践探索，不仅是对传统思政课教学的一次全面革新，更是对教育本质的一次深刻审视与回归。它强调在技术的强力支撑下，更加重视个体成长的内在逻辑与思维发展的独特路径，致力于培养学生的创新精神与实践能力，为新时代培养具备高尚品德、扎实学识和创新能力的复合型人才奠定了坚实的基础。因此，将"智能教育与教育智能"这一双重路径巧妙融入思政课教学改革，不仅是教育现代化的必然要求，更是培养新时代合格建设者和接班人的重要途径。

二、智能技术驱动思政课教学改革的进路

（一）情感驱动赋能教师教学观念前瞻性

在智能技术深刻重塑课堂教学格局的当下，思政课教学改革正面临着前所未有的机遇与挑战。数字智能时代的教师，在推进思政课教学改革的过程中，亟须打破传统教师主导模式的束缚，立足于人本理念、智能技术革新及教育深度融合的三维框架内，深入探究并优化生命成长视野下这三者间的互动关系。此视角下的思政课教学改革，强调智能技术融入教育的核心使命应回归到教育技术的本源——促进个体成长与发展，而非仅局限于机械逻辑下的效率最大化。正如教育哲学的深刻洞察所揭示的，技术对人的潜在替代是机器思维模式的体现，它侧重于目标的达成与效率的增进，而教育的真正价值在于推动个体的全面进步与生命质量的飞跃。因此，思政课教学改革必须坚守以教育逻辑为核心，避免陷入"技术至上主义""技术焦虑"及"技术隔阂"等误区。

为实现智能技术助力生命成长的教育理想，思政课教学改革需从以下几个方面入手。

首先，构建基于深厚教育情感联结的课堂生态系统，灵活应用教育策略，平衡智能技术的工具理性与人本主义的价值取向，促进人机智能的和谐共存。这要求教师在思政课中融入智能技术的新理念与新思维，同时持续关注与引导学生情感。

其次，思政课教学改革需坚守教育以人的全面发展为本的价值导向，发挥智能技术在激发情感潜能、指引发展方向方面的独特优势。通过智能技术，教师可以更加精准地把握学生的思想动态，为其提供个性化的教学指导，这体现了智能技术服务于教育的根本宗旨，即促进人的健康成长与全面发展。

再次，作为新时代的教师，在思政课教学改革中应怀揣深厚的教育情怀，不仅要传授知识与技能，更关键的是激发学生的自我探索能力，培养其用以

应对复杂世界的智慧与勇气。这要求教师在教学实践中谨记立德树人的核心使命，推动学生德、智、体、美、劳全面发展，并将课程思政融入教学的各个环节，以促进学生综合素养的提升。通过智能技术的辅助，教师可以更加生动地展现思政课程的内容，增强学生的参与感与认同感。

最后，为了塑造具备高尚品德、深刻思想与真实个性的个体，思政课教学改革需在教育情感的引领下，突破技术本身的局限，聚焦于学生的学习体验与成长历程。教师应珍视并激励每个学生的个性化发展，与其共同营造既彰显科技魅力又蕴含深厚人文关怀的教育氛围。

（二）虚实融通赋能全景教学环境联通性

教育智能以互联网为核心驱动力，在与物理世界及社会领域并行的信息空间中，展现了其无限的潜力。这一空间的高度灵活性、多模态交互的便捷性、数据联动的高效性、资源共建共享的广泛性以及网络互联的高速性，为思政课教学改革提供了强有力的技术支撑。

在智能技术的推动下，思政课的教学空间正经历着从传统到智能化、灵活化的深刻转型。教育智能通过无监督学习与深度学习的综合运用，打破了复杂教育系统的壁垒，使得思政课的个性化学习路径得以自然生成，教师的教学深度得以持续挖掘，师生间的互动模式也实现了根本性的革新。这一转型不仅体现在教室物理布局的灵活调整上，更引领了思政课教学模式的深刻变化，催生了跨区域、跨年级、跨班级乃至跨学科的灵活教学组织形式，为思政课注入了前所未有的活力与创造力。

智能技术的深度融合，使得思政课的学习活动得以突破教室与课时的局限，延伸至课外、户外乃至更广阔的社会生活实践之中。在这一背景下，纸质教材的单一模式被多元化、数字化的学习资源所替代，学习情境在开放且动态的数字化环境中变得更为生动、多维。这种虚实结合的全景式教学环境，为思政课构建了一种沉浸式的交互学习模式，极大地激发了学生的学习兴趣与探索动力。

教育智能的应用为思政课教学改革提供了培育高素质人才的肥沃土壤。在智能技术的助力下，思政课不再局限于知识的传授，而是更加注重学生创新思维、智慧素养与跨学科能力的培养。这种教学模式的转变，不仅适应了未来社会发展的需求，更为培养具有社会责任感、创新精神和实践能力的高素质人才奠定了坚实的基础。

（三）人机协同赋能师生教学交互实时性

在思政课教学改革的浪潮中，融入数智化教学环境的创新理念，成为推动实现教育目标与培养核心素养的重要驱动力。在这一背景下，教师、学生与智能技术构成了教学体系中不可或缺的三大核心主体，三者间关系的优化与协同作用，不仅是思政课教学改革的关键，也是实现教育生态和谐的核心要素。

在数智化教学环境下，思政课教学改革需要从认知维度深入分析并优化教师、学生与智能技术三者间的互动方式。教师作为思政课的引导者和组织者，需充分利用数智化教学手段，设计富有启发性、互动性的教学活动，以激发学生的主动参与和深度思考。学生应借助智能技术，展现其个性化学习的需求和能力，通过主动探索和构建知识，实现自我成长和素养的提升。智能技术则在这一过程中扮演着桥梁和工具的角色，它推动着教育资源的有效流动与信息的即时传递，为思政课的教学提供了智能化、个性化与高效化的支持。

基于数智化教学环境的优势，教师可以构建一个人机协同的教学交互框架，进一步优化思政课的教学效果。这一框架从技术层面的操作交互开始，借助智能技术的支持，实现学生与智能系统之间的有效沟通与无缝对接。在此基础上，通过数据层面的信息交互，实现师生、生生以及人机之间的多维度信息流通与共享，从而确保思政课教学各方互动顺畅。在知识层面，框架通过深化概念交互，帮助学生更好地理解和应用思政知识，激发其认知的多元碰撞与融合。在情感交互层面，框架则强调在教师与智能技术的支持下，关注学生的情感体验与学习兴趣的激发，以提高学生的内在学习动力。在整合层面，灵性交互则推动着学生在深度思考与创造性探索中实现认知的飞跃，为学生的智慧生成提供强有力的保障。

通过即时对话和共享交流，人机协同教学交互框架有效减轻了数字鸿沟和科技隔离带来的情感疏离，为思政课的教学营造了更加和谐、包容的学习氛围。在人机协同的理念下，教师和智能技术的结合形成了互补优势，既减轻了教师的事务性工作负担，又使其能够更加专注于德育与人格培养的高阶使命。同时，学生也能够更加专注于创新与实践能力的培养，为未来的全面发展奠定坚实的基础。

（四）技术分析赋能课堂教学评价多元性

在思政课教学领域，人工智能技术的深度融入带来了传统教学评估模式的根本性革新，推动了学生思想政治理论知识掌握与实践能力评估的全面转型。这一转型不仅顺应了思政教学评价改革的时代要求，也为思政教学评价的多元化与精细化提供了新的视角与方法。随着智能化技术的广泛应用，思政教学评价目标的范围逐渐扩大，涵盖学生、教师及技术本身。通过对学生思政学习的行为轨迹、学习成果、情感态度及动机倾向的综合分析，能够更加全面地描绘学生的思政成长路径；同时，教师在思政教学方法、互动效果、资源利用及教学反馈等方面的评估结果也会被纳入评价体系，以实现思政教师教学效能的全面评估。对于智能技术，思政教学评价的重点则在于其系统的可靠性、运作效率与思政教育的适配性，确保技术有效赋能，为思政教育目标的实现提供支持。

思政课教学凭借其深度应用的人工智能技术，特别是其强大的数据收集与分析能力，贯穿了教学过程的各个环节，从课前准备到课堂实施，再到课后反思，形成了全周期、全场景的时序数据网络。这一数据网络不仅促进了思政教育资源的公平分配，弥合了思政教育中的数字鸿沟，还为思政教学评价提供了扎实的数据支持。在核心素养教育理念的引导下，思政教学评价体系逐步加强了对价值判断与教学效果精准评估的关注，使得思政教学评价体系的改革更具深度和广度。数据驱动的评价方式使得思政学习过程中的多维度信息得以捕捉，推动了思政教育目标的全面实现。

随着数智技术的进一步发展，思政教学评价逐步实现了量化与质性分析的深度融合。这种融合不仅服务于思政教学效果的即时反馈，还能够引导教师根据数据结果动态调整教学策略，以便更好地满足每个学生在思政学习上的个性化需求。此外，学生也能通过对自身思政学习进程的不断反思，灵活调整学习节奏，提升学习效率。这一基于数据的思政教学评价模式，既保障了评价的全面性与客观性，也为教师提供了更精准的决策支持，使思政教学活动更加高效和个性化。

为保障思政教学评价体系的多元化与可持续发展，建立统一的数据标准与技术规范显得尤为重要。这不仅能够打破不同思政班级间的信息孤岛，促进数据的共享与流通，还能够通过多模态数据的智能化处理，为思政教学评价模型的进一步优化与升级提供支持。在不断优化的数据模型中，思政教学评价的准确性与个性化水平将得到显著提升，推动思政教学评价从简单的量化评价向深度个性化、智能化评价的方向发展，从而为提升思政教育质量、促进教育公平和全面发展提供强有力的支撑。

第二节　智能时代高校思政课教学改革的新方向

人工智能的应用与发展，尤其是在高校思政课教学设计深入渗透，已成为当前教育研究与实践中的重要议题。随着智能技术的普及与深化，高校思政课的教学设计迎来了前所未有的机遇，展现出以学科核心素养为指引、以学科实践为基础、强调"教—学—评"一体化的崭新发展模式。在这一过程中，人工智能不仅在教学内容、教学方法、教学评估等环节中起到了积极的推动作用，还引发了教育理念、教学模式的深刻改革。通过智能技术的融合，思政课的教学形式得到了创新，学生的学习体验和教师的教学效果也获得了显著提升。

人工智能时代，智能技术的赋能极大地改变和拓展了思政课教学的实践场域，使思政课教学呈现出新的改革趋势和发展态势。具体来看，主要体现在以下方面。

一、重视教育理念的革新，塑造全新的学习模式

教育理念是教师和学生对教学活动以及其规律性所形成的认知框架，反映了教学实践中的价值取向。其形成不仅会影响课堂实践的具体操作，也会通过"路径依赖"效应对教学观念、教学方式以及师生互动产生深远的影响。在思政课程的教学中，教育理念发挥着核心作用，决定着课程设计、教学方式以及对学生学习过程的引导。思政课的教学活动并非孤立存在，而是在特定教育理念的指引下，旨在推动教育理论与实践的有机结合。人工智能技术的应用，不应仅仅被视为技术工具与教学实践的简单结合，更是一种深刻的教育理念创新。

因此，思政课教师必须主动增强理论意识，在广阔视野和理性思维的指引下，客观审视智能技术和智能平台在教学中的应用。同时，教师要坚持教育的核心价值，重视对教育本质的回归，避免智能技术完全替代传统教学方式，并促使其成为教育过程中的有力辅助工具。教师应当坚持以人为本，确保智能技术的应用始终服务于教育的核心目标——育人，特别是在提升学生

综合能力、培养批判性思维、强化思辨能力等方面发挥着重要作用。同时，教育实践应密切关注学生学习能力的多样性和个体差异，因材施教，采取差异化、个性化的教学策略，力求通过精准的教学方法帮助学生增强自主学习能力，激发独立思考的意识，并不断提升创新和探究能力。在此过程中，教师应当鼓励学生积极面对并适应新兴的学习模式，引导他们主动构建和适应这一全新的学习范式，促使学生在智能技术的支持下实现个性化发展和全面成长。

二、拓展人文关怀，深化主流意识形态教育

思政课教学的核心使命是实现知识传授、能力培养与价值观塑造的有机统一。尽管人工智能技术在教育领域的应用逐渐深入，但其作为技术工具，并不具备成为思政课教学实践主体的条件。人工智能在思政教育中的作用更多体现在对教学过程的辅助和优化，特别是促进教师与学生之间的互动交流，在提升教育效果的同时，助力教师教学能力的提升。然而，在技术赋能的过程中，算法的"黑箱"特性以及其所带来的隐性问题，诸如算法歧视、信息偏倚、数据隐私泄露等技术风险，要求教师不仅要具备一定的理论素养与数字技能，还需具备对情感、伦理和心理等非技术性因素的敏感性与应对能力。

因此，在面对人工智能赋能教育的过程中可能会出现不确定性与挑战，思政课教学需从时代性、创新性、安全性和发展性的多重维度出发，进行深刻反思与审视。思政教育应注重学生的情感体验，构建更加多元化和高互动的教学模式，以加深人机交互中蕴含的人文关怀，提升教育的"温度"，从而抵御人工智能技术发展过程中教师主导地位可能出现的弱化问题。为了确保人工智能的技术应用与思政教育相融合的方向正确，思政课教学要始终坚守价值引领，突出主流意识形态的教育功能，确保马克思主义在意识形态领域的主导地位不受削弱。

同时，要注重将主流意识形态融入人工智能的设计与应用之中，通过对人工智能认知架构的嵌入，确保人工智能的应用始终在符合社会主义核心价值观的框架下进行。思政课教学的目标不仅仅是技术与理念的融合，更是通过这种融合，增强学生对中国特色社会主义的认同感，尤其是在道路、理论、制度和文化等方面的认同，切实加强学生对主流意识形态的理解与接纳，形成对社会发展和国家未来有积极作用的正确价值导向。

三、重塑思政课教学模式，推动思政课数字化转型

随着信息技术的不断进步，特别是人工智能底层技术逐步成熟，人工智能在自动文本解析、语义分析和内容生成等方面的应用，为思政课的教学方式带来了深刻变革。借助智能化算法，人工智能技术不仅具备了快速自主学习和自我革新的能力，而且在推动高校思政课的数字化转型中，发挥着日益重要的作用。尤其是在生成式人工智能、智能适应学习平台以及自动化评估系统等技术的广泛应用下，思政课的教学方式正在向更加智能化、个性化的方向发展。基于这一技术进步，亟须重新审视和构建思政课的教学体系与生态环境，以适应时代发展的需求。

在此背景下，重新构建思政课的知识生产模式显得尤为重要。应当在充分认识和挖掘人工智能技术特性和应用潜力的基础上，针对不同的教学场景，如课堂教学、网络教学、实践教学等，构建具有层次性和分类性的教学内容生产体系。通过有效融合线上与线下、理论与实践的教学资源，打造多维度的教学模式，不仅能提高思政课程的整体质量，也能实现教学内容的精准化推送和个性化适配。

此外，应当加强对思政课教学内容的系统性更新，推动课程内容的纵向与横向创新。在深化学科交叉、拓宽学术视野的同时，构建更加科学严谨的知识框架，提升课程设计的科学性与逻辑性。数字化转型不仅意味着教学手段的智能化，更是在教育管理和教学分析的层面实现数据驱动，以科技赋能教学实践。在这一过程中，应当注重建立长效机制，推动教育数据的采集、分析与反馈，进而为思政课教学的不断优化提供有力支持，确保课程内容和教学方式能够与时代发展紧密对接，从而实现更高效、更精准的教育目标。

四、推进思政课教学模式智能化转型，推动教育模式升级

智能技术的迅猛发展为思政课教学的改革提供了强大动力，推动着教学模式的智能化转型，成为当前教育创新的重要方向。思政课教学的创新不仅要求教师更新观念，更需要其准确把握人工智能在提升教学效果、优化教育资源配置方面的优势与潜力。通过智能技术，教师可以对学生的思想观念、行为特征和学习动态进行实时监测与分析，进而精准识别学生的个性化需求与成长轨迹，实现更加高效和有针对性的教学。

智能技术在思政课教学中的应用，能够全面提升课堂教学的互动性与灵活性，推动教学方式的深度创新。通过对学生多维度数据的整合分析，教师

不仅能够了解学生的思想动态和心理需求，还能根据不同学生的特点为其提供个性化的教学方案。这样不仅有助于提升教学的精准度和实效性，也能有效促进学生主体意识的觉醒，激发学生的学习兴趣与积极性，实现教学资源的智能化精准分配。

与此同时，教学模式的智能化转型要求教师具备敏锐的洞察力和创新精神，积极探索适应时代需求的新型教学模式。这种转型不仅仅是技术层面的改革，更是教育理念、教学方法和教学组织的全面升级。通过智能化教学手段，思政课教学可以实现更加动态的课堂管理与反馈，以进一步优化教学效果。教师应充分利用人工智能的分析能力，结合教学内容的深度与广度，为学生提供更具吸引力和实际价值的教育体验，以实现思政课教学质量的全面提升。

第三节 智能技术赋能高校思政课教学改革新机遇

思政课是落实立德树人根本任务的关键课程。将新一代智能技术应用于思政课教学，具有显著的技术优势，能够满足思政教育智慧学习的需要，并推动思政课数字化转型[①]。

一、人工智能对教育的影响

人工智能对教育的影响是逐步深化的，随着人工智能技术的发展和应用的不断拓展，教育领域的改革呈现出不同的阶段特征。在人工智能的1.0阶段，其对教育的影响主要体现在基础性理念和工具层面。此时，人工智能的应用较为局限，主要为教育提供了辅助工具，助力传统教学模式的优化。然而，由于技术和认知的局限，其影响尚未触及教育的核心结构和深层次机制。进入人工智能的2.0阶段，随着计算机技术和信息网络的广泛应用，教育体系有了较为显著的变化。在这一阶段，人工智能通过大数据、云计算等技术的融合，逐步改变了教育的内容、形式和方式，教育逐渐从传统的面对面教学模式向更加灵活和个性化的方向转型。人工智能的引入使得教育不仅仅是知

---

① 钱梦婷. 智能时代思政课教学形态变革：基于生成性教学视角[J]. 教育评论，2024（3）：87-92.

识的传递过程，更是一个数据驱动的学习与成长的过程，这一时期教育的数字化进程得以加速，教育管理、资源配置和教学方式发生了深刻变化。随着技术进一步发展，人工智能3.0阶段的到来标志着教育进入了一个全面智能化、数字化、个性化的新时代。人工智能不仅在教学的内容和方式上进行了深度改革，还在教育的评估、反馈及个体化教学中起到了决定性作用。在这个阶段，教育通过人工智能实现了更高效、更精准的管理和教学，推动了教育公平性和普及性的提升，同时使得教育更加符合个体发展的需求。

（一）推动教学理念的变化

随着科技的迅速发展，尤其是数字技术的日益普及，社会各行各业在生产方式上进行了转型。这一转型不仅体现在生产流程的自动化与智能化上，还延伸至管理理念与方法的更新。企业在原有的手工生产模式与精益生产模式的基础上，逐步迈向以数据为驱动的定制化生产。这一变化要求管理方式从传统的人力资源管理模式，转向更加依赖数据洞察与智能决策的前瞻性管理模式。这种转型不仅提升了生产效率和质量，也为企业的持续发展提供了新动能。教育领域在这一背景下也发生了变革，从传统的师徒传授与规模化教学模式，逐步过渡到以技术赋能为核心的差异化、智能化教学模式。这一过程的推进，不仅使得教育更加个性化与高效，也为教师和学生之间的互动提供了新的平台与方式。通过技术手段，教育理念不再局限于单一的知识传递，而是向着多元化、互动化、智能化的方向发展，满足了新时代对人才培养的更高要求。

（二）推动教育应用场景的扩展

人工智能在教育领域的深度应用，已成为推动教育创新和提升教学质量的重要力量。通过智能技术的介入，人工智能有效地优化了教师的教学过程与学生的学习体验，在解决教育教学中的复杂问题时发挥着独特的作用。人工智能不仅能够为教师提供个性化的教学辅助，帮助其更高效地管理课堂、设计课程和评估学生，还能够通过精准的学习数据支持，为学生提供定制化的学习路径，促进其德、智、体、美、劳全面发展。当前，人工智能在教育中的应用场景逐步拓展，覆盖了教学环境智能化到教育管理全方位支持等多个领域。

智能教育环境的建设是人工智能应用的基础之一。通过智能化设施和设备的支持，课堂教学变得更加高效。通过收集与分析学习过程中的数据，使得教师能够实时了解学生的学习状态，进而采取适当的教学策略。此外，智能教育评价系统的应用，使得评估标准更加科学和客观，能够从多维度全面反映学生的学习成果和发展潜力。人工智能的辅助还体现在教育管理与服务的智能化上，通过大数据分析和智能化决策，教育管理者可以更精准地进行资源配置和教学规划，提高教育管理的效率。

在教育应用场景的扩展过程中，人工智能不断推动个性化学习的实现。不同的学生有着不同的学习需求，人工智能技术能够根据学生的学习进度和理解能力，为其提供量身定制的教学内容，激发学生的自主学习能力。通过学习路径的个性化设计，学生能够在自己适应的节奏中完成知识的积累和技能的提升。与此同时，人工智能还为教师提供了智能助手，能够有效减轻教师的教学负担，帮助其在繁杂的教学任务中保持高效和专注。

随着人工智能技术的持续进步，教育的应用场景在不断扩展，涵盖了课程建设、教学内容创新、学科特色发展等多个领域。这些应用场景的不断拓展，不仅推动了教育的现代化进程，也为教育体制的优化提供了新的视角。

（三）人工智能的伦理道德问题

人工智能的伦理道德问题已成为全球关注的焦点。人工智能被定义为一种能够以类似智能行为的方式处理数据和信息的系统，通常具备推理、学习、感知、预测、规划和控制等功能。随着人工智能技术的快速发展，如何在推动技术进步的同时，妥善处理其可能引发的伦理和道德问题，成为社会、学术界及各国政府共同面临的重要课题。

各国纷纷制定和完善相关政策与法律，以确保人工智能的健康发展，并解决其在应用过程中可能引发的伦理问题。以中国为例，中国积极倡导"以人为本"和"智能向善"的理念，推动人工智能领域的伦理治理，强调人工智能应服务于全球可持续发展和增进全人类的福祉。与此同时，国际社会也加强了对人工智能伦理的研究与探讨，主张通过全球合作来应对人工智能发展过程中所面临的社会责任与挑战。

人工智能技术的应用不能仅仅聚焦于技术本身的进步，而应当避免将其作为大国竞争或开辟新战场的工具。若人工智能的发展成为某些国家之间竞争的焦点，可能会导致其发展方向偏离其应有的道德轨道，无法发挥其造福全人类的作用。因此，人工智能的研发应坚持以人类利益为中心，确保其在推动社会进步、促进经济发展的同时，始终遵循伦理道德的基本原则，保障技术应用不侵害个体权益，确保社会的长远发展。

此外，随着人工智能应用场景的不断扩展，特别是在教育、医疗等社会关键领域，人工智能的伦理道德问题愈加复杂。在教育领域，人工智能的引入有望推动教学方法和人才培养模式的改革，但如何确保技术应用的公平性、透明性及人文关怀，仍是亟须解决的伦理问题。相关管理机构应当制定具体的规则和指南，以确保人工智能在教育领域的应用始终以促进教育公平、提升教育质量为最终目标，从而更好地服务于社会的整体进步。

二、人工智能对高校思政课教学的影响

随着人工智能技术的不断发展，其在高等教育中的应用逐渐深入，尤其是在思政课程的教学中，人工智能不仅为课堂教学带来了技术手段的创新，也促使教学理念发生了深刻的转变。

首先，人工智能的融入使得教学模式从传统的单向灌输向更加智能化、差异化和个性化的方向发展。通过对学生学习情况的精准分析与反馈，人工智能能够帮助教师更好地了解学生的学习需求，从而进行更加灵活和具有针对性的教学设计。这种教学转变不仅提高了课堂教学效率，也使得学生在学习过程中获得更多个性化的支持和引导，从而有助于培养具有创新思维和批判性思维能力人才，以适应社会发展需求。

其次，人工智能的引入加快了思政课教学内容和方式的革新，促使教育过程更具时代感和适应性。人工智能技术的普及使得信息获取速度大幅提升，教师能够更加迅速地获取并整合最新的教育资源与信息，从而在教学内容上及时进行更新和调整。此外，教师的教学效率也因此得到显著提高。人工智能能够协助教师完成一些重复性较强的工作，如学生成绩分析、学习情况反馈等，从而减轻教师的负担，使其能将更多精力集中于教学内容的深度挖掘与学生思想的引导上。通过这些改变，思政课程的教学方式和方法变得更加多样化，能够满足不同学生的学习需求，进一步提高了教学质量。

最后，人工智能的普及与应用不仅仅是对教育教学手段的优化，更重要的是对学生价值观教育的重新审视。随着人工智能逐步取代一些传统劳动岗位，社会结构和劳动方式的巨大改革使得人才的培养目标也发生了变化。在这一背景下，思政教育的重要性愈加突出。人工智能的广泛应用对人的劳动形式和生活方式产生了深远影响，思政课教育面临着如何引导学生认识自我

价值、思考人生意义等一系列深刻问题。这要求教师不仅要传授知识，还要培养学生的价值判断能力，帮助他们在快速发展的社会中找到自己的定位。

总体而言，人工智能赋能高校思政课教学的过程，既是科学技术不断进步的体现，也是教育理念与方法革新的必然结果。它促使思政课教学更加灵活、多样，并为教育理念、内容和方法的改革提供了新的视角与路径。这一改革不仅提升了教学效果，也为培养适应未来社会需求的创新型人才提供了有力支持。因此，人工智能赋能高校思政课教学不仅是对传统教学模式的补充，更是高校思政课教学深化与升华的关键步骤。

第二章　数字化创新下的高校思政课教学改革与实践

随着信息技术的迅猛发展，数字化手段为思政课的教学带来了深刻的变革。本章旨在探讨数字化创新如何赋能高校思政课教学改革，从教学改革的原则出发，探讨具体的改革策略，并结合数字化时代的实际需求，论述高校思政课教学供给侧结构性改革的实践路径。

第一节　数字化赋能高校思政课教学改革的原则

一、坚持以学生为本的原则

（一）学生是完整的人

学生与教师一样，具有主观意愿和自主决策能力。在教育过程中，即使学生接收了教师传授的知识，也唯有通过自身思考，方能做出相应回应。人的主观能动性源于其主观需求或发展需求，这种需求促使个体不断探索世界并试图加以改变。在教学实践中，学生通过学习获取信息，并将其转化为自身的认知对象，从而成为信息的主体。个体的发展需求决定了其必须主动适应和改造周围的社会环境，以促进自身成长。因此，真正的发展必须建立在自主性的基础之上，唯有自主学习与思考，方能实现更深层次的发展。

学生作为完整的个体，同时展现出生理、心理及社会文化等多重属性。若仅从单一角度考察学生，则容易导致片面化理解。学生的整体性体现在生理、心理及社会文化等多层面，其中，生理层面涵盖生理结构及其功能；心理层面涉及认知、情感与人格特征；社会文化层面则体现为社会文化对德、智、体、美、劳等方面的要求。

（二）学生是独特的人

人的全面发展并非追求在各个方面均衡发展，而是强调个体在德、智、体、美、劳等领域均有所提升，同时尊重发展水平的差异性。在教育实践中，学生的发展速度和质量虽有所不同，但均应得到认可与支持。全面发展不应受限于某一固定标准，而是应在充分尊重个体差异的基础上，以学生为本，关注其发展水平，并通过科学引导助力其成长。同时，教育需重视个体的道德素养、智力水平及审美能力，避免以统一标准衡量所有学生，确保发展模式的灵活性和适应性。

思政课所倡导的全面发展，不应导致学生个性的消解，而是应使其在复杂的社会环境中既能坚持正确的价值取向，又能保持鲜明的个性特征，最终成长为具备独立思考能力和社会责任感的"完整的人"。每个学生都是独立的个体，彼此之间存在着显著差异，即便是同一个学生，在不同发展阶段也可能呈现出不同的成长速度和质量。因此，教育教学应尊重个体成长的规律，关注学生的发展需求，并积极创造适合其的成长环境，以促进其全面发展。

学生是具有创造力的群体，具有自主探究的潜能，并在成长过程中不断发展自我。教育的本质在于满足学生的发展需求，而此需求具有多样性，应关注所有学生的成长，而非仅聚焦于部分学生。个体独特性是学生成长的内在特征，也是教育应予以珍视和培养的核心内容。数字化思政教育以学生为主体，更加强调个性化培养，改变传统的"灌输式"教学模式，倡导"启发式"教育，充分发挥学生的主观能动性，帮助其提升创新能力与实践能力，使其更好地适应社会需求并实现自身价值。

（三）学生是发展中的人

学生的成长呈现出顺序性、阶段性和不平衡性等个体差异特征。因此，思政教学活动的开展需契合学生的身心发展规律，教师应始终坚持以发展的眼光看待学生。随着数字化迅速渗透各个领域，思政课教学的数字化转型已成为必然趋势。在中学阶段，思政课教学的数字化改革需从学习环境、学习模式及学习理念等多个维度实现深度融合，以提升教学的针对性和有效性。

学生的发展是动态的，并受家庭、学校及社会多重因素的影响，导致其发展的速度、方向、进程及结果可能出现不同程度的偏移。教师在教学过程中，应关注学生的思想引领与价值观塑造，将学生视为具有独立发展能力的个体，尊重其成长规律，因材施教。科学研究表明，中学阶段是激发学生潜能的关键时期，教育方式的合理性与学生的智力发展呈正相关。因此，思政教学应注重科学的教育方法，允许学生在学习过程中犯错，并给予其宽容、帮助、鼓励和积极的心理支持。

在现代教育体系中，单一以智育为核心的培养方式已难以满足社会对人才的综合性需求。思政课作为理论性较强的学科，在教学实践中，不仅应强调知识和技能的传授，更应关注学生的思维发展、实践能力的培养以及情感、态度和价值观的塑造。思政课的最终目标是促进学生的全面发展，使其具备正确的思想道德观念，从而满足社会对高素质综合型人才的需求。

二、坚持以育人为道的原则

以爱国主义教育为例，浅析在教学改革过程中，对思政课教育的引与扶、知与行、管与放三个方面的双重把握要义。

（一）引与扶

"引"意味着引导、指导与启发，"扶"则强调帮助与支持。思政课内容具有多样性与复杂性，不可能面面俱到，应注重核心价值观的塑造与思想引领。授课者需认识到数字化已成为时代发展的重要趋势，并清晰把握其对高校思政课的作用与意义，从而在教学中有效运用数字技术，为学生提供明确的方向与路径，助力其深入探索与实践。

在数字化环境下，高校思政课应充分发挥教学资源的丰富性和传播方式的多样性，以增强学生的学习体验、开发学生的思维深度。在课程实施过程中，可结合数字技术，通过多元化教学手段，使课堂更加生动，提升学生的参与感和认同感。同时，教师需在教学设计中明确目标与要求，为学生提供必要的指导，促使其在数字化背景下积极思考、正确行动，并在学习过程中培养学生独立思考能力与社会责任感。

（二）知与行

人的行为受思维和行为惯性的影响，即使对某一事物有了认知，也未必能够立刻付诸实践。因此，要使行为真正得以实现，除了认识的"知"之外，还需要强化对实践的指导。学习是行动的基础，而行动是认识的深化。若缺乏实践，理论知识便失去了实际意义；同样，若没有明确的行动目标，单纯的行动也难以达到预期效果。只有将理论与实践有机结合，教育活动才能真正发挥其效能。

在传统与现代的思政课中，教师能够直接讲授"知"，但对于"行"的体现常显得空泛。数字化技术的引入有效地突破了这一局限，其通过情境化教学的手段，增强了"行"的实际操作性与效果。数字化教育不仅能够将理论知识与实践行动结合起来，还能够通过互动与沉浸式体验，使学生在更具情感认同的情境中深入理解知识并付诸实践。在这一过程中，"知"与"行"相互推动，不仅通过行动来帮助学生加深理解，而且通过理论的学习进一步指导学生的实践，形成良性循环。因此，在思政课的教学过程中，理论与实践相结合尤为重要。通过数字化技术的辅助，教师能够为学生提供更为生动和有效的学习情境，使其在实践中获得更加深刻的认识，进而实现从理论到行动的有机转化，从而提升教学效果和学生的综合素养。

（三）管与放

思政课作为一门具有较强政治性、思想性和理论性的课程，旨在帮助学生深入理解中国特色社会主义制度、马克思主义中国化成果，树立中国特色社会主义共同理想，正确认识世界形势及我国发展的趋势，进而增强学生的社会责任感与历史使命感。然而，面对自我意识较强且处于发展阶段的中学生，思政课教学需要在严谨的管理与灵活的个性化培养之间找到平衡点。

学生作为个体，具有独特的个性特征，在语言表达、思维方式以及对问题的理解上存在差异。因此，在思政课教学中，不应要求每个学生的思考和行为都趋于一致，而应尊重并鼓励学生展示其独特的闪光点。在教育过程中，教师应在遵循课程标准的基础上，为学生提供思考和表达的空间。"放"并不意味着完全放任，而是在有效管理的框架内，通过适当的引导与规范，使学生在自由表达的过程中依然能够朝着正确的教育目标前进。

随着社会的不断发展，人们的思维和价值观日趋多样化。在数字化思政教育的背景下，学生能够在更多元的教育情境中参与学习，这种教学模式赋予了学生一定的自由度，使其能够独立思考并表达个人观点。只要这种独立的表达不违背国家利益和公序良俗，教育者应尽可能不对其加以限制，给予学生更多自由的空间。"管"能够帮助学生在有序的教育环境中成长，促使其树立正确的价值观，并促进社会整体进步；"放"则有助于学生个性的培养，使其在多样化的思想碰撞中形成独立的人格。

三、坚持以效用为本的原则

教育必须不断改革，以应对时代的发展需求。当今社会存在种种矛盾，经济全球化是深入发展以及国际政治格局的复杂变化，都在推动教育进行变革。不能仅从科技的角度看待未来，而应全面把握时代发展脉络，为人类社会未来教育的蓬勃发展作出贡献。我国的传统文化思想教育强调德才兼备，这就要求思政课教学应培养拥有崇高的道德、过硬的专业知识、创新性思想、爱岗敬业精神的人，使教育变革带来的价值能够不断满足时代发展的需要。

（一）促进思政教育发展

我国在教育领域的大量投入与积极建设已取得了显著成效，教育事业在"十四五"时期逐步向高质量发展阶段迈进。信息技术的广泛应用不仅彰显了其巨大的应用价值，也深刻影响了社会各个领域的发展方向，持续改变着人们的生活方式和价值观念。数字化赋能教育变革成为构建高质量教育体系的必然趋势，尤其是对思政课的教学模式带来了深刻的变革，使得课堂教学不再局限于传统的讲授方式，技术的引入为思政课的教学提供了更多可能性。

随着在线教育平台、开放课程和虚拟学校的不断发展，优质的思政课资源得以输送到资源匮乏的地区，扩大了思政课的受众群体，进一步缩小了区域教育差距，促进了教育的公平和均衡发展。先进的数字技术不仅能够创新教育教学的表现形式，还为特殊教育的顺利实施提供了重要支持。例如，对于视力或听力障碍的学生，思政课的教学内容可以进行音频和文字的双向转换，使得他们能够更便捷地获取思政课的学习资料，享受思政教育带来心灵的洗礼。

此外，数字化技术还为教学评价赋能。借助教育平台、学习机器人等技术手段，可以全方位收集学生的学习数据，并进行科学的记录与分析。基于这些数据反馈，教师可以为学生提供更具针对性的指导和建议，从而有效提升教学的个性化和精准性。思政课的数字化改革不仅能够满足学生随时随地学习的需求，还为构建更加优质、开放和共享的教育教学体系提供了坚实的基础，推动了思政课的进一步发展和创新。

（二）增强思政教育韧性

思政课的韧性指的是思政课系统在面对外部冲击时，能够通过调整、消化和变革来减轻或规避压力，确保自身正常运转，在当前的数字化时代，思政课面对不断变化的外部环境，需要具备应对这些变化的能力。尽管某些外部因素可能对教育系统造成冲击，但数字技术的应用为思政课的韧性提供了有力支持。通过数字化手段，思政课能够突破传统模式的局限，提升教育的灵活性和适应性。

数字化赋能为思政课的教学提供了新的发展机会，有助于打破传统教育模式的局限性，推动思政课系统的自我更新，使其更加生动、直观、灵活且高效。这种变革不仅模糊了思政课的虚实边界，也促进了其分布式自主发展，增强了教学的个性化和互动性。通过数字化技术，教师和学生能够更加自主地参与教学过程，提升自身修养，同时，数字化技术还能够增强思政课的适应力和应变能力。因此，思政课的韧性并非仅体现为应对外部冲击时的维稳能力，还体现了其在变化中的自我调整和优化。随着数字化技术的进一步融入，思政课在面对恶劣的外部环境时，能够保持活力并灵活调控，进而恢复并增强其发展潜力。

（三）创新思政教育生态

思政课体系需要通过灵活调适、动态进化和不断创新，以适应个人、市场和国家不断变化的发展需求。在这一过程中，传统的单一教育模式正在逐渐转型，互联网文化教育、创新型素质教育、个体化素质教育以及综合课程素质教育日益受到重视。近年来，随着网上慕课、广播微课和翻转课堂等现代数字化学习模式的出现，教学模式发生了深刻的变革。数字化课程的开发与应用，旨在改变传统教学方式，通过合理利用媒体和互联网，促使学生养成正确的数字化学习习惯，从而显著提升教学效益。

数字化教学的持续发展，促使继续教育和终身学习成为可能，进而推动了学习型社会的形成。这一转变有助于将多元的教育价值观融入教育本体，促进教育功能的全面拓展。技术与教育因素的深度融合，为思政课教育体系的创变提供了有力支撑，推动了思政课生态系统的结构和功能的创新。

第二节　数字化赋能高校思政课教学改革的策略

一、重视教学主体培育，加强数字化教学人才队伍建设

在数字化背景下，实现高校思政课教学转变的现实路径，在于充分发挥人的主观能动性，培育数字化时代高校思政课教学主体。基于高校思政课教学环境的转变，需着力平衡与协调教学主体的教学能力、数字思维转化能力及数字技术应用水平之间的关系，而这一目标可通过加强数字化教学人才队伍建设得以实现。

（一）以数据思维强化对学校思政课教师队伍建设的重视

充足的高校思政课教学人才是实现数字化背景下高校思政课教学转变与发展的前提。数字素养与技能是数字社会中公民学习、工作、生活应具备的数字获取、制作、使用、评价、交互、分享、创新、安全保障、伦理道德等一系列素质与能力的集合。具体包括以下方面。

第一，为了更好地把握时代脉搏，充分发挥教学主体的作用，高校应充分重视教学队伍的数字化建设，鼓励思政课教师主动认识数据、理解数据，转变数字思维。首先，要打破传统思维定式，保持开放思维，形成数据思维。随着信息技术的发展，学生的大部分注意力已经由现实转移到了网络空间，包括个人兴趣、学习习惯、思想动态等。传统的思政课教学手段无法获取学生的网络动态，因此也就无法满足客体发展的教育需求。为了能够精准把握学生的思想变动及主体需要，思政课教学主体要保持开放性思维，加强不同学科间的借鉴与交流，主动转变思维习惯，转变因果性结论研究模式，实现由单一的线性思维模式向既注重经验总结又重视科学数据的相关性思维转变，在认识数据的基础上主动应用大数据、人工智能等工具参与教学，提高思政课的实效性。其次，促进数字信息技术与思政课的有机融合。回顾思政课的创新发展历程，报纸、电话、电视、互联网等信息技术的进步会给予思政课教学更多的创新空间，教育创新会受到科技创新的影响。通过大数据技术采集学生和相关环境因素的数据痕迹，经过数据分析、数据整合、数据可视化处理，将原本看不见的思想发展状况变成看得见的数据走势图，为思政课教师观察学生动态、丰富教

学内容、制订教学方案、革新教学手段助力[1]。

第二，在数字化背景下打造一支优秀的高校思政课教学队伍，要注重思政课教学主体终身学习能力的提升，增强其追求进步、紧跟时代步伐的意识。首先，高校思政课教学主体作为教学活动的主导者，要具备满足教学客体价值诉求的数字技术应用能力，教学效果的好坏在很大程度上要取决于高校思政课教学主体的综合素养。其次，随着数字信息技术的发展，数字信息与知识呈爆发式增长，知识更新周期大幅缩短，因而树立终身学习理念，培养终身学习能力显得尤为重要。

（二）以专业培训提高思政课教师的数字专业素养

加强数字化背景下高校思政课教学人才队伍建设，需通过专业的系统培训提升高校思政课教学主体的数字专业素养。

第一，提升高校思政教学主体对数字信息的解读能力。在数字化环境下，高校思政课教学主体应具备对各类数字信息的精准解读能力，以适应信息技术快速发展的时代需求。通过系统化培训，教学主体深入理解数字化的相关概念及特征，充分认识数字化背景下高校思政课教学转型的紧迫性与必要性，从而在教学过程中有效识别、分析和运用数字信息。具备较强的数字信息解读能力不仅能够提高教学主体对教学资源的筛选能力，还能促进思政课程内容与数字化技术的深度融合，以确保思政课教学的有效性和精准性。

第二，加强数字伦理理论学习。数字化时代的到来使得思政课教学在实践过程中不可避免地面临着伦理问题。由于技术工具属性的特殊性，其影响取决于使用者的综合素养，可能带来积极作用，也可能引发数字依赖、数字沉迷以及数据隐私泄露等风险[2]。因此，高校思政课教学主体需要深入学习数字伦理理论，以提升其对伦理风险的辨识和规避能力。在教学过程中，教学主体不仅要在自身实践中增强伦理意识，还需引导教学客体在数字化学习环境下树立正确的价值观，避免被数字技术所束缚。培养高校思政课教学主体的数字伦理素养，不仅有助于提升其教育教学能力，还能促使教学主体在数

---

[1] 李丙南. 大数据时代学生主体性培育的机遇、挑战及对策：基于思政课视角的研究[J]. 林区教学，2023（11）：10-14.

[2] 周之琳. 论思想政治教育过程中受教育者的逆反心理[J]. 鄂州大学学报，2021，28（1）：81-83.

字化背景下更有针对性地进行教学改革，使教育过程由外在的知识传授转化为内在的自觉认知，增强思政教育的内在价值[①]。

第三，依托专业培训和经验交流提升教学主体的数字素养。高校应积极邀请数字技术领域的专业人员及高校思政课教学的优秀工作者开展专项培训，以增强思政课教学主体的数字素养和专业技能。通过数字技术人员的专业培训，教学主体能够掌握最新的数字化理论知识，熟练运用适用于高校思政课教学的数字化技术，并在教学组织过程中形成系统化的操作，优化教学思路，从而提高教学质量。同时，高校思政课教学具有其独特性，要求教学主体具备深厚的专业素养，但仅靠技术学习难以实现数字化教学的深度融合。因此，邀请具有丰富经验的高校思政课教学工作者进行经验交流，能够帮助教学主体在理论与实践的结合中优化教学内容，创新教学方法，改善教学环境。在专业人才的引导下，教学主体能够充分利用数字工具，提升教学资源的生产与传播能力，从而推动思政课教学的数字化转型，培养更多具有数字素养的教学人才，为思政课教学的高质量发展提供有力保障。

（三）强化高校思政课教学主体意识的培育

在数字化时代，高校思政课教学主体应主动适应大数据、人工智能等新技术带来的变革，以价值理性引领技术理性，确保思政课教学的价值导向正确，充分发挥其在教学过程中的主导作用。数字化技术的发展革新了知识传播的方式，使得高校思政课教学不再是学生获取思政知识的唯一途径。尽管这一变化在一定程度上挑战了教学主体的知识权威性，但并未动摇其在教学活动中的核心地位。因此，在数字化背景下，高校思政课教学主体应明确自身角色定位，增强主体意识，充分发挥主导作用。

首先，高校思政课教学主体需树立终身学习的意识。数字技术的迅猛发展为思政课教学提供了新的发展机遇，教学主体应积极学习并充分运用大数据、人工智能等技术，提升教学质量。教学主体不仅要依托个人教学经验分析学生的课堂表现、作业完成情况和考试数据，还应结合专业判断，综合评估学生的思想动态和学习状况，从而优化教学策略。

其次，教学主体应有效运用案例教学法，以个人经历为载体，增强思政课教学的生动性和感染力。数字化应用并不能完全取代教师，人类思维的创

---

① 罗洪铁，周琪．人才学原理[M]．北京：人民出版社，2013：78．

造性与灵活性是技术无法取代的。教学主体应根据学生的反馈及时调整教学策略，激发学生的学习兴趣，鼓励学生从多元视角理解课程内容，培养其自主探索和解决问题的能力。

最后，坚守大数据、云计算和虚拟仿真技术的工具属性，确保其服务于教学目标而非主导教学过程。教学主体需充分利用数字技术优化教学节奏，提高教学效率，同时引导学生将思政课知识真正内化于心、外化于行，实现知行合一。唯有如此，才能在数字化环境下增强思政课教学的实效性，促进高校思政教育目标的全面实现。

二、关注客体数字化需求，激发客体学习的内在动力

（一）优化课堂教学，培育主体意识

高校思政课教学作为培养社会主义人才的主渠道，教学主体应在坚持课堂教学主导性的前提下，注重教学客体主体意识的培育，通过优化教学活动激发教学客体的主体意识。

第一，高校思政课教学主体需充分尊重教学客体的主体地位，回应其价值诉求。传统的高校思政课教学往往忽视了学生的主体地位，为实现教学客体的社会价值，将其培养成为社会主义事业的优秀建设者和接班人，必须尊重教学客体的个体价值，并依据实际情况满足其正当合理的需求。在数字化背景下，高校思政课教学应积极培育教学客体的主体意识，充分发挥其主观能动性，将马克思关于人的全面发展的理论贯彻到思政课教学活动中，以激发教学客体参与课堂讨论的热情，提高教学效果。

第二，高校思政课教学设计需充分体现教学客体的主体性，为其个体发展提供更多途径。教学主体应严格遵循教学规律和学生的发展规律，将主体意识的培育融入教学目标设计、教学内容选择、教学方法优化及教学环境构建等各个环节。

在教学目标设计上，思政课教学目标的制定需结合教学客体的实际情况，依据年级、专业等因素进行差异化调整，并充分考虑数字化时代对高校思政课教学提出的新要求和新期望，将教学客体的个人价值诉求与主体意识发展需求纳入目标设计的考量范围。

在教学内容选择上，思政课教学不仅要以教育部规定的专业教材为基础，还需密切贴合教学客体的实际需求。研究发现，大部分受访者认为高校思政课

的内容存在陈旧、相关性不强等问题，因此，教学主体在内容选择上应注重现实与虚拟、自然与数字两个平台的结合，使教学内容更具理论深度与温度。

在教学方法优化方面，教学主体需关注教学客体的个体优势，加强课堂互动，为其提供更多表达个人见解的机会。数字教学平台的随机筛选功能可为性格内向的学生提供更多的表达机会，以体现公平性。

在教学环境构建上，应结合教学客体的实际情况，选择既新颖又适合的方式。在数字虚拟仿真技术的支持下，云展览、云参观等平台为高校思政课教学创设了丰富的教学场景。然而，教学主体在环境选择过程中不应盲目追求形式新颖，而应选取契合教学客体认知习惯和兴趣的方式，以确保思政课教学的实际效果。

（二）突出教学客体的中心地位，发挥客体主观能动性

高校思政课的教学主体与教学客体同为教学关系的核心要素。在数字化背景下，高校思政课教学的变革要求更加突出教学客体的中心地位，强化其主观能动性。因此，教学过程应秉持以教学客体为中心的发展理念，充分调动其积极性，使其在思政课学习中发挥更主动的作用。

首先，在课堂教学中，应为教学客体提供更大的发挥空间，以促进其主观能动性的发挥。数字技术的应用为教学互动提供了更加多样的可能性，高校思政课教学应借助数字化手段优化课堂互动方式，改变传统教学模式中过度依赖教学主体的弊端。强调教学客体的中心地位，尊重其话语权，为其提供自由表达的机会，使其能够自主探索、积极思考，并通过课堂发言、问题探讨等方式加深对教学内容的理解。

其次，在数字化背景下，教学客体应充分发挥主观能动性，增强学习的主动性和自觉性。高校思政课教学不仅要传授马克思主义理论，更要注重教学方式的创新，避免"填鸭式"教学，增强课程的吸引力和感染力。教学主体应结合教学客体的兴趣点，以更加生动、贴近实际的方式呈现教学内容，使其在情感认同的基础上加深理论理解，从而实现有效的思想引导。

最后，高校思政课教学应强化课后联系机制，为教学客体提供畅通的交流渠道。教学主体应充分利用数字化教学平台，加强对教学客体学习状态的关注，及时反馈其学习成果，鼓励其发展创新思维，并对其在学习过程中付出的努力给予肯定。

三、丰富教学内容，构建数字化高校思政课教学知识库

在万物互联的时代背景下，教学客体在网络活动中产生的信息资源为高校思政课教学的优化与创新提供了有力支撑。在海量数据的支持下，高校思政课教学知识库得以建立，实现了教学内容的数字化转型。围绕高校思政课教学内容，可构建"数据—内容—育人"一体化资源体系，通过优化资源供给、整合多元数据、动态构建数字化教学知识库，为提升高校思政课教学质量、拓展教学资源体系提供新的发展路径。

（一）优化教学资源供给质量

优化高校思政课教学资源供给质量需坚持"内容为王"的原则。高校思政课教学的转型推动了教学内容的供给侧结构性改革。在网络教学资源碎片化分布的背景下，高校思政课教学内容的供给应注重数字资源的开发与现有教学资源的整合，以提升教学资源供给质量。

第一，坚持对高校思政课原有的教材资源进行创新加工。数字化教学资源引用教材内容后，不应局限于传播形式的转变，而应通过精心设计，拓展授课内容中的相关任务和问题，使教材内容转化为教学内容。同时，要充分挖掘本地特色教育资源与历史文献，以拓宽教学内容的深度和广度。

第二，加强思政课教学资源供给团队的建设，丰富教学资源供给内容。高校思政课作为落实立德树人根本任务的关键课程，具有特殊的专业知识和素养要求，仅依靠数字化技术人员难以完成教学资源的更新。因此，需加强资源供给团队建设，由熟悉思政课教学规律、具备专业知识的人员主导资源开发，以确保思政课教学内容的科学性和权威性。

第三，在数字化高校思政课教学知识库建设过程中，应注重结合社会关注的热点问题。高校思政课教学不仅承担着知识传授的任务，更肩负着理论阐释和价值引领的使命。为增强理论的说服力和现实关照度，应积极回应社会舆论热点问题，避免在重大问题上失语。以生动的社会热点案例为载体，以马克思主义理论为指导，阐释理论的现实价值，提高教学资源的针对性和时代性。

第四，高校思政课教学知识库的教学资源呈现形式应体现多元化特征。除传统的文字、图片、视频等表现形式外，还可借助VR、虚拟仿真等技术构建课程资源。根据教学内容合理设计教学环节，充分利用虚拟仿真技术的互动特性，增强学生的沉浸感和真实体验感，以提高思政课教学的吸引力与实效性。

（二）提高红色资源同教学内容的契合度，丰富历史底蕴

红色文化作为中华优秀传统文化的重要组成部分，承载着深厚的历史积淀和精神内涵，是高校思政课教学的重要资源。为丰富高校思政课教学内容，构建数字化高校思政课教学知识库，应充分挖掘和利用红色文化资源，使其成为高校思政课教学的重要支撑。

首先，充分发挥高校思政课课堂教学的传统优势，使红色文化资源在教学活动中发挥更大作用。高校思政课教学主体应提升对红色文化的认知，增强运用红色资源的意识，将其合理融入教学内容，以深化教学主题、增强课程感染力。同时，在重大节日或纪念日期间，可加强相关宣传教育，引导学生深入学习党史、新中国史、改革开放史和社会主义发展史，使其在学习过程中汲取精神力量，增强对红色文化的情感认同和理论认知。

其次，注重激发教学客体的主观能动性，推动实践教学的深入开展。高校思政课教学不应仅限于课堂理论讲授，还应积极拓宽实践教学路径，使教学客体能够在真实情境中感悟红色文化精神。通过组织红色文化知识竞赛、主题宣讲、小组讨论等活动，使教学客体在互动交流中加深对红色文化的理解，培养其积极的学习态度和求知欲望。同时，加强对党史教育的学习，使教学客体在实践中感悟革命先辈的先进品格，提高思政课教学的吸引力和实效性。

最后，充分利用虚拟教学环境，拓展红色文化教育的数字化载体。依托数字云端技术，将红色文化资源深度融入高校思政课教学，通过虚拟教学空间开展红色纪念馆、展览馆的线上参观活动，使教学客体沉浸式感受红色文化的历史价值。同时，利用高校思政课教学资源共享平台，为教学客体提供与红色文化相关的理论文章、红色资源博物馆资料及宣讲稿等学习资源，促进理论学习与实践教学的结合。此外，以校园为单位建设红色文化宣传长廊，营造浓厚的学习氛围，推动红色文化教育在高校思政课教学中的深入发展。

（三）提高教学内容更新速度，构建思政课教学资源共享数据库

构建内嵌社会主义核心价值观的推荐算法是共享数据库建设的核心环节。推荐算法不仅支撑着数据库的资源收集和整合，更决定了数据分析与处理的精准程度。该算法应由高校思政课教师与数据编码人员协同设计，既要注重技术理性的实现，又需体现社会主义核心价值观的价值导向。具体而言，资

源库的建设从数据收集开始，需将教学内容、学生信息等转化为数字化信息，并通过云端进行存储。数据在存储后需经过人工标注与分类，以确保后期的便捷查询与高效管理。通过多模态生物识别技术生成的数字画像，可以深入分析学生的学习状态与知识掌握情况，从而为教学策略的调整提供数据支持。教学主体可通过可视化数据，依据学生的具体需求与反馈，选择最合适的教学方法，以此实现教育目标的有效达成。

优化共享数据库机制是资源共享建设的重要一环，在完成初期的数据收集与存储阶段后，数据库的优化应进入第二阶段，以着重提升资源推荐的精准性与针对性。随着数据库对学生个人偏好和学习状态的掌握，它能够自动推荐适合学生的学习资源，并提供针对性的教学对策。数据库的自动更新功能可确保教学资源始终跟随时代发展与教育需求的变化，持续满足师生的成长与发展需求。

评价反馈机制的建立对共享资源库的有效性至关重要，通过学习成绩测评和教学满意度调查等方式，数据库能够全面评估学生的学习效果与教师的教学成效。这一机制不仅为教学改进提供了反馈数据，也为学生提供了参与教学和表达意见的渠道，有助于促进教学质量的提升。此外，学生对教学内容与方法的评价和建议能够促进教学策略的进一步优化，从而形成良性的教学反馈循环。

畅通区域数据互联通道对于资源共享的实现具有重要意义，单一校园的师资力量和数据资源往往难以满足全面而多样化的教学需求，而区域间的资源共享与数据互联可以有效弥补这一不足之处。通过建立区域数据互通机制，能够整合区域内外的教育资源，提供更多的优质教学内容与教学手段，推动区域教育均衡发展，并实现名师与优秀教学资源的共享。

四、搭建高校思政课数字化平台，打造数字思政载体矩阵

在数字化背景下，构建高校思政课教学数字化平台，是推动思政教育高质量发展和高水平应用的关键举措。这一举措不仅体现了"数字化＋教学"的深度融合，更强调了教学方法与数字技术的深度结合，从而提高思政课的吸引力与时代感。然而，思政教育方法的数字化转型并非是"技术＋教学"的简单叠加，而是一个全面、系统、深度的赋能过程。在这一过程中，应注重完善机制保障，搭建实践平台，优化评价体系，确保数字化平台的"共治、共建、共享"，以推动传统思政课教学平台的革命性转型。

（一）完善高校思政课数字化资源共享平台建设及保障机制

数字化资源共享平台是高校思政课教学知识库得以顺利运行的技术保障，适配的教学资源共享平台能够为教学客体提供优质的学习体验，实现教学双方的供需匹配，有效满足学生的需求，提高教学资源利用率。

1. 完善共享平台内容模块建设

高校思政课教学数字化资源共享平台建设要坚持重点突出原则，在保持平台建设简约、方便的基础上，体现高校思政课教学的优势特色，兼顾思政课教学的本质属性和一般属性。

（1）开设高校思政课建设栏目

栏目建设旨在为教学主体提供便捷的学习途径，通过大数据爬虫技术，实现高校网络教学课程的实时同步与精准推送。平台应系统地汇集思政课的名师资源和优质课程，如"金课"等，以便教师能够随时获取最新的教学资源。此外，栏目还应聚焦前沿政策资讯的自动收集，以解决教师在教学过程中面临的政策了解不及时、不全面的问题。这一模块不仅能够为教学主体提供高质量的学习内容，还能够拓宽教师获取政策信息的渠道，促进其对时事政治的关注与理解，从而提高教学内容的时效性与针对性。与此同时，专栏还应注重提供思政领域的最新研究成果，助力教师提升理论水平。理论研究不仅能够为教学提供有力的学术支撑，还能帮助教师更好地应对教学中遇到的时代问题和实际挑战，从而促进教学质量的持续提高。

（2）建立马克思主义理论研究学习模块

马克思主义理论是我国思政教育的根本指导思想，思政课教学的主体必须加强对马克思主义经典著作和科学理论的学习。该模块通过整合学术界的研究成果，将相关数据进行标签化处理，提供个性化的学习选项，使得教学主体能够根据自身的学术背景和理论水平进行自主学习。通过笔记记录、阅读感想等，教师和学生可以分享个人的观点与见解，促进集体学习与讨论，形成知识的良性互动。

（3）设置道德规范、榜样模范模块

在数字化时代，社会环境呈现出多元化和复杂化的特点，思政课教学必须更加注重道德规范的培养和榜样模范的示范作用。该模块通过数字平台的推送功能，将道德模范的事迹和榜样人物的典型案例展示给广大师生。同时，通过校园内的投票选举机制，鼓励学生和教师共同参与模范人物的评选，增强平台的互动性和参与感。这一创新性的教育方式将价值观教育与实际生活紧密结合，以"活教材"的形式强化思政教育的效果，促使学生在学习过程中更加关注社会责任与道德实践，增强思政教育的实效性。

2. 完善共享平台互动功能的建设

高校思政课教学数字化平台，具有传统互联网教学平台所无法比拟的独殊优势，特别是在互动功能模块的建设上。其核心在于能够充分整合各类资源，形成教育合力，促进教学主体与教学客体之间的高效互动。相比之下，传统的高校思政课教学平台在互动功能上常常缺乏实效性，主要体现在回复时限和回复质量缺乏规范性。由于未对互动的及时性做出明确规定，常常会出现"未读""已读不回"或"回答敷衍"等现象，导致学生无法及时获得反馈，进一步削弱了学生交流互动的体验感和参与兴趣。

在学生互动发言阶段，平台应通过设立三级沟通互动机制来确保信息的高效传递与及时反馈。对于每一次学生互动内容的发布，系统都将同步通知任课教师和教学秘书，教师须在 24 小时内查看并作出回复；若教师未能在规定时间内回应，教学秘书将进行提醒，若超过 36 小时未回复，问题将移交至教研室，由其他教师代为回复；若超过 48 小时仍未解决，互动内容将自动提交至学校教学主管部门进行处理，以确保学生的提问和反馈能够得到有效关注与解决。

在教师回复阶段，同样需设定明确的时间要求，以确保每一条互动都能及时得到回复。具体的时间设定包括 24 小时、36 小时及 48 小时的逐级反馈时限，以保障回复的及时性和质量。

在互动质量评估阶段，系统应记录并存档教师与学生的所有沟通内容，教学管理部门可定期检查这些记录，确保互动的质量符合标准要求。同时，平台应开通学生反馈渠道，允许学生对互动内容的质量进行评价并提出意见，确保互动平台的有效性和参与度。

3. 完善共享平台保障机制建设

高校思政课数字化资源共享平台建设是一项系统性的工程，涉及多方面的协调配合。要确保平台建设的顺利推进，必须建立一套科学、完善的保障机制。

（1）优化资源供给机制

没有有效的数据资源供给，平台将如同无源之水。为了保证资源的丰富性与多样性，高校应强化对思政教育活动资源的搜集、开发和利用工作。通过突破思维的局限，实现跨学科、跨地域的教学资源的共享和互动，使平台资源不局限于某一学科或地域，而是形成跨学科、跨领域的综合资源网络。

（2）重视教学主体的作用

教师凭借自身的教学经验和理论知识积累，能够为教学平台提供具有个人特色的教学资源，这不仅丰富了平台的内容，也增强了教学的个性化和针对性。因此，教学主体的数字素养提升是平台建设的重要一环。高校应根据相关政策要求，定期组织教师进行数字素养培训，建立长效的培训机制。培训内容可以涵盖数字技术的应用、资源整合与共享、平台使用技巧等方面，确保教师能够熟练应用数字工具，以提升其在数字化教学中的综合能力。

（3）充足的经费保障和有效的监督机制

高校应成立专门的监督委员会，负责对平台建设过程中每一笔经费的使用情况进行严格审查，确保资金的合理投入和专款专用。同时，学校应积极争取社会资金和课题经费，通过多种渠道筹措资金，确保平台建设的可持续发展和长期运营。

（二）构建现实与虚拟相结合的实践教学平台

数字技术的发展为实践教学提供了丰富的应用场景，使虚拟仿真技术的应用成为可能，从而解决了传统思政课教学中过于强调理论而忽视实践的问题。通过构建虚实结合的实践教学平台，可以实现理论与实践的有机融合，有效提升思政课的教学质量。

1. 挖掘本地文化资源并开展特色实践教学

在遵循思政教育规律的基础上，充分发挥本地历史文化资源的优势，将现实资源有机转化为教学资源，是实践教学成功的关键。首先，可以通过积极挖掘校史资源，利用校史馆和校园文化活动，结合校史中记载的典型人物、重大事件和杰出校友的事迹，帮助学生树立正确的学习观和价值观，培养学生的爱校荣校精神。这不仅能增强学生的集体主义精神，还能加深学生对学校文化的认同，进而增强思政课教学的吸引力和感染力。其次，实地参观本地工厂企业，带领学生深入工作一线，能够让学生亲身感受到工作中的艰辛与不易，帮助他们理解工业化发展对国家建设的贡献。同时，这也让学生更加直观地认识到中国共产党领导的社会主义现代化进程和成就。最后，鼓励学生开展社会实践活动，参与基层治理、志愿服务等社会实践，不仅可以让学生体验社会，还能增强他们的社会责任感与参与意识。

2. 加强技术应用培训并合理开展虚拟实践教学

在数字化技术不断发展的背景下，思政课教学可以借助虚拟仿真技术、云端教学平台等现代技术手段，为学生呈现重大历史事件和革命战役等内容。在技术条件允许的情况下，利用视频、虚拟仿真和数字展馆等方式，通过身临其境的沉浸式教学体验，帮助学生更好地理解历史、体会革命精神、感知时代进程。这种虚拟教学方式能够使学生在理论学习的基础上，进一步融入实践活动中，从而实现学生对知识的深度理解与认同。虚拟教学与现实教学相结合能够帮助学生更为直观地理解抽象的理论概念，增强学习的互动性与趣味性。

在虚拟仿真技术的应用过程中，必须坚持正确的价值导向，平衡虚拟与现实教学的关系。虚拟仿真教学虽然具有新颖性，能为学生提供独特的学习体验，但过度依赖虚拟技术也可能导致"技术至上"的倾向出现，进而偏离了思政课的教育初心。因此，教学主体应当始终坚持以理论教学为主，虚拟教学为辅的原则。在这一过程中，要防止"数字成瘾"的现象出现，避免学生过度沉浸于虚拟环境而忽视了现实生活中的学习与实践。高校思政课教学应当始终围绕"立德树人"的教育目标，秉持正确的技术观和工具观，通过虚拟技术和现实教学的有机结合，推动学生德、智、体、美、劳全面发展。尤其是在虚拟仿真教学的设计和应用上，要注重其与现实教学的互动性，确保虚拟教学场景的有效性和现实教学内容的深度融合。

（三）优化高校思政课教学评价体系

建立一个科学、合理、全面的评价体系，有助于提升思政课教学的质量，促进学生的全面发展，创造良好的育人环境。数字化时代的思政课教学评价体系应围绕"数字—评价—育人"这一核心目标构建，致力于实现教学内容、方法、效果与学生发展的全面协调。

课堂教学评价直接影响教学效果的反馈机制，优化课堂教学评价是提升教学质量的关键。为实现这一目标，应当建立有效的课堂反馈机制。思政教育的核心目标是培养学生的价值观与创新能力，单纯的知识传授已不能满足时代需求。因此，教学评价不应仅限于知识的传授和学生的考试成绩，还应关注学生自主学习能力与创新思维的培养。在这一过程中，学生应当被赋予更多的评价权，鼓励他们从教学的内容、方法、效果等多个方面对课堂教学进行评价。此外，为确保评价的公平性与全面性，学生的评价分数应在教学评价中占据较高比重。

教师的教学质量应通过系统的听课机制进行评价。资深教师通过听课可以对教学目标的实现情况以及教学效果作出评估，并为年轻教师提供指导意见。通过这种方式，不仅能够提高教学质量，也促进了教师间的经验交流与合作，从而增强团队协作意识。此外，个人评价机制的建立可以帮助教学主体清晰了解自己在教学中的优势和劣势，进而有针对性地调整教学方法和进度，实现教学质量的持续提高。

重视数字化动态评价是提升思政课教学科学性的重要途径。传统教学评价往往依赖简单的指标，如"抬头率"来判断教学效果，但这一指标无法全面反映教学过程中的实际情况。因此，借助数字化技术实现动态评价至关重要。高校可以利用深度学习模型开发数据采集功能，通过大数据分析技术对教学活动中学生的微表情、微动作进行实时监测与数据标记。通过收集和分析这些数据，可以为教师提供更为精准的教学反馈，为后续的教学改进提供支持。同时，虚拟现实、增强现实等技术的应用，使得教师能够通过虚拟教学环境对学生的学习状况进行更加深入的分析。通过数据整合与个性化的思想动态走势图，教师能够更科学地评估教学效果，从而不断提升教学质量。

建立多元化的评价机制是完善教学评价体系的关键。多元评价机制强调通过多主体、多方法的评价体系来综合评价教学效果。这一机制要求教学评价不应仅依赖于单一的评价主体，而应当通过包括教师、学生、社会及家庭等在内的多方面的反馈来优化评价体系，提升评价的全面性与客观性。尤其是在数字化时代，社会与家庭的评价能够为教学提供更为全面的视角，帮助高校思政课教学更好地契合社会需求与学生实际。

此外，建立跟踪评价机制也是多元评价体系的重要组成部分。评价不仅仅是一个单次的过程，更是一个持续、动态的过程。在教学评价结束后，教师和管理部门应当对评价反馈的内容进行持续跟踪，记录后续改进的措施及效果，确保教学问题得到有效解决，避免流于形式。通过这种持续跟踪，教师可以清晰了解自己在教学过程中的不足之处，并通过不断改进提高教学质量。

第二章　数字化创新下的高校思政课教学改革与实践

第三节　数字化时代高校思政课教学供给侧改革实践

　　近年来，供给侧改革作为一种创新的思维模式，逐步应用于教育领域，为解决教育教学中的诸多问题提供了新的视角和方法。在教育领域，供给侧改革的核心目标是优化教育资源配置、提升教育质量，进而满足学生和社会对教育日益多样化的需求。特别是在高校思政课教学中，供给侧改革的应用显得尤为重要，其能够推动高校思政课教学质量的提升，促进教育事业的持续健康发展。

　　长期以来，思政课教学的供给与学生的实际需求之间存在着明显的矛盾。这一矛盾主要体现在供给内容的单一性与学生需求的多元性之间的不匹配，以及供给水平的不足与学生对高质量教学内容日益增长的需求之间的失衡。由于这一供需失衡，思政课的教学效果往往难以达到预期目标，从而影响了教学质量的提升。尽管以需求侧为主导的改革在一定程度上推动了思政课的发展，但也出现了供需错配、质量危机等问题。其根本原因在于忽视了供给侧，缺乏有效的供需平衡机制，导致教学质量无法真正满足学生的需求。

　　因此，将"供给侧改革"理论应用于思政课教学的提升过程中显得尤为关键。通过教学方式的创新以及教学资源的合理配置，可以更好地回应学生的多样化需求，提高思政课的吸引力和实效性，从而提升整体教学质量。

一、开发多元高效的数字化方法供给模式

　　数字技术赋能教学方法，不仅可以提升教学效率，还能极大地增强师生间的互动，为教育创新注入新活力。为此，要大力促进数字技术与教学方法的融合，以确保数字技术在教育领域的广泛应用，推动教学方法与时俱进。

（一）以智能协同技术，实现教学方法的多样化

　　智能协同技术的引入，使得数字化教学方法呈现出前所未有的多样性。通过人机协作和多主体协同，不仅极大地丰富了教学场景，也提高了教学效率。通过智能协同，教师、学生和机器三者之间的互动得以全面加深，形成一个更加灵活和多元的教学模式。与传统的"人—机"互动相比，智能协同技术能够根据学生的学习数据进行实时反馈，从而提供个性化的教学支持，

进一步优化教学过程和结果。在教学过程中，智能机器人不仅能够分析学生的学习状况，还能根据学生的个体差异，定制不同的教学内容和形式。通过 VR 和 AR 技术的结合，教学内容得以更加生动和直观地呈现，进一步增强了学生的学习体验。此外，物联网感知技术能够实时监测学生的学习进度，并为教师提供数据支持，从而令其能够精准调整教学策略，确保教学目标可以实现。

（二）以智能分析技术，实现教学方法的个性化

智能分析技术的应用，为思政课的个性化教学提供了有力支持。通过深入分析学生的学习数据，智能分析技术能够为教师提供每个学生的学习状况、兴趣偏好和知识掌握情况等详细信息，从而帮助教师制订针对性的教学计划。通过对学生行为数据的深度挖掘，教师能够及时调整教学内容和方法，确保每个学生都能在学习过程中得到最大限度的帮助与支持。这种个性化的教学模式能够更好地激发学生的学习兴趣，提高他们的学习效果。同时，智能分析技术还能够根据学生的学习进度，智能推荐相应的学习资源，帮助学生在不同的学习阶段获得最合适的辅导和练习内容。AI 大模型和大数据分析平台的结合，使得智能分析技术能够更加精准地预测学生的学习难点，提前为教师提供教学策略建议，从而实现教师对教学过程的精准调整。

（三）以智能交互技术，提升教学方法的互动性

生成式人工智能（GAI）技术的应用，打破了传统教学模式中单向信息传递的局限，促进了师生之间、学生与学生之间的多维互动。通过 GAI 技术，教师能够运用智能算法生成与学生的学习状态高度契合的互动内容，如实时问答、即时反馈以及小组合作任务等，从而使教学过程更加灵活、动态。这种交互式的教学方式，既激发了学生主动参与，又提高了学生的批判性思维和合作能力。

GAI 的算法优势在于其对学生学习进展的精准判断能力，能够根据学生的不同需求生成个性化的学习任务。这种个性化的教学方式，有助于提高学生的学习效率和成效，使其在学习过程中能够得到更符合自身需求的指导。与此同时，GAI 技术通过创造沉浸式虚拟学习环境，为学生提供了一个直观且互动性强的学习平台。学生可以在虚拟环境中沉浸式体验历史事件、文化背景等内容，从而更深刻地理解相关知识的内涵与外延。这种互动式的学习

方式不仅增强了学生的学习兴趣，还促进了学生创造力的培养，有助于学生更好地掌握复杂的理论和知识。通过 GAI 技术的应用，思政课教学的互动性、灵活性和个性化得到了极大提升。学生在虚拟与现实交织的学习环境中，不仅能够更加自主和积极地参与学习，还能够在不断变化的教学过程中拥有更多的自主选择空间，增强了其学习的主动性。

二、构建安全协同的数字化环境供给平台

当前，高校数字化环境的建设已逐步完善，网络平台、数据库平台等基础设施和多样化应用系统的构建共同形成了高校数字化生态。然而，仍然存在一些问题，如思政信息宣传力度不足、用户隐私保护不到位、负面信息管控能力薄弱等。因此，亟须进一步加强校园数字媒体的宣传工作，提升思政文化的渗透力与影响力；加快网络防护技术的应用，确保教学信息的隐私得到充分保护；加快解决网络监管难题，加强对网络环境的净化，提升对负面信息的管控能力。

（一）加强校园数字媒体宣传

随着数字化浪潮的推进，电视、广播、网络等大众传媒手段在塑造人们的思维、价值观和行为方式方面起到了极大作用，对于数字媒体使用频繁的大学生群体，媒体的影响力尤为显著。在这样的数字化环境中，思政课教学应发挥引导思想、培养道德品质、规范行为的核心作用。首先，应构建全方位的"大宣传"工作格局，优化传播渠道；其次，要推动传统媒体与数字媒体的深度融合，整合资源，拓宽传播途径；最后，要建立线上线下协同的传播机制，形成覆盖全媒体平台的多元传播格局。

1. 构建"大宣传"工作格局

首先，强化组织领导是构建"大宣传"工作格局的基础。各级党委和政府应高度重视思政教育，明确其在社会发展中的重要作用，将其纳入重要议事日程，并加强统筹规划与协调指导。在此过程中，应确保各个部门明确职责分工，形成全社会共同参与、各司其职的工作机制，避免各项工作的孤立开展，确保宣传思想工作能够高效进行，形成合力。

推动队伍建设是提升宣传思想工作整体水平的关键举措。应培养一支政治立场坚定、业务素质过硬、作风优良的思政宣传队伍，通过系统的培训和实践，提升其专业能力和综合素质。队伍建设不仅要求相关人才思政素养过

硬，还要求其具备对新兴技术的适应能力，能够灵活运用现代传播手段进行教育传播，确保宣传思想工作的时效性和针对性。

加强资源整合是提升宣传合力、增强传播效果的重要保障。通过整合各类资源，包括人力、物力和财力等，最大限度地发挥其作用，推动跨部门、跨领域的协作。多方资源的协同配合能够有效避免资源浪费和重复建设，同时扩大宣传工作的广度与深度，从而确保思政教育的内容和形式更加丰富、全面。

2. 推动传统媒体与数字媒体融合发展

面对数字技术飞速发展的趋势，高校的宣传思想工作需创新传播方式，推动传统媒体与数字媒体的深度融合。通过对互联网、移动媒体等数字技术的运用，可以突破传统媒体传播的局限性，创建多层次、全方位的宣传平台。在这一过程中，应充分发挥传统媒体的权威性和数字媒体的即时性、互动性，将二者的优势互补，以达到最佳的宣传效果。

在内容创作上，注重宣传材料的高质量是至关重要的。通过生动、鲜活的案例和故事，能够有效增强思政教育的吸引力和感染力，让其更易于为广大师生所接受。借助高质量的内容，能够引发师生的情感共鸣，推动思政教育进入师生的内心世界。通过优化流程和重塑平台，创建符合高校特点的校园数字媒体平台，不仅能够整合校内外的资源，还能够通过创新的方式传播思政内容，使其更加贴近师生的实际需求，形成富有知识性、思想性和趣味性的互动平台，增强教育传播的效果。

3. 构建"线上—线下"协同的传播机制

随着新媒体的迅猛发展，传统的宣传思想工作模式亟须创新，构建"线上—线下"协同的传播机制显得尤为重要。通过深入研究数字媒体的优势，合理运用"两微一端"等新兴平台，能够使宣传思想工作更加贴近师生的生活，并更易于传播马克思主义科学理论及党的方针政策。

同时，在创作宣传作品时，应采用通俗易懂的语言，将"讲道理"和"讲故事"结合起来，使宣传内容更具亲和力。通过挖掘典型的人物和事例，引发师生的情感共鸣，提升其参与度和认同感。尤其是在数字媒体时代，面对多元价值取向，必须坚持建设健康向上的校园文化，打造具有鲜明特色的文化品牌。在此过程中，鼓励师生广泛参与宣传思想工作，共同推动工作创新，探索适应时代发展的新机制，这有助于将思政教育的传播效能最大化，形成良好的互动局面，推动新时代思政工作的有序开展。

（二）增强网络监管与舆论引导

随着信息技术的迅猛发展，网络空间已经成为社会舆论传播的重要阵地，网络舆情在这一空间中的动态变化带来了诸多挑战。尤其是负面舆论和虚假信息的蔓延，不仅威胁了社会的稳定，还对教育领域构成了严重冲击。因此，如何建立健全网络监管机制，加强舆论引导，特别是做好高校及相关社会群体的舆情管理工作，已经成为当前亟须解决的重要问题。

1. 法律与行业自律的协同作用

实现有效性的网络监管需要法律法规和行业自律的有机结合。法律法规作为网络监管的基础，提供了必要的约束力和执行力，是确保网络环境健康稳定的核心保障。然而，由于网络技术的发展速度远超传统的立法进程，现行的法律框架往往滞后于实际需求。因此，当前亟须进一步完善网络法律体系，健全相关监管法规，尤其是在保护个人隐私、打击网络犯罪以及规范虚假信息传播等方面。

与此同时，在法律框架尚未完善的情况下，行业自律的作用显得愈发重要。自律机制虽然以道德约束为主，但其具有反应快速、成本低且效率高的特点，能够及时填补监管的空白，在信息传播途径日益多样化的背景下，行业自律已经成为弥补法律监管不足的重要力量。行业自律组织能够自我约束，促使成员遵守道德规范，减少负面信息的传播风险。在政府引导与行业自律相结合的框架下，网络空间的监管能够更加灵活与高效，从而为建设健康的网络环境提供保障。

2. 构建健全的舆情引导机制

如今，信息传播的速度和范围已经达到了前所未有的水平，这要求舆论引导工作不能仅仅依赖于事后处理，更要注重事前干预。高校和国家层面需要构建健全的舆情管理体系，包括早期监测和快速响应机制。这一机制不仅需要依赖技术手段，如大数据分析和人工智能技术等进行舆情预警，更要通过配备专业人员，确保及时响应。同时，加强思政工作，发挥高校及相关机构在舆情管理中发挥主导作用，能够有效降低舆情扩散带来的负面影响。

此外，国家层面的舆情引导也至关重要。政府应当通过加强与媒体和公众的沟通，提升信息的透明度，避免信息传播中出现误解和偏见。增强公众对信息来源的信任,能够推动舆情管理从单向的控制向深度互动式引导转变。信息传播的真实性、准确性至关重要,尤其是在处理敏感话题时,政府需要保持公开透明,避免负面信息的扩散与误导,确保社会公众能够获得真实、全面的信息。

3. 强化舆情应对能力,提升网络治理水平

随着网络空间的复杂化和舆情事件的多样化,单一的监管措施已经无法应对日益复杂的舆论环境。因此,建立一个多维度的舆情应对体系是当前网络治理的关键。舆情应急预案的制定与完善,对于提高网络舆情治理水平具有至关重要的作用。各级高校和政府部门应明确各自的责任分工,制定详细的应对流程,确保在发生突发事件时能够迅速响应,最大程度地降低负面舆论的影响。

为了高效应对网络舆情,高校和政府需要建立专业的舆情管理团队,并形成信息共享机制,以便及时掌握舆论动态、分析舆情趋势。舆情管理队伍不仅要具备专业的网络监测与分析能力,还应具备较强的危机处理能力,能够在舆情爆发时迅速做出反应,降低其扩散速度和影响力。在此过程中,坚守正确的政治立场和社会价值观,强化对思想理论教育的引导,有助于凝聚广大师生的共识,提升集体对负面信息的免疫力,促进舆论环境的稳定与和谐。

4. 增强个体信息辨别能力,提升群体抵抗力

在信息高度碎片化和网络信息过载的今天,个体的信息辨别能力已成为抵御虚假信息和负面舆论的第一道防线。教师和学生作为网络信息的直接使用者,必须具备较强的信息辨别能力,才能在复杂的信息环境中做出正确的判断。如果缺乏基本的信息辨识能力,个体就容易受到虚假信息的误导,成为舆论的受害者。因此,需要提升师生对网络信息的辨识与批判能力,尤其是在面对政治、社会敏感等话题时,师生应具备较强的警觉性,避免信息的误读与误判。

为此,高校应加强对师生的信息素养教育,通过课程设置、专题培训等方式,培养其信息甄别能力。提升信息辨别能力不仅仅是防止受到虚假信息的误导和避免对谣言的传播,更重要的是增强师生的群体抵抗力,形成集体对抗负面信息的免疫力。在教育过程中,应注重批判性思维的培养,引导师生学会识别不同来源的信息、分析信息的真实性和准确性。通过全面提升师

生的信息辨识水平，最终能够在全体师生的共同努力下，遏制负面信息的传播，促使网络环境更加有序和健康。

（三）加快网络防护技术的应用

随着信息技术的迅速发展，数字化教学平台已成为教育体系中不可或缺的组成部分，尤其是在思政教学领域中，其作用愈加突出。数字化技术不仅提高了教学效率，扩大了教育资源的利用范围，也带来了对数据隐私和网络安全的严峻挑战。在这一背景下，思政教学的网络安全问题显得尤为重要，特别是在教授涉及意识形态的教学内容时，如何保护教学过程中的隐私信息，确保教育质量，并维护国家安全，成为亟待解决的关键问题。

保障数字化教学平台安全的首要任务是加强对平台管理人员的专业培训。网络安全的维护离不开具有专业技能的管理人员，这些人员不仅需要具备扎实的网络安全基础知识，还应具备丰富的操作经验。平台管理人员的培训应是系统化和全方位的，涵盖从网络安全基本理论到具体操作技能的各个方面，确保每一位管理人员都能够熟练应对潜在的安全隐患。此外，培训还应注重提高管理人员实际解决问题的能力，通过案例分析、情景模拟等方式增强他们的应急响应能力，积累实战经验。只有具备高水平专业素养的管理人员，才能在面临突发的网络安全事件时，迅速采取有效的应对措施，确保平台的稳定运行。

为了进一步增强数字化教学平台的安全性，入侵检测技术应成为平台防护体系的核心组成部分。入侵检测技术能够实时监控网络数据流，通过分析主机和网络的运行状况，迅速识别潜在的安全威胁。这种技术不仅依赖于统计学原理对常规操作模式进行分析，及时发现异常行为，还通过签名识别技术，防止已知攻击模式的入侵。与传统的安全防护技术相比，入侵检测技术更具前瞻性和精确性，可以形成多层次的防护体系，有效保障教学平台的数据安全。结合人工智能和大数据分析技术，入侵检测系统能够实时学习并适应新型攻击方式，进一步提升防御效果，从而为数字化教学平台的安全性提供更加坚实的保障。

除了入侵检测技术的应用之外，数据安全标准的管理同样至关重要。高校应将数据安全标准管理纳入数字化校园建设的核心环节，确保在推进教育信息化过程中，所有数据均得到有效的保护。数据的安全管理不仅涉及对数字信息的保护，更关乎教师和学生的个人隐私、教学内容以及科研成果等敏感信息的安全。为此，高校应制定详细的数据安全管理制度，明确数据在采集、存储、传输、使用和销毁等环节中的安全要求，确保每个环节的操作都符合相关规范。同时，应引入先进的技术手段，如数据加密技术、身份验证和访问控制等，以增强数据存储和传输过程中的安全防护能力，确保教育平台在技术层面能够预防各种潜在的安全威胁。

在数据安全管理体系建设的过程中，定期的安全检查和评估也显得尤为重要。通过对数字化教学平台进行常态化的安全检查和评估，可以及时发现潜在的安全隐患并对其进行修复，从而提高平台的整体安全性，避免信息泄露等安全事故的发生。定期的安全评估不仅能够检验现有技术防护措施的有效性，还可以通过模拟攻击等方式进行压力测试，从而对现有防护体系进行检验，并对其进行不断优化。通过建立健全的安全评估机制，平台能够在技术防护上做到无缝对接，从而确保其能够长期安全稳定地运行。

第三章 信息技术与高校思政课教学的深度融合

随着信息技术的飞速发展，其教育价值日益凸显，信息技术不仅为教学改革带来了新的机遇，也对传统教学模式提出了挑战。本章重点探讨信息技术的教育价值及其对教学改革的影响、信息技术与思政课教学深度融合的教学体系及资源、信息技术与思政课教学深度融合的数据集成及模式。

第一节 信息技术的教育价值及其对思政课教学改革的影响

一、信息技术的教育价值

技术与教育的关系是现代教育变革的重要命题之一。技术的应用不仅为教育提供了新的手段与工具，更是从深层影响着教育的方式、内容和目标。信息技术在教育领域的应用，既是工具性的介入，也是一种推动教育变革和重新定义教育目标的力量。因此，信息技术与教育的结合，是一个多维度、深层次的变革过程，值得从不同层次深入探讨。

首先，技术对教育的价值体现在其作为工具的基本功能上。信息技术作为教育活动中的工具，为教育提供了前所未有的便利并提高了教学效率，改进了教学手段，拓展了学习空间。随着信息技术的不断发展，它在教育活动中的作用也不断提升，已经不局限于提供基础的辅助功能。它在帮助教师与学生获取、处理和分享信息方面发挥着越来越重要的作用，同时在促进教育互动、提高教育质量、实现个性化学习等方面展现出其独特的优势。技术的普及使教育资源的获取变得更加便捷，教师和学生之间的互动方式变得更加灵活、多样。

其次，信息技术对教育的现实作用，是指它在推动教育发展和社会进步中的重要地位。技术不仅提升了教学的效率，更推动了教育内容和形式的创新。信息技术的应用使教育能够突破传统的时空限制，在线教育、远程教育、虚拟课堂等新型教育形式层出不穷，教育模式的多样化为广泛的人群提供了更多的教育机会。此外，信息技术还对教育的管理、评估，甚至对教育政策的制定均产生了积极影响，极大地促进了教育资源的公平分配和教育质量的整体提升。现代社会的发展要求教育要更加适应技术变革，而信息技术的深度渗透正是对这一需求的回应。

最后，信息技术在教育中的最高价值体现在它对人类自身发展的促进作用。教育的最终目标是促进个体全面发展，信息技术在此过程中扮演着重要的角色。它不仅提高了教育的普及度和灵活性，更在促进学生多元化、个性化发展方面发挥了极大的作用。信息技术的应用不仅仅是传递知识，它还通过激发创新思维、提高自主学习能力和促进合作交流，帮助每一个个体在知识、能力与品格等方面实现成长。技术在教育中的应用，最终是为了实现人的自我价值，推动个体全面发展，进而促进社会的和谐与进步。

信息技术对教育的深远影响要求教师以新的视角审视教育的目标与方法。技术的快速发展带来了教学手段的变化，也对教师的教育理念和方法提出了新的挑战。在思政课等教学中，信息技术不仅是辅助教学的工具，更是影响教学内容、教学形式与教育理念的重要因素。因此，教育工作者应当深刻理解技术与教育的关系，掌握技术的教育功能，在工具理性和价值理性之间找到平衡点，真正实现技术与教育的深度融合，推动教育事业的发展。

二、信息技术发展对思政课教学改革的影响

信息技术在思政课教学改革中扮演着至关重要的角色，其对思政课教育体系的影响同样深远。信息技术不仅显著提升了思政课信息处理的效率，还为思政课教学提供了更为高效、便捷的手段，从而极大地拓展了思政课教学的边界。随着信息技术的持续进步，它已成为推动思政课教学改革和创新的核心动力。在当前的思政课教育环境中，信息技术的迅猛发展为思政课课程设计、教学方法以及学习模式的更新提供了坚实的技术支撑，促进了思政课教育结构的重构和教育目标的实现。

（一）信息技术发展促进思政课教学的变革与发展

在教育系统的整体架构中，思政课作为一个关键的子系统，是社会系统不可或缺的重要组成部分。思政课系统的每一次重大变革，往往与信息技术的发展紧密相连。信息技术的发展无疑成为思政课变革的先导。

1. 信息技术发展影响思政课形态的变化

信息技术的飞速发展对思政课形态的变革起到了至关重要的推动作用。思政课形态作为思政教育这一社会现象的具体呈现形式，随着时代的变迁不断发生深刻的变化。从历史的脉络来看，思政课形态经历了从传统讲授到多元化教学的演变，而信息技术的迅猛发展，进一步加快了这一变革进程。

在思政课教学的早期阶段，其教学方式相对单一，主要依赖于教师的课堂讲授和学生的被动接受。在工业化生产为主导的社会中，思政课的传授主要围绕既定的教材和大纲，教学内容和形式较为固定。随着社会发展和技术进步，尤其是信息技术的兴起，思政课形态开始发生显著变化。多媒体技术的引入，使得思政课教学内容得以以图像、音频、视频等多种形式呈现，大大增强了课程的吸引力和感染力。

进入 21 世纪，信息技术的飞速发展再次推动了思政课形态的深刻变革。互联网和移动设备的广泛普及，使得思政课不再局限于传统的课堂环境。在线教学平台、虚拟仿真实验室等信息技术手段的应用，打破了时间和空间的限制，使思政课更加普及和便捷。此时，课堂教学不再是唯一的思政课教学途径，线上与线下的混合式教学模式逐渐成为主流。教育理念的更新，强调互动性、参与性和实践性，信息技术的发展推动了思政课教学模式的多元化，使其更加适应社会发展的多样化需求。思政课的教学目标逐渐转向培养学生的思想政治素养和综合能力，教学内容也更加注重理论与实践相结合，以及对学生批判性思维和解决问题能力的培养。

总的来说，信息技术的发展为思政课形态的变革提供了强大的动力。从传统的讲授式教学到现代的信息化教学，技术的进步不仅改变了思政课的教学方式，更推动了思政课教学内容、目标和体系的不断创新与优化。思政课形态的变化反映了社会发展的需求，也为未来思政课的进一步发展奠定了坚实的基础。

2. 信息技术发展促进思政课技术的发展

信息技术的发展为思政课技术的发展提供了重要动力，推动了思政课领域的全面变革。思政课技术在当代通常指的是通过信息技术手段优化思政课教学活动的过程和方法。随着信息技术的不断进步，思政课领域开始广泛应用多媒体技术、网络技术以及智能化教学手段，这些技术手段共同构成了现代思政课技术的基础，并且至今仍对思政课技术的理论研究和实践发展产生深远影响。

从技术层面来看，思政课技术可以分为物化形态和智能形态两种主要形式。物化形态的思政课技术主要依赖于具体的教学工具和机器设备，如投影仪、电子白板等；而智能形态的思政课技术侧重于信息技术的智能应用，如在线教学平台、智能分析系统等。两者相辅相成，共同推动思政课技术的创新与升级。物化形态强调技术的外在表现和教学工具的便捷性；智能形态则注重技术背后的智能化算法和系统设计，体现了技术进步对思政课教学方式的深远影响。

思政课技术的结构包括教学内容、教学工具和教学方法三个核心要素。教学内容指的是思政课所传授的理论知识和价值观念，随着信息技术的不断发展，思政课内容得以以更加生动、直观的形式呈现。教学工具指的是具体的教学设备和软件，其在不同历史时期经历了从传统的教学用具到现代的多媒体教学设备的演变。教学方法则包括讲授法、讨论法、案例分析法等多种形式，随着信息技术的引入，思政课教学方法更加多样化，注重学生的参与和互动。

信息技术与思政课技术的密切关系促进了思政课教学内容与方法的创新，为思政课的普及和质量的提升提供了有力支持。思政课技术在不断发展的过程中，既保持着传统教学的核心价值，又融合了新兴信息技术的先进性，形成了兼容并蓄、多元化的发展格局。

（二）信息技术推进思政课课程教学改革的进程

思政课的基本工作是课程与教学，课程与教学研究是思政课研究中的基本领域和核心领域。以探究思政课课程与教学的基本原理和问题为对象的课程与教学论是思政教育科学的重要分支。

1.传统信息技术时期思政课教学手段的发展

在传统信息技术时期，思政课教学主要依赖于教师的口头讲授和学生的笔记记录，这些方式虽然有效，但在阐释抽象概念和激发学生兴趣方面存在着局限性。随着印刷术的普及，文字信息的复制和传播变得更为便利，思政课教材的形式和内容也发生了深刻变化。然而，单一的文字传播方式在呈现具体知识和情感时仍存在一定的局限，尤其是对于形象性较强的思政内容，传统的文字教学显得不够生动。为此，思政课领域逐步引入了直观性教学手段，以弥补语言表达的不足。这些手段，如实物展示、图表说明、案例分析等，成为思政课教学的重要辅助方式，能够帮助学生在具体情境中理解和掌握知识，增强学习效果。

直观性教学的理念在思政课领域经历了长期的发展和演变。最早的直观性教学理念可以追溯到启蒙时期的思想家和教育家，他们提出了通过感官体验进行思政教育的理论，认为观察和实际操作比单纯的言语传授更加有效。直观性教学强调通过视觉、听觉等感官的参与，使学生能够更直接、更深刻地理解思政知识，尤其是在进行价值观教育和道德观念培养时，直观性教学手段的应用显得尤为重要。随着教育理念的不断深化，直观性教学的实践也逐渐扩展，直至进入近现代，直观性教学得到了更广泛的重视和应用。

在 19 世纪中后期，随着教育理论的发展，直观性教学逐渐成为思政课课程体系中不可或缺的一部分。直观性教学的实施不再局限于静态的教材和工具，开始有了更多的视听教学手段的应用，如幻灯片、电影等，进一步推动了视觉化教学的发展。这一时期的思政课改革者认识到教学的目标不仅是传授知识，更是培养学生的价值认同和情感共鸣。直观性教学的推行促使思政课教学手段从单一的文字传递向多元化的感官刺激转变，这一变化对思政课教学产生了深远的影响，尤其是在提升学生学习的参与感、增强情感共鸣方面，起到了至关重要的作用。通过这种方式，传统的思政课教学模式逐步向更具互动性和情境体验性的方向发展，营造了更加丰富和立体的学习环境。

2. 近代信息技术时期思政课领域的变革

近代信息技术时期的到来为思政课领域带来了深刻的变革，尤其是在视听教学、个性化教学与教学机械化方面。自 19 世纪末以来，随着电磁技术的普及和信息传输方式的革命性发展，人类的信息活动进入了新的时代。在这一过程中，传统的信息表达方式逐渐被更新的广播、电视技术所取代，信息存储和传输介质也经历了显著的变革。这一切促进了现代信息技术的兴起，并为思政课领域的技术应用奠定了基础。

20 世纪初，视听教学在教育领域崭露头角，并逐渐应用于思政课教学。

早期的视听教学注重媒体在教学中的应用,强调利用视觉和听觉媒体来提高思政课课程的教学效果。尽管视听教学与传统的直观性教学在本质上没有根本区别,但其独特之处在于强调了多种新型媒体工具的使用,尤其是那些能够增强学生视觉和听觉感知的媒介。随着广播、电视等设备在教学中的普及,视听教学逐步发展成一种独立的思政教学形式,并逐渐在全国范围内获得应用。尤其是在20世纪中后期,视听教学在思政课中的应用更加广泛,为思政课教学带来了全新的视角和体验。

与此同时,信息技术的进一步发展催生了个性化教学与教学机械化的趋势。在20世纪中期以后,教育领域迎来了机械化技术的全面应用,尤其是在思政课教学过程中的技术化操作和课程的机械化方面,标志着思政课教育技术的一次重大突破。个性化教学的核心目标是通过因材施教来提升思政课课程的教学质量。它通过设计一系列个性化的教学方案,使学生能够根据自己的学习进度和兴趣进行自主学习,从而实现个性化教育。个性化教育不仅提高了思政课课程的教学效率,也为未来思政课技术的发展提供了重要的经验和启示。教学机械化的出现,标志着思政课领域向更加精准和灵活的教学模式转变,同时推动了教学内容与技术的深度融合,促进了思政课课程的持续创新。

近代信息技术时期的这些变革,对思政课课程与教学的影响深远且积极。视听教学、个性化教学及教学机械化的应用,不仅加速了思政课技术的迭代升级,还为未来思政课教学方式的多样化与个性化奠定了坚实的基础。这些技术创新推动了思政课从传统模式向更具互动性和适应性的方向发展,提升了思政课的质量与效果。

3. 现代信息技术时期思政课的革新与发展

进入21世纪,信息技术的飞速进步深刻改变了思政课形态,不仅革新了教学工具与手段,更促进了教育理念的迭代与思政课形态的转型。计算机辅助教学、在线教学平台以及虚拟仿真实验室等现代信息技术手段在思政课教学中的应用,为思政课教学提供了多元化的路径与选择。

计算机辅助教学(CAI)作为现代信息技术时期思政课教学的标志性成果,起源于20世纪中后期,旨在借助计算机作为教学媒介革新传统教学模式。随着计算机技术的不断进步,CAI系统在思政课中得到了广泛应用,其通过开发丰富多样的教学软件和课程材料,为学生提供了更加生动、直观的学习体验。在线教学平台的兴起，使得思政课不再受时间和空间的限制，学生可以随时随地进行学习，大大增强了思政课的灵活性和普及性。虚拟仿真实验室的应用，则为思政课提供了全新的实践平台，使学生能够在虚拟环境中进行模拟操作和实践体验，从而加深其对思政知识的理解和掌握。

信息技术的广泛应用，特别是计算机多媒体技术与网络技术的融合，为思政课教学模式、方法乃至教学理念的革新提供了强有力的支撑。在技术特征上，以计算机技术为主导的信息技术呈现出数字化、网络化、多媒体化、智能化及虚拟化的趋势；而在思政课与课程信息化层面，则表现为教材的多媒体化、教学资源的全球化、教学环境的虚拟化、学习方式的自主化、教学服务的个性化以及教学管理的自动化。这些趋势预示着以互联网为标志的数字化时代将对思政课学术研究及教育实践带来根本性变革。

近些年来，我国信息技术产业蓬勃发展，新一代信息技术不断取得新成果，对经济社会发展和社会生活的各个方面产生的影响和作用不断加强。在此背景下，高校思政课教学改革也迎来了新的契机。以课堂教学改革为突破口，运用现代信息技术手段创新传统的思政课教学模式，对于提高思政课教学质量具有十分重要的意义[①]。

第二节　信息技术与思政课教学深度融合的教学体系及资源

当前，采用问题逻辑导向的方法，凭借教育技术的发展与资源的优化配置，推动思政课由静态的教材体系向动态的教学体系高效转变，是实现信息技术与思政课教育教学深度融合的关键策略。此过程聚焦于构建基于问题逻辑的思政课教学体系，它依据问题的内在逻辑，结合思政课课程特性和教学实际需求，通过系统性地建立源自教材的教学问题框架，并搜集、整合学生反馈的问题，将二者进行逻辑上的联结与融合，从而创新性地生成教学的问题逻辑体系。在此基础上，利用积件式数字化教学软件平台，开发和积累一系列高质量的教学组件，形成丰富的积件式教育教学资源库，这一举措极大

---

① 雷莉. 信息技术之于高校思政课教学改革的困境与优化路径 [J]. 煤炭高等教育，2024，42（4）：66-70.

地推动了信息技术与思政课教育教学的深度融合进程。随着现代信息技术在教育领域的全面渗透与普及，教学资源的建设已成为我国教育信息化战略不可或缺的基石，其质量的高低不仅关乎教育信息化的成效，也成为衡量学校现代教育技术应用水平的关键指标之一。

一、基于问题逻辑的思政课教学体系

问题逻辑作为专注于探究问题结构的思维科学领域，构成了现代逻辑学的一个关键分支，其核心使命在于阐明问题间，以及在提出问题与解答过程中所涉及的各种逻辑特性和相互关系。以问题意识贯穿高校思政课，是马克思主义理论发展和传播的内在需求[①]。从教育逻辑的维度审视，思政课教材不仅深刻反映了国家的意识形态精髓，而且是传播社会主流价值观念的核心媒介。构建根植于问题逻辑的思政课教学框架，实质上意味着将教材中蕴含的理论逻辑体系转化为教学互动中的问题逻辑架构。这一转化不仅是信息技术与思政课教育深度融合的逻辑起点，也是实现两者有效结合不可或缺的先决条件，为提升思政课的教学效果与学习效率奠定了坚实的基础。

从教学设计的视角来看，以问题逻辑的方式，构建基于问题逻辑的教学体系，主要包括以下三个方面的内容。

（一）形成基于教材的教学问题体系

以问题的形式对教材进行梳理，采取分层分类的方法，以形成基于教材的教学问题体系（在一定的条件下，也可称为教材的问题体系）。

1. 教材内容向问题逻辑转化

思政课教材作为传授知识与培养思想的重要载体，其章节编排与线性顺序为学生提供了清晰的知识框架。然而，传统的以陈述句为主的表现形式往往侧重于知识的灌输，而忽略了对学生主动思考能力的培养。为了更有效地激发学生的思维活力，将教材内容从体系逻辑向问题逻辑进行转化显得尤为重要。这一转化过程并非简单的句式调整，而是需要对教材内容进行深入的梳理、归纳与整合。它要求教师以疑问句的形式，重新设计教学内容，使每一个知识点都能以问题的形式呈现，从而引导学生主动探索、积极思考。这

---

① 孙多玲.基于问题逻辑的高校思政课专题教学模式研究[J].辽宁科技学院学报，2021，23（6）：102-104.

种转化不仅有助于提升学生的学习兴趣和参与度，还能培养他们的批判性思维和解决问题的能力。

在实际操作中，教师需要仔细分析教材的每一个章节，提炼出其中的核心知识点，并将其转化为具有启发性的问题。这些问题应当既符合学生的认知水平，又能激发他们的好奇心和探索欲。通过这样的转化，教材内容将变得更加生动、有趣，也更易于被学生接受和理解。

2. 问题类型的选择

在问题类型的确立上，参考《逻辑百科辞典》的分类框架，问句可被细分为多种类型，诸如"T吗""什么T""T什么""T谁""谁T""T怎样""怎样T""T为什么"及"为什么T"等。鉴于思政课的学科特性与教学要求，上述类型均具备适用性，而具体题型的选用则需紧密结合教学内容及实际需求。在思政课实践中，三种主要题型尤为常用：探究"什么T"与"T什么"以明确概念范畴；通过"T怎样"与"怎样T"探讨实践路径；利用"T为什么"与"为什么T"深入剖析理论根源。概论课程尤为强调对"为什么"层面的探索，旨在培养学生科学的世界观和方法论，而非单纯的知识传授。因此，在构建问题体系时，即要重视"是什么"与"怎么样"的基础性提问，更要在此基础上对"为什么"的深度解析，从而形成思政课问题设计的独特逻辑脉络。

3. 问题层次细分与逻辑体系

为了确保问题的有效解答，需细致划分问题的层次，构建问题链。在问题逻辑体系中，"问域"与"答域"的概念至关重要，明确"问域"方能指引"答域"的探索方向，进而确保答案的准确性和针对性。故而，应将宏观问题细分为一系列逻辑严密、层次分明的微观问题。这些微观问题不仅各自独立，还相互关联，形成一条逻辑清晰的问题链条，从而构成一个完整且系统的教学问题逻辑网络，促进学生对思政课内容的深入理解和全面掌握。

（二）学生问题的系统性采集与解析

在思政课的教学实践中，系统性地收集并针对性地回应学生问题，构成了教师职责的关键一环。这一过程的实施渠道多元，时间上既可在课前预设，也能于课后跟进，若课堂条件允许，也可即时于课内展开。面对学生提出的诸多问题，教师应采取梳理与分析的双重策略，以精准把握其核心要点。值得注意的是，学生的思考范畴已不仅限于历史维度，更多地聚焦于现实社会，试图从历史脉络中汲取智慧，解答现实生活中的疑惑并面对挑战。此外，从逻辑严谨性的角度出发，学生问题可被分为真伪、正误，以及形式与实质的不同类别。因此，教师需具备去伪存真的能力，通过整理形成学生问题库，并据此提供精准解答，这对于提升思政课的实效性具有显著意义。

（三）形成以问题逻辑为核心的教学体系

学生问题在经过教师的精心筛选与整合后，需与教材原有的问题体系相融合，并通过逻辑关联，创新性地构建出全新的教学体系。若无此学生问题收集环节，教学体系将完全依托教材问题体系。而学生问题的加入极大地丰富了原有框架，使得教学体系更加贴近学生实际。尽管学生问题可能呈现出多样化甚至超乎寻常的特点，但经过教师的精心筛选与整合，这些问题能够被有意识地融入教学体系中，从而有效激发学生的提问热情，促进其在教学活动中的主动参与。

在当前时代背景下，思政课承载着帮助大学生坚定中国特色社会主义道路自信、理论自信、制度自信、文化自信的重要使命。因此，构建基于问题逻辑的思政课教学体系，不仅是实现教材体系向教学体系转化的有效路径，也是推动思政课教学改革与发展的关键举措。要确保这一教学体系在实际教学中发挥实效，需依托积件式优质教育教学资源，并借助积件式数字化教学软件系统，深化信息技术与思政课教学的融合，共同推动思政课教育教学的现代化进程。

二、基于积件思想的思政课优质教育教学资源

自20世纪80年代中期至今，我国在教育信息化及数字化教育资源建设领域取得了显著进展。作为教育信息化推进的基石，优质数字教育资源的开发与共享工作已深入开展。历经多年的探索与实践，教育界在数字化教育资源及其共享机制建设、数字化教学材料的研发与普及、数字化教学模式的创新设计等方面均取得了丰硕的成果。这一系列努力不仅推动了教育信息化进程，而且促进了信息技术与思政课教育教学的深度融合。在此过程中，资源建设扮演了至关重要的角色，它不仅是信息技术与思政课教育教学深度融合逻辑框架的核心构成部分，也是实现两者有效结合的关键环节。这些积极进展不仅提升了教育的现代化水平，也为进一步探索信息技术与教育教学深度

融合提供了宝贵经验和重要参考。

（一）教育信息资源与数字化教学资源

"资源"这一概念，在传统经济学领域聚焦于生产资料与生活资料等自然物质层面。时至今日，其范畴已显著拓展，不仅涵盖自然界的各类要素，还深入人类社会，泛指所有可供人类开发利用的物质、能量及信息的集合体，被视为自然界存在或能为人类创造价值的宝贵财富。

转至教育学视野，教育资源是支撑教育系统运行、达成教育目标、实现教育功能的一系列要素的集合。其范畴广泛，核心涵盖四大类，即物质资源、人力资源、信息资源及综合性资源系统（如教学传输系统、学习资源中心、电子阅览室、数字图书馆等）。其中，信息资源作为教育资源的关键构成部分，伴随着信息技术在教育领域的渗透而兴起。教育信息资源的结构表明，信息资源处于教育资源体系的核心地位，其他资源均围绕信息资源的发掘、传递、处理及应用展开。教育信息资源依据界定范围，有广义与狭义之分。广义上，它囊括教育过程中所有可被发现、筛选、获取及应用的教育相关信息资源，按媒体形态和表征符号，可细分为语言文字类（如教科书、参考书）与视听及数字化媒体类。后者，即狭义的教育信息资源，随着多媒体、数字化、智能化、虚拟化技术的发展，日益突显其重要性与丰富性，尤其是计算机与网络技术的融合，为教育信息资源的发展开辟了广阔空间。

在教育技术领域，教育信息资源常被称作教学资源或学习资源，泛指促进教学活动、支持教与学全过程的各种支持系统、材料及环境条件。从广义上而言，任何有利于个体成长与发展的资源，无论是人、物，还是信息，均可视为学习资源。为强化对社会资源的整合利用，教学资源可进一步细分为设计型与利用型两类，前者专为教育活动而设计开发，后者虽非教育专用，但可被教育所采纳。在教学实践中，设计型教学信息资源形式多样，包括教学课件、网络课程、虚拟仿真系统、教育游戏、学习网站等，其设计与应用成为现代教育的重要特征。信息化教学要求教师能推荐并开发高质量的数字化学习资源，以适应教学与人才培养的需求。

数字化教学资源，是将各类教与学资源通过数字化、智能化手段进行处理，以转化为网络环境下或数据库技术支持下，可采集、存储、处理、传输及展现的多媒体信息。其形态多样，依据与教学内容的关联程度，可分为多媒体教学课件、学习支持工具与平台、互联网学习资源三大类。这些资源构成了优质教育教学资源的主体，其中，多媒体教学课件与教学紧密相关，学习支持工具与平台服务于学习过程，而互联网学习资源则提供了最为开放与广泛的资源环境。

当前，借鉴教育技术领域的积件思想，开发积件式数字化教学软件系统，构建积件式优质教育教学资源，已成为提升思政课教学质量与效果的关键举措，对于推动教育资源实现高质量与高效利用具有重要意义。

（二）积件思想与思政课优质教学资源

以计算机多媒体技术及网络技术为核心的现代信息技术，在全球范围内显著加速了信息技术与现代教育教学的深度融合进程。20世纪90年代末，受建构主义学习理论的影响，为突破传统计算机辅助教学及多媒体计算机辅助教学（MCAI）的局限，我国教育界探索出了一种新型的教学软件形态，该类软件具备模块化解构与灵活重组的能力。这一探索引发了教学软件形式与术语的革新，插件、元件、构件、基件、群件、部件、积件等概念相继涌现。

从技术维度审视，积件系统作为传统课件（CAI、MCAI）的迭代升级版本，是面向教师与学生，旨在优化教学活动而设计的数字化教学软件系统。该系统充分利用现代信息技术及丰富的信息资源，其核心优势在于可分可合、高度灵活的应用特性。与以往的CAI、MCAI课件相比，积件系统的核心架构由积件库与积件组合平台两大组件构成，实现了数据库技术与数据运行平台的深度融合，学界通常将其统称为积件系统，本文则称之为积件式数字化教学软件系统。积件库作为信息资源的集成仓库，涵盖了多媒体教学资料、微教学单元、资源呈现方式、教与学策略，以及网络环境资源等多个维度，其中，前四项可细分为实库与虚库，实库聚焦于知识内容的呈现，虚库则侧重于知识获取与表达的策略和形式。积件组合平台作为积件库的应用接口，为教师和学生提供了选择、解构、重构及调试资源的便利环境，其技术特性体现在无须复杂编程、资源组合便捷及用户友好等方面。学界共识在于，积件系统不仅仅是资源与平台的简单叠加，更是积件库与积件组合平台深度整合的产物。

积件系统的结构层次清晰，由核心层至环境层逐层展开。核心层聚焦于师生角色，以学生为中心，由教师发挥引导作用，旨在实现教与学的最优化。平台层作为连接各类型资源库的桥梁，为师生提供了存储、检索、编辑及处理信息的操作界面。实库层与虚库层分别承载具体知识内容和教学策略资源，环境层则依托多层级的网络环境，构建了一个开放且自组织的资源生态系统，极大地拓展了资源的应用范围。

积件系统的引入，使得师生在教学过程中能够实时获取全球范围内的知识资源，甚至实现资源的远程共享与定制。积件思想不仅代表了一种教学软件发展的新思路，也标志着教育资源建设观念的深刻变革，为现代教育教学信息资源的理论与实践探索开辟了新的路径。

鉴于此，思政课优质教育教学资源的构建，应当积极借鉴积件思想，并紧密结合思政课程的特性与教学规律，批判性吸收积件库与积件组合平台的设计理念，通过开发积件式数字化教学软件系统，探索信息技术与思政课深度融合的资源建设策略，以促进教学效果的显著提升。

三、思政课积件式优质资源的研发程序和应用模式

开发积件式数字化教学软件系统，形成思政课教学优质数字教育教学资源，是推进信息技术与思政课教育教学深度融合的一项关键性的基础工程。

（一）思政课积件式优质教学资源的研发程序

高校思政课积件式优质教学资源的研发，包括积件库、积件组合平台建设两个部分，合称积件式数字化教学软件系统。其中，积件库是思政课数字化优质教学资源的主要来源，包括思政课多媒体教学内容资源库和思政课多媒体微教学单元库。积件组合平台是积件库的应用和共享平台，也是思政课数字化资源建设的必要内容。具体内容如下。

1. 思政课多媒体教学内容资源库

思政课多媒体教学内容资源库构成了其数字化资源建设的核心部分，核心目的在于高效整合教学资源与学习资源。该资源库的建设，首先要考量的是与思政教育本质及特性的契合度，同时紧密贴合思政课教学的实际需求。作为高校教育体系的关键一环，思政教育旨在全面促进大学生的知识积累、能力提升及价值观塑造。因此，思政课多媒体教学内容资源库的建设需紧密围绕马克思主义理论与思政教育知识的传授、大学生综合素质的增强，以及正向价值观的培育来展开。

在表现形式上，数字化教学内容借助文本、音频、图像、视频等多种媒介，展现出显著的超文本特性，且兼具直观展示、互动交流与灵活便捷的优势。具体而言，思政课多媒体教学内容资源库以课程核心知识点为基石，如

概念、命题、原理及理论等，形成丰富多样的教学素材。从媒体形态及其符号表达层面分析，该资源库涵盖了文本资料、图像素材、音频文件、动画演示及视频教程等多维度信息资源，构成了一个综合性的教学素材集合。

在技术构建层面，多媒体教学内容资源库遵循的路径为：①以课程章节框架为基石，确保资源的系统性与连贯性；②聚焦于课程教学中的关键问题，以提升资源的针对性与实效性；③从核心概念、基本命题及关键原理等入手，拓展资源的理论深度与广度；④通过整合多维信息资源，构建涵盖广泛教学素材的多媒体内容库作为资源库构建的基本单元。

此外，该资源库中的数字资源是经过精心加工与格式化的教学素材和教学课件之间的桥梁，既满足计算机数字化处理的标准，又适应课堂教学的实际需求。从教学资源管理的角度审视，这些经过处理的资源可被视作结构化的微型教学单元，或是积件式课件开发的半成品，为教师的个性化教学与学生的自主学习提供了强有力的支持。

2.思政课多媒体微教学单元库

微教学课件作为一种精心挑选与编排的人工制品集合体，被专门设计用于构建小型化的教学辅助材料，又称微型课件。其核心宗旨在于辅助教育工作者有效地传授特定的"知识点"，这些知识点涵盖了概念、命题、原理及法则等理论内容，或是针对具体问题（包括其定义、成因及解决方案）进行深入探讨。微型课件的特征在于其聚焦性，即每个课件通常聚焦于单一知识点或对问题的阐释，以确保内容的精炼与集中。这种设计使得一个知识点或问题能够通过唯一的微型课件得到全面而准确的表达，无论是概念的清晰阐述，还是问题的细致解答，均得以高效实现。

微教学单元课件由多个微型课件有机整合而成，作为积件式课件的核心组成部分，微教学单元课件代表了可直接应用于教学实践，或便于师生重组的高质量数字教育资源。在思政课教学中，教师可以依托微型课件，并融合先进的教学策略与方法，灵活设计与开发出贴合实际教学需求的微教学单元课件。这类课件不仅适用于同一门课程内不同学习背景的学生群体，还能在内容相近或相关的多门课程间实现共享与复用，极大地提升了教学资源的灵活性与通用性。因此，微教学课件及其单元化的应用模式，为思政课教学提供了强有力的支持，促进了教学内容和方法的创新与发展。

3. 思政课积件组合平台

思政课优质教学资源的应用与共享机制平台的构建，作为数字化资源融入教学实践的关键步骤，也是思政课资源数字化的核心组成部分。在此过程中，积件式数字化教学软件系统的部署及其共享平台的建设，需兼顾教师的授课需求与学生的学习体验，同时确保平台操作的便捷性与实用性。这一平台的建设需综合考量四大维度：一是思政课独特的课程性质与特征；二是思政课教学的内在规律与要求；三是教师与学生的操作习惯及平台易用性；四是平台的兼容性和实际应用效能。基于上述因素，故采用 Microsoft Office PowerPoint 作为思政课积件式资源的整合平台，并展现出了显著优势。

在操作简易性方面，Microsoft Office 套件，尤其是 PowerPoint，凭借其与 Word 等工具的相似性，极大地降低了教师的学习门槛。PowerPoint 的界面布局、操作逻辑与 Word 高度相似，使得熟悉 Word 的教师能够快速掌握 PowerPoint 的使用方法。且创建幻灯片的过程与编辑文档类似，基本元素也直观易懂。因此，即便是非计算机背景的思政课教师，也能够在短时间内熟练运用 PowerPoint。

至于修改与更新的便捷性，PowerPoint 同样表现出色。其强大的编辑功能支持灵活的自定义设置，无论是基于默认模板，还是内容提示向导，都能迅速生成新幻灯片。工具栏内的各类元素，如背景、图表、文本框等，均可按需调整，且剪贴画、表格等元素的插入与删除操作也十分简便。相比之下，其他使用 Authorware、Flash 等工具制作的课件，一旦成型，修改难度较大，难以满足思政课内容快速更新的需求。PowerPoint 的低成本与高效更新能力，在此背景下尤为突出。

然而，PowerPoint 的功能虽有诸多优势，但仍需借助外部工具以完善其在思政课资源应用与共享方面的功能。这包括图像编辑（如 Photoshop）、PDF 编辑（如 Foxit PDF Editor）、音频处理（如 GoldWave）及视频编辑（如 Adobe Premiere Pro CS）等专业软件，以及 Flash 插件、Photostory 等工具，需通过"宏"定义、对象插入及控件应用等技术手段，弥补 PowerPoint 的不足，进而提升教学资源的表现力和吸引力。必要时，还需引入外挂软件以增强平台功能。

综上所述，Microsoft PowerPoint 作为积件组合平台，与多媒体教学资源库相辅相成，共同构成了思政课积件式教学资源的坚实基础，不仅提升了教学效率，也促进了教学资源的有效共享与应用。

（二）思政课积件式数字化教学软件系统的应用模式

思政课积件式数字化教学软件系统的应用模式主要有三种：辅助型、整合型和深度融合型。

1. 辅助型模式

辅助型模式的辅助可划分为两大维度：其一，作为教学内容的补充、拓展及深化资源，丰富了思政课的内涵与外延；其二，作为促进教师教学和学生学习的辅助媒介与工具，提升了教学效率与学习体验。积件式数字化教学软件系统的构建，在技术层面依托三大核心平台，即"前台""后台"以及"操作平台"。"前台"，即界面环境，扮演着直观呈现教学内容的角色，它不仅是知识信息的可视化窗口，还具备双重表述功能：一方面，通过清晰展示教材的章节结构、目标及核心内容，以叙述性方式引导师生把握教学脉络，促进教学进度的有序进行与对学习进程的明确认知。另一方面，它能够动态调用"后台"资源，实现对教学内容的灵活补充、深度拓展与全面深化，避免了简单"教材搬家"的机械化呈现，确保了多媒体教学效能的充分发挥。

"后台"作为数据库的支撑，由思政课多媒体教学内容资源库与多媒体微教学单元库构成，它们共同构成了论证过程中的坚实论据库。在此框架下，若将"前台"视为论点展示的舞台，那么"后台"便是论据丰富的宝库，通过"操作平台"这一桥梁，实现了论点与论据的高效对接和深度融合。这一过程不仅体现了思政课教学的本质——说理，而且通过动态调用论据资源，强化了论证的逻辑性与说服力，使得教学内容得以在广度与深度上双重优化。

2. 整合型模式

整合型教学模式作为一种将教学媒体，如工具、手段和方法等，无缝融入教学内容的教育范式，强调了教学内容与教学媒体之间的有机统一。从教育传播学的理论框架出发，思政课在教学本质上是一个信息传播的动态过程，其标志性特征体现在"单一信息源"向"多元接收者"，即"点对面"的传播模式上。该过程普遍被学术界认可为"传递—接受"的教学模式，其构成涵盖传递、接收与接受，以及反馈三个核心环节。为了确保传播的有效性和影响力，教师需对传授内容进行精细编码，这一过程本质上涉及内容和媒体形式的深度融合与整合。

教学内容作为一种待传递的信息，必须依托特定的物理或数字介质来实现流通，比如，口语信息依赖于声波传播，而演示内容则需借助专业设备来展示。这些载体信息的实体即为教学媒体，它们在知识的传递中扮演着至关重要的角色。积件式课件作为现代教学技术的产物，集文本、视频等多种媒介形式于一体，且格式多样，这些媒介的不同特性和功能对学生的信息接收与认知加工产生着不同程度的影响。

因此，整合型教学模式的核心要求在于，必须依据特定的教学内容精心选择最为匹配的教学媒体表达方式，以确保教学工具、方法和手段能够自然而然地融入教学内容，同时严格遵循教学媒体的传播特性和规律。在这一原则指导下，构建多媒体教学内容资源库和多媒体微教学单元库时，需深入考量上述因素，确保设计既能提高信息传达效率，又能增强学生的认知体验，从而有效提升思政课的教学质量和效果。

3. 深度融合型模式

深度融合型模式作为一种"深度交融"的教育范式，其核心在于积件式数字化教学软件系统与思政课教学的双向嵌入和协同优化。在此模式下，积件式数字化教学软件系统不仅能作为思政课内容的载体，还能动态地再现教学过程，成为思政课教学信息的重要来源与关键影响因素。该系统能够灵活配置思政课的教学设计框架与流程，对传统教学过程中的各个要素及环节产生深远影响，进而推动教学结构的革新。

从资源视角审视，积件式数字化教学软件系统构成了一系列能够促进个体认知结构改变的内外部条件。它既能够引入新颖的教学内容，引发学生认知结构的变革，又能够设计一系列行为策略，有效促进并影响学生的认知发展。这一教学模式的实行，对思政课教师的能力建设提出了新挑战。一方面，教师必须精通现代信息技术，尤其是积件式数字化教学软件系统的操作原理与应用机制。另一方面，教师需深刻理解思政课的本质特征与内容精髓，以实现教材内容向教学体系的创造性转化。此外，教师还需紧跟时代步伐，洞悉当代大学生的兴趣取向、认知偏好及其认知结构特征，以更好地因材施教。

综上所述，通过整合积件式数字化教学软件系统，构建高质量的积件式教育资源，可以进一步强化信息技术与思政课教学的深度融合，从而显著提升思政教育的精准度与实效性，为培养具有新时代特征的优秀人才提供坚实支撑。

第三节　信息技术与思政课教学深度融合的数据集成及模式

在信息技术与高校思政课教育教学深度融合的过程中，数据集成与模式构建构成了其逻辑架构的关键环节。在这一框架内，数据集成侧重于依托现代信息技术手段，基于对思政课优质教育教学资源的深入开发，并在数据挖掘技术的强力支撑下，构建起一个功能完备的数据集成中心系统。该系统旨在向思政课教学提供多元化的数据服务与全方位的资源共享，从而极大地丰富教学内容与形式。模式构建则在数据集成中心系统的坚实基础上，进一步打造一个师生高度互动的思政课教学新模式。这一模式的建立，不仅推动了传统思政课教学方式的革新，实现了教学结构要素的优化重组，还切实强化了教育教学过程的实效性。同时，通过创新性地构建基于连接式模式的专兼职教师融合团队，该模式还极大地促进了思政课教师队伍的整体进步，包括教师的学术素养、教学能力以及教学资源配置效率等多个维度。

一、基于数据挖掘技术的思政课数据集成中心系统

在高等教育体系中，高校思政课承载着将中国特色社会主义理论体系融入教材、课堂及学生思想的重任。为确保思政课课程内容的前沿性与时代性，不断增强大学生对中国特色社会主义道路自信、理论自信、制度自信及文化自信，构建基于数据挖掘技术的思政课数据集成中心系统（以下简称"数据集成中心系统"）显得尤为重要。该系统旨在成为思政课教学革新的技术基石，促进课程内容与时代的紧密对接，同时作为优质教育资源的高效整合与共享平台，加速信息技术与思政课教学的深度融合进程。

（一）思政课数据集成中心系统的建造逻辑

"数据挖掘"这一术语通常涵盖其相关技术、理论及核心理念，其核心含义源自对数据采矿的比喻，进而拓展为对各类资料的深度探索与提炼。近年来，数据挖掘技术已跨越传统的应用边界，不仅在物理学、人工智能及计算机数据库领域展现出强大的应用能力，而且在社会学、政治学、地理学等

多个社会科学分支中同样取得了显著成效，并逐步确立起其作为新兴学科分支的重要地位。

思政课数据集成中心系统是专为思政课程的开发、设计及应用而构建的软件与操作系统，扮演着思政教学体系的技术基石、内容载体，以及高质量教育资源交流共享的关键角色。该系统的构建逻辑呈现出几个核心特征：①以问题逻辑为导向的思政教学体系作为理论基础，确保了教学内容的针对性与实效性；②系统紧密贴合学界所倡导的积件理论及其实际应用，促进了教学资源的模块化与灵活组合；③通过思政课积件式优质教育资源的整合，该系统为教学实践提供了丰富而具体的支撑；④深度融合计算机支持下的数据挖掘技术，不仅增强了教学决策的精准性与科学性，也为个性化教学与学习路径的优化提供了强大的技术支持。

1. 数据中心系统的建造目标

数据中心系统在其核心功能上，致力于解决以下三大核心问题。

（1）教学逻辑结构、情景分析机制与数据集成核心系统间的互动关系。思政课程体系的构建，深植于问题逻辑的土壤之中，它细化了教师教学内容的规划与教学方法的设计（"教什么""如何教"），以及对学生学习内容的规划与学习策略的定位（"学什么""如何学"），并进一步延伸至师生间的问答逻辑（"问什么""怎么问"与"答什么""怎么答"）。在此背景下，数据中心系统不仅需满足上述逻辑结构与情景分析机制的基本存储需求，更需具备强大的整合能力，以支持信息的快速检索、灵活调用、高效合成及实践应用，从而坚实地支撑起基于问题逻辑的思政教学模式。

（2）在思政课积件式优质教育资源中，积件库、积件组合框架与数据集成核心系统间的关联。从信息科学的维度审视，积件式优质教育资源与数据库核心系统展现出显著的共通性。从数据库技术的层面分析，数字化教学软件更接近于传统数据库的概念，而数据集成核心系统则归属于数据仓库的领域，两者在特性、存储范围及用户导向等方面存在显著差异。积件式数字化教学软件倾向于单机操作，而数据集成核心系统依托网络环境运作。从技术演进的视角来看，数据集成核心系统是在积件库与积件组合框架的基础上，通过补充、扩展与深化而开发出的应用性操作系统，它不仅要能兼容积件式课件，还需对多媒体教学资源库及教学单元库进行集成或实现表现集成，以确保与数字化教学软件间的互操作性和融合性。

（3）数据集成核心系统与师生、生生间交互能力的构建。人机交互的缺失将直接阻碍师生间的有效沟通，进而偏离思政教育的本质。因此，数据集成核心系统应被设计为开放且具备自组织特性的系统，这样的设计旨在促进信息的自由流动与深度交互，以确保思政教学过程中的每一个环节都能围绕人的需求与互动展开，进而维护并提升教学效果。

2. 数据中心系统的逻辑层次

（1）系统平台层。系统平台层由两大核心组件构成：一是思政课基于教材体系的教学问题库，这一组件依据明确的教学目标与学习规范，经由教师的精心梳理与整合，以多媒体形式呈现，旨在反映基于教材体系中教材问题的全貌，其构建过程紧随问题逻辑教学体系的搭建，依托积件思想开发优质教学资源，并遵循积件式数字化教学软件系统的应用模式，从而形成一个丰富的教学资源库；二是学生问题信息库，它源于教师课内外对学生思想认识问题的广泛收集，经过深入分析与系统整理，同样以多媒体形式呈现，该库汇聚了来自学生的第一手信息。

（2）系统核心层。系统核心层聚焦于思政课数据仓库的构建，该仓库由两部分相辅相成。一部分是关于思政课教学体系的"问—答"问题库，它在细致划分、关联问题，并给出解答的基础上，将"问—答"内容转化为适应教学需求的多媒体格式，使其既可直接用于思政课教学，也可与上述学生问题信息库建立逻辑联系，从而增强教学的针对性和实效性；另一部分是教学应用的"问—答"开源库，它利用 Flash、PowerPoint、Authorware 等多媒体软件工具，在"问—答"问题库的基础上进一步开发，运用抽象概念具体化、逻辑命题情景化等手法，有效讲授理论重点或攻克教学难点。值得注意的是，思政课数据仓库超越了传统数据库理论的范畴，呈现出一种可随时更新、灵活调整的动态特性。

（3）操作层。操作层，或称"网络综合操作平台"，是连接教学体系"问—答"问题库与教学应用"问—答"开源库的桥梁。它借助动态网站技术、.NET 网站编程等手段，实现了两者间动态或静态的灵活调用，构建了一个开放、互动的自组织操作体系。这一平台不仅为思政课师生提供了"教"与"学"的软件环境和技术支撑，也是思政课数据仓库得以高效运行的技术基础。

综上所述，数据集成中心系统作为思政课由教材体系向教学体系转化的关键技术支撑，不仅承担着课程和教学内容与时俱进的信息载体功能，还促进了优质教育教学资源的共享与应用，为思政课教育教学的创新和发展提供了坚实的平台与机制保障。

（二）思政课数据集成中心系统的技术路径

自20世纪60年代以来，数据挖掘技术便以数据收集与数据处理为核心手段，构成了该技术领域的基石，并持续至今，成为数据挖掘技术发展历程中不可或缺的一环。在这一技术路径的指引下，数据收集工作初期主要依赖于计算机、磁带及磁盘等物理媒介，所产出的数据具备鲜明的历史性与静态特征。此类数据经由决策者的分析、处理及选择，进而被融入决策流程，发挥着至关重要的作用。对于思政课教育教学领域来说，数据收集工作（特别是源自学生群体的数据）及其后续处理，不仅极为关键，而且面临着不小的挑战。思政课数据集成中心系统所涵盖的教材体系问题库、学生问题信息库、教学体系的"问—答"数据库以及教学应用的开源"问—答"库，积件式数字化教学软件系统中的多媒体教学信息资源库、微教学单元库等组成部分及其相关的设计与应用实践，其本质上均是对数据挖掘技术中数据收集与处理功能的深度应用，彰显了数据挖掘技术在教育领域内的独特价值与深刻意义。

随着数据挖掘技术的不断演进，在数据收集阶段所积累的基础数据，已逐步成为为数据访问、数据仓库构建及决策支持的重要基础。这一转变不仅拓宽了数据挖掘技术的应用范畴，也进一步强化了其在辅助决策、优化教学等方面的效能，为包括思政课在内的各类教育教学活动提供了更为坚实的数据支撑与决策依据。

（三）思政课数据集成中心系统的运行模式

思政课数据集成中心系统通过数据挖掘技术，实现了对思政课程相关数据的深度整合与分析，为思政课的教学改革与效果评估提供了有力支持。思政课数据集成中心系统的数据挖掘过程是一个循环、逐步求精的过程，涵盖问题定义、数据准备与预处理、数据挖掘、结果解释与评估四个核心步骤。这一过程的各阶段都紧密相连，共同构成了系统高效运行的基础框架。

在问题定义阶段，系统首先明确挖掘目标，并将其转化为具体的教学问题。这一步骤是数据挖掘的起点，也是确保后续工作方向正确的关键。具体而言，系统会根据思政课程的教学大纲和教材体系，梳理出一系列与教学内容紧密相关的问题。这些问题既包括对教材知识点的深入理解，也包括对教学内容中学生学习难点和兴趣点的把握。在此基础上，系统会形成基于教材体系的教学问题库和学生问题信息库。这两个库的建设，为后续的数据挖掘工作提供了明确的目标导向和丰富的数据资源。

进入数据准备与预处理阶段，系统会着手收集并处理与思政课程相关的各类数据。这些数据包括文本、图片、视频等多种形式，涵盖了教材、教案、课堂互动、学生作业等多个方面。为了确保数据的准确性和可用性，系统会对这些数据进行清洗、去重、格式化等预处理工作。同时，系统还会建立"问—答"问题库和开源库。前者用于存储与思政课程相关的问题及其答案，后者则收录了大量的开放式教育资源，为系统提供了有力的知识支撑。这一阶段的完成，为数据挖掘工作奠定了坚实的数据基础。

在数据挖掘阶段，系统利用先进的算法和技术，对预处理后的数据进行深入分析。这一阶段的核心任务是设计"问—答"问题链，即通过分析数据间的关联性和规律性，构建出一系列相互关联、层层递进的问题链。这些问题链不仅贯穿了整个教学过程，还深刻揭示了历史事实和教学目的之间的内在联系。通过对比分析不同数据源的信息，系统能够发现隐藏在数据背后的规律和趋势，从而为思政课程的教学提供有力支持。

结果解释与评估阶段是数据挖掘工作的最后一步。在这一阶段，系统会对挖掘出的结果进行详细的解释和评估。这包括对问题答案的准确性、完整性和深度进行评判，以及对数据挖掘效果的整体评估。通过这一过程，系统能够解答前期定义的问题，并为思政课程的教学提供有价值的参考和建议。同时，系统还会根据评估结果不断调整和优化数据挖掘的策略与方法，以实现思政课数据集成中心系统的动态平衡和与时俱进。

值得注意的是，思政课数据集成中心系统的数据挖掘过程是一个不断反馈和动态变化的过程。随着教学改革的深入和信息技术的发展，系统需要不断丰富和完善其教学体系的"问—答"问题库和开源库。这既是对系统数据挖掘能力的持续提升，也是对思政课程教学内容和方法的不断创新。通过不断引入新的教学理念和技术手段，系统能够更好地适应时代发展的需求，为思政课程的教学提供更加精准和有效的支持。

从教育创新的角度来看，构建思政课数据集成中心系统是推进信息技术与思政课教育深度融合的有效策略。这一系统的运行不仅提升了思政课程的教学质量和效果，还推动了教育信息化的进程。通过数据挖掘技术的应用，系统能够深入挖掘思政课程中的教学规律和学生的学习需求，为教学决策提供科学依据。同时，系统还能够实现教学资源的优化配置和共享利用，进而提高教育资源的利用效率。这些创新成果不仅为思政课程的教学改革提供了有力支撑，也为其他课程的教学改革提供了有益的借鉴和启示。

在思政课数据集成中心系统的运行过程中，还需要注意一些问题。首先，要确保数据的准确性和完整性。数据是数据挖掘的基础，只有准确、完整的数据才能产生有价值的结果。因此，在数据收集和处理的过程中，要严格按照规范操作，以确保数据的可靠性。其次，要注重数据挖掘技术的选择和应用。不同的数据挖掘技术适用于不同的数据类型和问题场景。因此，在选择数据挖掘技术时，要根据具体的教学需求和问题特点进行合理选择，并不断优化和调整技术参数，以提高数据挖掘的效果和效率。最后，要加强系统的安全防护和隐私保护。思政课数据集成中心系统涉及大量的个人信息和敏感数据，必须采取有效的安全防护措施和隐私保护策略，以确保数据的安全性和隐私性。

二、构建基于数据集成中心系统的师生交互型教学模式

当前，计算机技术与网络技术的迅猛发展及其广泛渗透，促使网络教学平台的搭建成为推动教育信息化深入发展、实现转型升级的核心路径。在学术界，网络教学平台被视为实现互联网背景下，现代信息技术与现代教育理念深度融合的关键要素。数据集成核心系统不仅是思政课程教学内容逻辑框架的技术基础，也成为思政课程"课堂内"与"课堂外"师生互动教学活动的数据汇聚中心（即教学信息的存储库），以及优质教学资源高效利用与共享的平台。依托数据集成核心系统构建的思政课程师生交互型教学模式的开发与实践，是进一步促进信息技术与思政课程教育教学深度融合的又一重要里程碑。

（一）构建思政课师生交互型教学模式的逻辑

从教育技术学的理论维度出发，依托数据集成核心系统构建的思政课师生交互型教学模式，是在"项链模式"与问题导向教学法的基础上，汲取并提炼了 Blackboard 等网络教学平台的构建经验以及即时教学（JITT）模式的精髓，并通过对上述三种教学范式的有效整合与深化创新，所开展的一次旨在对信息技术与高等院校思政课程教育教学的深度融合的积极探索。这一模

式的构建，不仅体现了对当前教育技术发展趋势的准确把握，也为提升思政课程的教学质量和效率提供了全新的视角与途径。

1. "问题解析法"教学模式

思政课教学领域中的"项链模式"涵盖了三个核心层面。首先，聚焦于优质教学资源的合理配置，通过专兼职教师的协同教学，整合校内外、院内外多学科专家的智慧，以实现教学资源的优化整合；其次，该模式注重多媒体课件的研发与创新教学方法的应用，旨在丰富教学手段，提升教学效果；最后，通过释疑解惑与有效互动，确保教学内容被学生充分理解和吸收。其中，"问题解析式"教学模式尤为突出，它以问题为导向，强调问题的吸引力与解答的精准性，通过彻底解答学生的疑惑，实现教学目标的深度达成。

2. 网络教学平台的功能与特点

Blackboard平台作为网络教学工具，其功能十分全面，能够有力支撑教学流程的多个环节。该平台以课程为核心，每门课程均包含资源管理、在线交流、考核管理、系统管理四大功能模块。资源管理模块便于教师发布与管理教学内容，进而组织多样化的教学活动；在线交流模块支持同步与异步的交流协作，以促进师生互动与生生互动；考核管理模块负责测验、考试、自测及调查等评估工作；系统管理模块则专注于成绩统计、课程及平台的管理与统计。这些功能为各学科课程的教学、管理、评价提供了强大的技术支持，使得教学活动能够跨越时空限制，与实体课堂有机结合，共同提升教学质量。

3. 适时教学的产生及其特征

适时教学是一种将网络学习任务与学生课堂主动学习相结合的新型教学策略。从教学过程与结构的角度来看，适时教学并未颠覆传统教学的本质，而是对其进行了优化，其实施程序简洁明了，具有较高的可行性与可操作性。在当前网络环境下，适时教学因其灵活性与针对性，易于获得学生的青睐与教师的认可，且教学效果显著。尽管适时教学模式起源于西方大学本科的物理教学，但其蕴含的教学理念与解决课堂教学问题的有效方法，具有广泛的教育教学价值。因此，深入探究适时教学模式，对于推动信息技术与思政课教育教学的深度融合具有重要的推动作用和现实意义，有助于进一步提升思政课的教学质量与效果。

（二）思政课师生交互型教学模式的主要内容

根据当今网络时代信息技术的特点以及发展趋势，并结合思政课的性质和教学特点、教学规律等因素考量，构建基于数据集成中心系统的思政课师生交互型教学模式（以下简称"交互型教学模式"）是深化思政课教学改革的一个有效方法和技术路径。交互型教学模式包括教学过程中的三个阶段：第一阶段是课外，完成网络环境下基于数据集成中心系统的教与学任务的设计；第二阶段是课内，开展基于问题逻辑的教与学方法的设计；第三阶段是课内外结合，完成基于课堂与数据集成中心系统的教学总结和学习任务的设计。这三个阶段的具体化表现为七个步骤，也有人称之为七个环节。步骤一、二主要用于完成第一阶段中的前测与反馈、检查与调整；步骤三、四、五主要用于第二阶段中的概述与讲解、解疑与释惑、提问与讨论；步骤六、七主要用于第三阶段中的随堂后测或反馈与总结、难题与探究。三个阶段、七个步骤一起构成了交互型教学模式的主要内容及其运行方式，具体如下。

1. 课外阶段

在课外阶段，网络环境为基于数据集成中心系统的教与学任务的设计提供了新的平台和机遇。具体而言，学生的前置学习活动得以通过网络平台高效展开。其中，教师精心设计的前测练习题被巧妙地嵌入到数据集成中心系统之中，以供学生在课前自由查阅、自我测试并即时反馈。这些测试题的设计，不仅紧密围绕思政课教学的核心要点、难点及学生可能存在的疑惑，而且充分考虑到了不同学习终端技术的兼容性（如手机、iPad等），旨在使学生在多样化的学习环境中均能顺畅作答。因此，在题型选择上，倾向于采用更适合快速作答与自动评分的客观题型，尤其是不定项选择题，其灵活性与辨析性有助于激发学生的思考和判断。同时，辨析题与材料分析题也被视为优于简答题和论述题的选择，因为它们要求学生在理解的基础上进行深入分析与综合作答，可促进学生预习相关教学内容。学生为了准确解答这些题目，需主动预习，这一过程既可依托数据集成中心系统内的丰富资源，也可结合教材或其他信息渠道，自主构建知识框架。

教师在查阅并分析学生的学习结果及反馈后，能够精准把握学生在前置学习中的薄弱点与误区，进而对既有教学方案进行深刻反思。在这一环节，教师需审慎考虑是否及如何对原计划进行调整，以更好地适应学生的实际学习需求。这种动态的教学设计策略，不仅体现了以学生为中心的教学理念，也充分利用了数据集成中心系统的数据分析优势,为实现精准教学与个性化学习提供了有力支持。

2. 课内阶段

在课内教学中,依托数据集成中心系统的支持,教师有效实施了一种旨在促进师生互动的动态课堂设计策略。

教师可基于前测试题涉及的教学内容及其反映的问题,概括性地介绍本章节的教学目的与学习要求。具体而言,教师会选取前测中的某一代表性题目进行简要剖析,此举旨在快速梳理出本章节教学的重点、难点及学生的潜在疑惑点,从而帮助学生清晰把握本节课的核心目标与学习导向。

在实体课堂教学环节中,教师可采用问题逻辑教学法来推进教学活动。通过灵活调整问域的范围,教师能够将宏大的问题拆解为一系列小而具体的问题并逐一解答,有效降低了理解难度。此外,教师还能够运用将潜性问域显性化、隐论域显论域化的策略,将复杂的问题转化为更加直观、易于理解的形式。而对于难度较大的预习题目,教师则可通过深入分析问题的答域及"应答集"的逻辑结构,提供精炼的点评,以此确保学生能够构建起系统且逻辑严密的知识体系。

在完成前两个教学步骤后,教师可自然而然地将教学过渡到第三个环节。在这一阶段,课堂成为学生围绕多样化问题进行讨论与辩论的场所。这些讨论与辩论活动,以及其他穿插其中的教学活动,致力于共同营造一个"学生主导"的学习氛围。

3. 课内外结合阶段

在课内外教学融合的背景下,针对课堂与数据集成中心系统的教学总结和学习任务设计显得尤为重要。

待课堂教学活动结束后,实施随堂后测或即时反馈机制成为检验教学成果的关键环节。后测试题设计倾向于辨析题或材料分析题,旨在高效评估学生对课堂内容的掌握程度,在时间紧迫时,辨析题因其直接性和针对性而成为首选。此环节的核心目的在于即时反馈教学效果,促进学生自我审视。同时,鼓励学生以书面形式提交随堂感想,内容涵盖问题提出、个人感受表达、知识理解及个人观点阐述等维度,这不仅丰富了评价维度,也逐渐成为替代传统期末闭卷考试、构成学生日常成绩的重要依据。通过定期收集与分析这些反馈,不仅能有效督促学生的学习,还促进了教师对学生学习动态的深入了解。教师的课后审阅与反馈,无论是直接打分评价,还是通过数据集成中心系统的电子化批改与反馈,都极大地提升了学生对教学内容的吸收与内化能力。在此基础上,教师可进行课堂总结,巩固学习效果。

针对课堂上未能充分展开探讨或存疑的问题,学生可依托数据集成中心系统开展网络探究学习。这一模式特别适用于那些需要深度挖掘或持续讨论的话题,学生在课后可以根据个人需求和时间安排,灵活访问系统内存储的相关资料,并进行深入学习。此种探究性学习不仅突破了课堂时间的局限,还激发了学生的主动探索精神,提高了学生的批判性思维能力。通过数据集成中心系统的辅助,学生能够在更广阔的平台上交流思想、共享资源,从而深化对知识点的理解与应用,进一步强化了课内外学习的连贯性和有效性。

三、构建基于连接式框架的专职与兼职整合的教学团队

在高等教育体系中,教学处于核心地位。强化本科教学团队建设是教育部提高本科教学质量、推进教学改革工程的战略举措。当前,此举措旨在深入贯彻强化教师队伍建设、提升教师综合素养,以及增强高校教学质量与创新能力的根本方针。在此背景下,于网络环境中构建基于连接式框架的专职与兼职整合的教学团队(以下简称"整合连接团队"),已成为高校思政课教育革新与发展的重要议题。

(一)网络环境下思政课"整合连接团队"构建基石

"整合连接团队"植根于思政课"项链模式"教学改革的实践,并吸纳了"连接教学理念"而逐步成型。此模式在网络技术蓬勃发展的时代背景下,提供了一种优化思政课师资配置的先进方式,这不仅有助于教师队伍能力的提升,也是提升思政课教学质量的关键所在。它构成了信息技术与思政课教育深度融合的关键桥梁和资源支撑体系,确保了教育资源的高效整合与利用,为思政课教育的现代化转型与质量提升奠定了坚实基础。

1. 思政课"项链模式"教学改革

在思政课教学中,吸纳校内及校外多学科背景的专家与学者,与院内专业教师共同参与教学活动。这些来自不同领域的专家,如同精心挑选的"珍珠"与"钻石",被巧妙地镶嵌在由专职教师构成的"项链"基座上,极大地丰富了思政课程的教学内容与深度。随着参与授课的"珍珠"与"钻石"

数量的不断增加，镶嵌的内容愈发多元且富有层次，使得思政课课堂变得更加生动有趣，这一教学模式被形象地称为"项链模式"。

在"项链模式"下，课堂常常出现两位乃至多位教师同台授课的场景，他们与专职教师紧密合作，共同探索多样化的教学模式，如访谈、问答、论辩等，这些互动环节极大地提升了学生的学习兴趣与参与度，进而取得了显著的课堂效果。从教育技术学的角度来看，"项链模式"实质上是对传统"一门课程、一位教师、一个学期"教学模式的颠覆，标志着相关高校在思政课教学改革方面取得了重要进展，因而引起了教育部及全国多所高校的广泛关注与好评。

起初，"项链模式"仅被视为一种新颖的教学组织形式。然而，随着多位教师共同参与课堂教学的实践深入，专兼职教师的角色划分逐渐清晰，促进了教师间的集体备课与深入研讨，进而催生了教学团队的正式建立。为了进一步发挥兼职教师的作用，该校构建了思政课兼职教师资源库，该库不仅涵盖了各领域的专家学者，还吸纳了学校党政管理者、学生辅导员及社会楷模等多元主体，为专兼职教师的合作教学提供了坚实的机制支撑。

随着思政课改革的不断深化，"项链模式"已超越其作为新型授课方式的范畴，转而成为优化思政课教学资源配置的核心策略。这一教学实践不仅为思政课探索专兼职教师融合的教学团队建设提供了宝贵范例，也为同类课程的教学模式创新开辟了新路径，展现了积极的改革成效与广泛的参考价值。

2.连接教学模式强调教学是一个整体，教师是一个团队

教学本质上是一种强调团队合作的活动，这一理念在"连接教学模式"中得到了充分的体现。在教育这一核心领域中，该模式积极倡导将现代信息技术全面融入课堂及课外教学的实践中，并以此构建一个跨越时空的互动平台。在这个平台上，教师能够与学生、丰富的学习资源、专业知识体系、优秀的教学实践案例，以及其他教育领域的专家保持紧密的联系，共同推动一种协同、有序且连贯的教学模式的形成。

在提升高校思政课教育教学质量的进程中，教师群体的作用至关重要。这主要体现在两个方面：一方面，通过不断提升思政课教师的专业素养和教学能力，可以直接推动思政课教育教学质量的提高；另一方面，更为重要的是，要着眼于整个思政课教育体系的优化，以实现整体教学水平的提升。在这里，"教师"不再仅仅指代某个具体的个体，而是涵盖了全国范围内所有

从事思政课教学工作的教师，形成了一个庞大的教师共同体。此外，这个教师群体的构成也更为广泛，不仅包括了专职教师，还吸纳了兼职教师，他们共同构成了思政课教师队伍建设的坚实基础，共同为提升思政课教学品质贡献力量。

（二）网络环境下思政课"融合式连接团队"的内容

"融合式连接团队"强调在信息技术环境下，以连接取代隔离。教师是一个团队，与各方面建立连接。"融合式连接团队"包括与兼职教师连接、与教学模式连接、与学生连接、与教学资源等完全连接在一起。

1. 网络环境下思政课教师的融合式连接

在网络环境下，思政课专职教师与兼职教师之间的连接，构成了"融合式连接"的核心要素，这一连接模式展现出多维度的互动与合作，具体如下。

（1）借助网络工具的便利性，思政课专职教师和高校学生辅导员之间实现了深度的融合与连接。辅导员作为直接接触并深刻影响大学生的群体，对学生情况的掌握往往更为全面。通过网络平台的搭建，专职教师能够更有效地获取辅导员这一关键信息，从而获取大学生对思政课程的真实反馈与学习状态，这对于提升思政课程的教学质量和针对性具有显著作用。

（2）通过网络平台及实体课堂的交互，思政课专职教师与来自不同学科领域的专业教师建立了广泛的联系。鉴于思政课程的综合性特征，跨学科教师的参与不仅有助于弥补专职教师在特定知识领域的不足，还能通过多元化的视角深化教学内容，丰富教学手段，进一步拓宽学生的知识视野和思维边界。

（3）在网络环境的支撑下，思政课专职教师与高校专任思政干部的连接也得以加强。这些干部因长期负责高校思政教育管理工作，而对思政教育的目标、任务有着深刻的理解。与他们的紧密合作确保了思政教育的正确方向，避免了教育过程中可能出现的偏差。在适当条件下，邀请他们参与思政课程教学，是融合式连接策略的有效实践。

（4）网络环境促进了思政课专职教师与社会各界的广泛连接，这包括理论研究者、形势分析专家、实际工作部门的专业人士、社会楷模及领导干部等。他们通过线上或线下的方式，为学生带来了前沿的理论知识、实践经验和形势分析，或开设专题讲座，或进行形势政策报告，特别是在国际形势复杂多变时，这些专家的介入对于解答学生疑惑、引导学生正确看待时局具有重要意义。

2. 网络环境下思政课专职教师与多方面进行连接

在网络环境下，思政课专职教师与多方面的连接成为提升教学质量和人才培养水平的关键路径。其核心在于提升教师的教学能力与学术专业素养，并以此为基础，推动本科教育质量的全面提升。为实现这一目标，"融合式连接团队"的构建显得尤为重要，它能够有效地改变传统教学的孤立状态，促使思政课课堂教学与网络空间深度融合。

在这一模式下，思政课的教学活动不再局限于个别教师的单打独斗，而是转变为一种团队化、协作化的教学模式。思政课教师能够充分利用多样化的网络资源及平台，构建起一个包容性极强的"融合式连接团队"。该团队不仅囊括了本校的思政课教师与学生，还广泛吸纳了外校的思政课教师、学生，以及来自不同学科、专业的师生群体。此外，教育研究者、校内外教育工作者、学生辅导人员等多元角色也被纳入其中，甚至跨越国界，吸引了全球其他领域的专家及关注教育的家长们。

这一平台的建立，使得思政课专兼职教师、高校专任思政干部、大学生辅导员、教学资源及教学系统均能够实现全面而深入的连接。这种连接不仅促进了教学资源的共享与优化配置，还为思政课教师提供了有效的途径，用以管理和评估学生在校内外所参与的各类学习活动及其经验积累。通过这一机制，思政课的教学质量与效果得到了显著提升，为培养具有强大的思政素养与综合能力的高素质人才奠定了坚实基础。

3. 网络环境下思政课专职教师与多种教学模式进行连接

在网络环境下，思政课专职教师与多种教学模式有效连接的核心在于构建以教学活动为轴心的"融合式连接体系"。该体系强调教学模式的多元化应用，旨在提升思政课程的教学效果与学习体验。具体而言，该体系在运作过程中，首先聚焦于师生交互型教学模式的三个阶段，且每个阶段均融入不同角色的专业支持。

在第一阶段，即准备与预习阶段，辅导员承担起监督与评估的重任，以确保学生前测活动的有效进行，并协助专职教师汇总学习成效及反馈数据。

进入第二阶段，即课堂内的深度互动与学习设计环节，依托数据集成中心系统，课堂转变为一个师生互动的动态平台。此时，邻近学科的专业教师被邀请加入，他们不仅丰富了教学内容，还直接参与解答学生在专业知识层面的疑问，促进了跨学科知识的融合与理解。同时，部分高校的专任思政干部也积极参与其中，并通过引导讨论与互动，深化了思政教育的实践意义。

在第三阶段，即教学总结与学习任务设计的收尾阶段，教学活动得到进一步的巩固与升华。辅导员在此阶段的作用体现在参与随堂后测，以及基于学习成果进行反馈与总结，以确保对教学的闭环管理。与此同时，不同学科领域的专业教师再次介入，并针对学习中的难点和探究性问题提供深度解析与指导，这不仅解决了学生的学习困惑，也促进了学科间的交叉融合与知识拓展。

（三）网络环境下创设思政课"融合式协作团队"的价值

创设"融合式协作团队"在深化高等教育改革进程，以及强化高校思政课教学实效性方面具有显著价值，其重要性可从以下三个维度加以阐述。

第一，构建"融合式协作团队"为教师队伍的培养开辟了新路径。在此团队框架下，来自不同学科领域的专业教师与思政课专职教师协同授课，这一跨学科的交流机制不仅拓宽了专职教师的学术视野，丰富了其专业知识结构，还促进了其教学技艺与学术水平的双重提升。特别是对于青年教师而言，与专业课教师的合作教学成为其快速成长的有效途径，进而强化了思政课教师队伍的整体实力。

第二，"融合式协作团队"通过引入现代信息技术支持的教学模式，显著提升了思政课教师的专业素养与技术能力。团队成员需掌握计算机技术、网络技术等现代信息技术，并能够将问题逻辑教学法融入日常教学中，这要求思政课教师不仅要具备扎实的专业知识，还需熟练运用逻辑思维工具，以逻辑清晰的方式引导学生思考。这一教学模式的推行，无疑对思政课教师的综合能力提出了更高要求，推动了其专业成长与技术应用的深度融合。

第三，"融合式协作团队"促进了思政课优质教育资源的共享与师资队伍的优化。在团队内部，专职与兼职思政课教师之间的交流、互动，深化了他们对教学与科研相互依存关系的理解，形成了"教学促科研，科研反哺教学"的良性循环。这一机制为思政课教师提供了宝贵的学习契机，促进了其教学与研究能力的同步提升，进一步优化了思政课师资队伍的构成。

综上所述，探索思政课的数据整合与模式创新，是信息技术与思政课教育教学深度融合逻辑框架中的关键环节。这种深度融合不仅促进了课堂内外师生间、生生间的有效互动与教学质量的提升，还极大地激发了学生学习的主动性与个性化需求。更重要的是，它标志着信息技术与思政课教育教学结合所带来的不仅仅是技术手段或教学方法的革新，更是一场深刻影响教育理念与实践的变革，为高等教育的未来发展注入了新的活力。

第四章　新媒体技术驱动高校思政课教学革新

随着新媒体技术的快速发展，教育领域迎来了前所未有的变革，尤其是在高校思政课的教学中，新媒体技术的应用为教学内容、形式以及效果的提升提供了新的机遇。本章将深入探讨新媒体技术如何驱动高校思政课教学的革新，并从增强教学实效性、优化教学内容结构的角度，探讨新媒体技术如何提升思政课的教学亲和力，并分析新媒体在创新思政课教学模式方面的潜力与实践路径。

第一节　新媒体技术增强高校思政课教学实效性

一、构建具有高质量数字素养的思政教师队伍

思政课教师是高校思政教学的主力军，对于实现立德树人的根本任务至关重要。当前，高校思政课教师队伍整体状况良好，基本能满足学生的多元化需求。然而，随着数字化时代的深入发展和数字技术的不断迭代，学生的需求也在持续提升。要想推进高校思政课教学供给侧改革，进一步提升高校思政课教学质量，就必须提升教师的数字意识素养、数字思维素养和数字技能素养。

（一）提升数字意识素养

要实现思政课教师从对数字资源的"取用"转化为"共享"，不仅需要建立思政数字资源云平台，还必须构建教学资源共享的激励机制，以不断增强思政课教师的资源共享意识。数字资源共享的顺利推进，依赖于多方面的合作与支持，尤其是在高校间建立跨部门、跨区域的协同机制。

首先，高校应当在国家政策的引导下、教育部的指导下，联合多所高校

以及各类营利与非营利组织，共同构建思政学科的数字资源云共享平台。这一平台能够为教师提供大量的资源共享渠道，并通过强化部门间的协作，促进各方在数字资源的云端共享中充分发挥作用。借助这一平台，思政课教师可以将优质课程资源融入教学设计中，以提升课程内容的创新性和教学质量。此外，教师还可以将自己的教学设计和经验上传至云平台，与其他教师共享。数字资源共享机制的建立，不仅有助于打破传统信息孤岛的局限，减少资源浪费和重复建设，还能有效地丰富教学内容，提升教学效果，进而推动教育教学质量的整体提升。

然而，单纯依赖平台建设，尚不足以彻底提升思政课教师的数字资源共享意识。要有效促进这一转变，必须从具体的教学实践中逐步强化教师的数字共享意识。当前，数字教学资源共享面临着一些问题，如缺乏完善的激励机制，导致教师在共享过程中出现只下载而不上传的现象。此外，某些资源的共享质量较低，知识产权保护问题也尚未得到妥善解决，这些因素都削弱了资源共享的成效。因此，必须建立并完善教学资源共享的激励机制，以促使更多的个人和集体积极参与资源共享，从而扩大共享范围，提升共享质量。通过合理的激励机制，教师能够意识到他们的贡献会得到相应的回报，这不仅能提高他们的工作效率，也能激发其创新精神，形成良性的竞争环境。

智能数字教研活动的引入，对于提升思政课教师的数字共享意识和实践能力至关重要。教师应当将数字技术与备课、学科教研交流有机结合，并积极分享教学心得、教学设计和教学资源。此外，教师还应主动学习数字化知识，提升其数字化教学能力，逐步跟上数字教育时代的发展步伐。这种转变不仅能够增强教师的教学能力，还能推动教育实践的数字化升级。

（二）提升数字思维素养

在数字化时代的背景下，思政课教师面临着教学模式和思维方式的转变，培养开放与发散的思维成为解决教学问题的关键所在。为了顺应这一变革，思政课教师需要将程式化的思维方式转变为更加灵活、创新的开放性思维。要实现这一转变，教师首先需要突破传统思维的束缚，尤其是在思想层面摒弃将"数字素养"局限于计算机专业的狭隘观念，从而打破旧有框架，接纳新技术与新观念。

与此同时，教师在心理层面也必须克服对新技术和复杂数字工具的畏惧。这种心理障碍常常源自对未知的恐惧，教师需要通过心理建设来增强自己的适应能力，逐步接受和使用新型数字技术。此外，国家和高校也应通过媒体宣传与文件发布等方式，引导思政课教师更新观念，打破固化的思维模式，提升其对数字化教学环境的接受度与适应力。在这一过程中，提升教师的数字素养成为关键环节。通过不断学习新的数字技术和理解数字社会的运作规律，教师可以更好地掌握数字工具，优化教学与科研方法。随着开放性思维的形成，他们不仅能有效应用数字工具，提升课堂教学质量，还能将数字素养的培养融入教学过程中，进一步提升学生的数字化素养和创新能力。这种思维模式的转变不仅是提升教师自身素养的关键，也为培养符合新时代要求的数字化人才奠定了基础。

（三）提升数字技能素养

教师需要在数字技术应用的基础上，持续提升其技术应用、交流合作和数据分析的能力，同时要能够灵活结合学科特点、教学中的难点，以及教与学的个性化需求，进行有效的技术与教学深度融合创新。

思政课教师应当根据学科的特性，持续提升数字化环境中的教学设计能力。教学设计作为提升课程质量的关键要素，其在数字化时代的重要性更加突出。教师不仅需要具备精准设计教学内容、教学方法和教学环境的能力，还要能够适应数字技术与思政教学的深度融合。这要求思政课教师不仅要具备基本的技术应用能力，还要能够结合学科特点进行数字教学设计。在这一过程中，国家和高校应当为思政课教师提供更多交流与培训的机会，尤其是与专业技术人员互动的机会。专业技术人员可以根据思政课教师对学科的要求推荐适合的数字技术与方法，同时，也可以通过与思政课教师的合作，共同研发和设计新的数字教学方法，从而提高思政课教师的数字教学设计能力。

思政课教师应根据教学中的难点，持续增强其数字教学组织能力。在数字化时代，教学组织形式面临诸多挑战，包括异地教学和对网络技术媒体的依赖等。为了应对这些挑战，教学往往需要分阶段进行，这要求教师具备创新的教学组织能力。教师需要善用数字资源，在教学内容、方法和环境组织形式方面进行创新，以适应不同教学阶段的需求，并提升教学的整体效果。

思政课教师还应结合教与学的个性化需求，提升对数字资源的利用和创新能力。思政课教师不仅需要具备挑选、评估和创造数字资源的能力，还要确保教学设计能够与数字资源紧密结合，以实现教学目标。数字资源的精准性和针对性尤为重要，教师应当能够通过合理的数字资源配置，满足学生个性化的学习需求。例如，借助人工智能、大数据技术以及沉浸式教学等技术和手段，教师可以通过学生的大数据画像对其学习情况进行个性化分析，进而提升学生的学习效率和自身的教学质量。

二、提高学生的媒介素养

（一）增强大学生媒介素养与媒介利用能力

新媒体作为信息传播的重要渠道，其内容的多样性和传播速度常常使信息的筛选与判断变得复杂，尤其是对于缺乏足够社会经验的大学生群体而言，他们更容易受到不良信息的干扰。因此，提升大学生的媒介素养和媒介利用能力，不仅是思政课教学中的重要任务，也是一项迫切需求。

媒介素养不仅包括个体接触、解读、筛选和吸收网络信息的能力，还涵盖了在信息爆炸的网络环境中，保持理性、清醒的判断力和强烈的责任感。教育机构应积极采取措施，从多方面加强大学生的媒介素养教育：①学校可以开设专门的媒介素养课程，并融入计算机技能教育，这样不仅能够帮助学生培养使用媒介工具的能力，还能使其具有批判性思维，能够分析信息的真实性和价值；②通过定期举办新媒体相关的讲座和知识竞赛等活动，激发学生对新媒体的兴趣，提升其在获取、分析和传播信息方面的能力；③大学生的网络道德与法律教育同样不可忽视。在具有快速性和匿名性的信息传播中，大学生常常面临网络伦理和法律问题。因此，学校应加强对学生的网络道德和法律意识的培养，引导他们树立正确的网络价值观，并自觉遵守网络规范，以成为合格的数字公民。

（二）尊重学生参与思政教育的权利

思政课教师必须认识到，尊重学生的主体性不仅是教育的基本原则，也是激发学生积极参与思政活动的关键。根据社会参与理论，大众媒介应为受众提供一个积极互动与表达观点的空间，从而促进教育效果的最大化。

第一，改革传统教学模式。思政教育应摒弃单向灌输的传统教学方式，转向以学生为中心的课堂模式。在这一模式下，学生不再是被动的知识接受者，而是思想的贡献者和讨论的积极参与者。通过参与课堂讨论和自我表达，学生能够加深对思政教育内容的理解，并进一步形成个人的价值认同。

第二，借助新媒体平台拓展学生的表达空间。新媒体平台为思政教育提供了更为广阔的表达和交流空间。教育者应关注学生在社交媒体上的声音,了解他们的关注点和诉求,以便有针对性地开展思政教育工作。通过设置富有启发性的议题,引导学生在新媒体平台上进行讨论和表达,不仅能够增强学生的参与感和归属感,还能为思政教育创造更多的互动机会。学生通过在这些平台上发表自己的观点和看法,不仅增强了自我表达的能力,还能够在集体讨论中进一步完善自身的思想认识。

第三,利用新媒体平台与学生进行实时互动。教育者应善于利用班级群、学校微信公众号、抖音账号等新媒体平台的互动功能,与学生进行即时交流与反馈。通过问题引导、讨论分析、问题解决等方式,教育者可以激发学生的思考,促进其积极参与讨论。

三、完善新媒体管理机制

(一)加强高校对新媒体内容发布的管理

制度作为一套静态的规范体系,为机制的运作提供了基础框架;而机制是制度得以实施的动态过程,表现为具体操作路径,以确保制度目标的实现。制度与机制相辅相成,制度为机制的运行提供方向,而机制则通过实际运作反馈对制度进行完善。如果机制高效运行,它就能够保证制度目标的顺利实现;反之,机制的失效则会妨碍制度目标的达成。

在高校的新媒体管理中,构建完善的管理制度是优化管理机制的基础,尤其是在面对突发事件时,新媒体作为信息传播的重要渠道,对思政教育的远程实施具有独特的优势。具体而言,高校的新媒体管理机制应涵盖以下几个方面。

第一,完善内容编辑与发布机制,确保发布内容的质量与导向。这不仅要求选拔具有较高政治素质和理论水平的师生参与内容创作,还应建立严格的审核流程,确保信息发布的准确性,避免信息出现偏差与误导。制度化的内容审查机制,能够确保思政教育内容在新媒体平台上的正确传播。

第二,构建多元化的新媒体传播矩阵,以使信息能够在多个平台之间迅速传播并形成互动。通过校园网站、微信公众号、微博、抖音等平台的联合运作,高校能够在多个渠道上形成内容传播的合力。同时,各院系和相关部门应设立专门的新媒体平台,推送有针对性、丰富且高质量的内容,从而形成覆盖全校的思政教育阵地,以加强对学生的思想引领。

第三，强化网络舆论监管机制，运用技术手段对信息进行严格筛选和过滤，以防止不良信息的传播。网络空间的开放性使得不良信息容易被传播，因此，高校应通过技术手段确保信息的真实性与正确性。同时，鼓励教师和管理人员积极参与网络评论、互动，营造正面的舆论氛围，以增强思政课的影响力与引导力。此外，明确新媒体管理人员的职责和工作流程，以确保其在出现问题时能够迅速响应、有效处置，从而避免信息风险对教育工作产生负面影响。

（二）加强对高校新媒体工作反馈的管理

在高校新媒体建设的成效评估中，仅依赖单一的内部视角不足以全面反映其质量和影响。为了全面评估新媒体建设的效果，必须采用更为开放和多元的评价机制，并深入到师生群体中，倾听他们的声音，从而获得更为真实和全面的反馈。

第一，设计并发布网上调查问卷。高校应通过设计并发布调查问卷，广泛收集学生的意见和建议。问卷内容应涵盖新媒体平台的使用体验、信息内容的吸引力、教育功能的实现程度等多个方面。通过对问卷数据的分析，高校能够准确把握学生的认同点、潜在需求和实际感受，为新媒体平台的优化和改进提供有力依据。

第二，开展现场督查与评估。高校应鼓励相关部门的人员深入网络教学现场，实时督查和评估教师的教学活动。通过这种"旁听"的方式，教育管理者能够直接了解教师使用新媒体平台进行教学时的实际效果，并及时发现新媒体在教学应用中存在的问题与不足。同时，定期巡查新媒体平台的建设进展，与平台建设人员进行深入交流，也有助于了解其在工作中遇到的困惑和实际需求，从而为平台的优化和发展提供宝贵的实践反馈。

第三，定期评估学生的思政素养。教育者应定期对学生的思政素质进行评估，评估内容不仅应包括学生对理论知识的掌握情况，还应涵盖学生的思想动态、价值观念和道德行为等方面。通过系统评估，一方面可以检验新媒体在思政教育中的实际成效；另一方面也能根据评估结果，针对性地调整新媒体思政教育策略。实现以评促教、以评促学，推动高校新媒体思政教育工作不断发展。

第二节　新媒体技术优化高校思政课教学内容结构

思政教育内容是为了达成一定的教育目标，由教育者向受教育者传授的知识、理论、观点，是教育者与受教育者之间联系与转化的中介。根据贝罗SMCR模型（一种用于描述和解释信息传递过程的模型），新媒体时代的思政教育实质上是一种思政教育内容的传播活动。由于新媒体具有内容海量性与精准性、传播即时性等特征，思政教育需要合理利用新媒体信息，提升思政教育内容的时代性、趣味性与针对性，从而提升思政教育的亲和力。

一、提升思政课教学内容的时代性

随着信息更新速度的加快，思政课要保持其活力与吸引力，就必须与时代发展同步，及时更新教育内容，以确保其在社会变革中的持续有效性。只有在与时俱进的基础上，思政课才能彰显其发展性，满足时代对教育内容的需求。

首先，更新教材内容是思政课适应时代发展的关键。思政课教材作为承载理论知识的载体，必须反映社会的实际发展状况，紧跟时代步伐。同时，思政教材要及时纳入马克思主义中国化的最新理论成果，并结合社会实践中的新变化、新问题，提升教材内容的时代性和实践性。通过增强理论创新与实践创新，教材不仅要呈现对传统理论的继承，还需结合新时代的思想特点和政治任务，使自身具备更强的教育感染力与引导力。只有这样，思政课的教学内容才能与当下社会的发展紧密结合，进而具有更强的现实意义和吸引力。

其次，将大学生关注的时代问题与社会热点融入思政课，是提升教育实效性的重要手段。新媒体的飞速发展使得信息传播更加迅捷，大学生可以轻松获取大量社会热点信息。在这种背景下，思政课应顺应潮流，及时关注大学生关心的社会热点问题，并通过科学梳理与系统解读，将这些问题与思政课教育内容相结合，帮助学生深化对时事的认识，以树立正确的价值观和世界观。通过对当前社会发展状况的及时分析，可引导大学生从个体出发，关心国家大事，鼓励其将个人理想与国家发展、民族复兴紧密结合，为实现中华民族伟大复兴贡献力量。只有在紧扣社会脉搏的基础上，思政课的教学内容才会更具亲和力与感染力，才能够使学生在教育过程中深刻感受到与时代的共振。

二、增强思政课教学内容的趣味性

新媒体的快速发展使得人们的思维方式和阅读习惯发生了显著变化，尤其是大学生群体，其选择标准愈加注重内容的趣味性。在此背景下，思政课内容的趣味性已成为激发学生学习积极性的关键因素。在新媒体时代，要提升思政课内容的趣味性，应当根据课程目标和学生的成长需求，激发学生的学习兴趣，注重语言的生动与美感，并有效利用新媒体平台传播具有吸引力的教育内容，进而营造轻松愉悦的学习氛围。

第一，激发学生兴趣。思政课内容不仅需要具备理论的深度，还应具备情感的温度。教育者可以通过新媒体平台对学生的兴趣点进行了解，并以大学生的成长需求为基础，制定符合其需求的教育策略。通过对学生兴趣的引导和激发，增强其对思政课的参与度和学习动机，从而增强教育效果。

第二，注重语言的优美与生动。思政课的语言应回归生活，注重语言艺术和表达技巧。新媒体时代的教育内容需要用大学生易于接受的语言进行表达，尤其是"网言网语"的巧妙运用，可以使思政课语言更具亲和力、趣味性和生动性。通过语言的创新与贴近学生生活，能够使教育内容更好地融入学生的日常生活中，从而提高学生的接受度和学习兴趣。

第三，充分利用新媒体平台。新媒体平台的丰富性和趣味性为思政课内容的传播提供了新机遇。高校思政课教育工作者应积极探索和利用新媒体平台的新技术与形式，深度挖掘学生的兴趣点、关注点和情感需求，创作和传播富有吸引力的教育内容。通过多样化的内容形式，如短视频、互动式学习等，可以激发学生的主动学习意愿，提高教学的趣味性和互动性，进而提升思政课的实效性。

三、注重思政课教学内容的针对性

不同的学生群体在知识水平、接受能力、兴趣和需求方面存在着显著差异，教育者应精准把握教育对象的特点，将思政课内容与学生的需求相结合，以确保内容的可接受性。

第一，从教育对象的内在需求出发，选择最佳"突破口"与适宜时机。思政课教师应通过新媒体平台进行有效的调查与数据收集，深入了解学生的思想动态、心理需求以及现实关注点，进而确保教育内容的针对性和实效性。针对不同年级的学生，可以进行差异化的教育安排。例如，大一学生处在适应校园生活的过程中，思政课应更多关注其对校园文化和人际关系的适应；而大四学生则更关注就业与职业规划，思政课应帮助他们提升就业竞争力。因此，思政课教师需要根据学生的年龄特征和需求进行灵活调整，选择最佳的教育时机和突破口。

第二，根据学生的专业方向选择不同的思政课内容。思政课应与学生的专业知识相结合，使教育内容更贴近学生的实际生活和学习需求。将专业课程与思政课内容进行结合，能够有效提升学生的思政素养。例如，在艺术类学生学习美术的过程中，教师可将艺术作品与思政课内容有机融合，增强教育的感染力与吸引力。

第三节　新媒体技术提升高校思政课教学亲和力

在新媒体时代，高校教师应充分利用新媒体发展的有利契机，将传统思政课的优势与新媒体技术相结合，以适应时代的变化，推动思政课教育的创新与发展。思政课的构成要素是新媒体时代下思政课教育亲和力的基础，主要包括教育者、教育内容、教育载体、教育形式及教育环境五个方面。这些要素在新媒体时代相互作用，共同构成了一个系统的整体，只有各要素有机融合，才能有效提升思政课的亲和力。

具体而言，通过提升教师教学的亲和力，强化教育载体的渗透力，营造教育形式的共情力，能够有效促进思政课的全面发展。这些要素之间相互配合、共同作用，形成合力，为完成立德树人的教育使命提供强大的支撑。

一、搭建新媒体平台，提升思政课载体的渗透力

在新媒体时代，具有亲和力的思政载体可以充分调动思政教育对象的各种感官，增强思政教育的体验感、现场感与趣味感。思政教育需要借助新媒体，将大学生思政教育的传统优势与新兴信息技术相结合，保障大学生对思政教育的深度参与，从而提升思政教育的亲和力。

（一）在思政课中融入VR技术

VR作为一种先进的技术，通过创建三维虚拟环境并模拟视觉、听觉和触觉等感官体验，为用户提供身临其境的互动体验。在思政课教学中，VR技术的应用能够有效削除传统教学模式中教育对象与教学内容之间的距离感，提升教育的沉浸感和参与感。构建逼真的虚拟教育场景，思政课内容能够通过三维动态视景和交互式行为展现，使学生在虚拟环境中更加深入地体验和理解思政理论。

VR技术在思政课中的应用，不仅能够增强教育内容的感知体验，还能激发学生的学习兴趣和主动性，进而提高教育的亲和力。通过虚拟现实平台，学生能够突破时间和空间，深入思考和探索思政课内容，进而深化对思政理论的感性认知与理性思考。这种教育模式还具有开放性的特点，允许高校之间合作共建共享虚拟现实思政教育资源，进而推动资源的共同开发和利用。

此外，VR技术的应用也能够激励学生自主创新与学习，促使其在课外时间参与虚拟现实思政教育资源的开发和制作，进一步增强学生的实践能力和参与思政课的内在动力。这种方式不仅能够增强学生对思政内容的自主学习意识，还能够加深其对思政理论的理解，促进其思想认同与价值内化。

（二）在思政课中融入短视频教学

短视频作为一种新兴的思政课教育载体，指的是在各类新媒体平台上播放的、时长较短，且适合通过移动设备观看的视频，通常具备高频推送的特征。相较于传统的以文字、图片为主的思政教育传播方式，短视频凭借其生动直观的表现形式，极大地提升了思政教育内容的吸引力和传播效果。

随着互联网技术的快速发展，大学生的内容消费习惯逐步成熟，对网络社交和信息获取的需求也日益增加。传统的文字和图片形式内容已难以满足其需求，而短视频凭借其便捷性和趣味性，逐渐成为大学生偏爱的内容传播方式。短视频以其强大的信息承载能力，在短时间内能传达大量的信息，具备了比文字和图片更高的信息密度及传播效率。此外，大学生的学习和生活节奏普遍较快，短视频凭借其易于理解、个性化表达和趣味化呈现的特点，能够有效吸引学生的注意力，并促使他们从信息过载中快速获取所需内容。短视频不仅满足了学生的娱乐需求，还能够在不知不觉中向其传递社会主义核心价值观、民族精神等重要思政教育内容。

（三）在思政课教学中融入微信小程序

随着信息通信技术的快速升级与迭代，互联网平台逐渐由工具属性向空间社区属性转变。在此背景下，微信作为大学生日常使用最为频繁的社交平台之一，深刻影响了大学生的价值观形成。微信小程序作为一种嵌入于微信应用中的二次开发产品，具有无须下载安装、便捷易用等特点，因而为教育领域，尤其是思政课提供了独特的机会。随着智能设备的普及和移动互联网的飞速发展，在线教育的机会不断增多，微信小程序凭借其轻量化、碎片化和结构化的知识呈现方式，进一步契合了移动端的学习需求，尤其适用于大学生群体。

微信小程序具备在流量获取、社群运营、用户规模和黏性等方面的显著优势，因而越来越多的教育产品开始借助这一生态系统探索创新的服务模式。通过微信群、公众号和小程序等工具，教育平台能够有效降低获客成本，并通过持续的用户互动提高用户黏性。微信小程序凭借其便捷性、去中心化和易于开发等特点，正呈现爆发式增长的趋势。将微信小程序应用于思政课教学中，不仅能够增强思政教育内容的传播效果，还能顺应信息传播碎片化的趋势，提升思政教育在新媒体时代的亲和力。

利用微信小程序拓展大学生思政教育，可以有效突破时间和空间的限制，拓宽教育形式，实现课堂教育和课外学习的延伸与结合。通过微信小程序，思政课教学可以在不受地点限制的情况下，随时随地地进行传播，以满足学生对个性化、碎片化知识学习的需求。与此同时，微信小程序的使用为教育提供了更加多样的互动渠道，使学生能够根据自己的学习节奏和兴趣点进行学习，进而增强其学习的主动性和参与感。

二、依托新媒体互动，提高教育形式共情力

思政课教育形式是指实施思政教育的各种方法和途径的总和。大学生思政课教育功能和作用的发挥、根本任务的完成和主要目标的实现，都离不开思政课教育形式的保证作用。在新媒体时代，大学生对思政课教育内容需求的不断增长同教师不能及时、充分满足大学生需求之间的矛盾，阻碍了大学生自主学习思政课教育内容的积极性，这是思政教育的特殊矛盾。面对新媒体时代下大学生思政教育的特殊矛盾，必须改变全程以教师为主导的传统教育形式。例如，贴近学生，关注学生的成长需求；增进互动，提高师生间的信任感；进行过程评估，激励学生的学习主动性。树立"以人为本"的理念，

提高思政教育形式的共情力。

（一）贴近学生，关注学生的成长需求

人的需求是指个体或群体对外界的各种诉求，这些诉求驱动着人的自觉活动。依据需求理论，在新媒体时代，要提升大学生思政课的亲和力，必须深入探析学生的潜在需求。教师应充分利用新媒体技术，了解大学生的需求特征，从而对教育内容、载体及方法进行适时的"供给侧"改革，同时，对学生不合理的需求进行及时纠正，以促进其健康成长。

思政课的教育应密切关注学生的成长需求，既要满足其成才的需求，又要贯彻党和国家的教育方针。在教学过程中，教师应结合学生的思想特点与认知水平，探索创新的教学方法，以确保教学方法的先进性、教学过程的精湛性与教学呈现的现代性，从而提升思政课的吸引力与教育效果。

首先，教师需要充分认清思政教育对象，即生活在网络时代的大学生。大学生群体具有较强的主体意识、独立思考能力，并且具备与新媒体高度契合的能力。由于新媒体为大学生提供了更广阔的世界视野和更便捷的学习渠道，使大学生能够在短时间内接触大量的信息，并形成独立的见解。因此，教师在教学过程中需要充分考虑学生的这一特性，确保思政教育内容能够切实与学生的认知和兴趣相契合。

其次，教师应充分运用新媒体平台的优势，通过网络调查问卷、行为数据分析等手段，深入了解学生的思想动态、心理状况以及关注的社会热点。通过这些数据，教师可以对学生的政治观点、思想倾向进行追踪和分析，进而掌握其最新的思想走向。在此基础上，教师应积极主动地关心学生在学习与生活上的困难情况，并为学生提供及时的帮助与指导。此外，教师还应在网络舆论环境中发挥积极作用，及时跟进热点事件，参与网络意识形态活动，设置有意义的网络议题，引导学生形成正确的网络思维。

最后，教师需科学制定教学目标，并合理安排教学内容和形式。教学内容应围绕学生的实际需求与认知水平展开，既要有知识性，又要具备趣味性，以吸引学生的关注。对于学生在思政课堂中遇到的复杂问题，教师应通过引导与点评的方式，帮助学生正确理解并形成理性思考。同时，教师应对学生在课堂中的"吐槽"进行合理的引导，做到疏导结合，既要宽容学生的情感表达，又要引导其进行理性分析，进而发展批判性思维。

（二）增进互动，提高师生信任感

教师与学生的互动频率、方式和质量，直接影响着学生的学习投入程度和教育效果。良好的师生关系不仅有助于学术知识的传递，更有助于情感的交流与思想的碰撞。在此过程中，教师情感投入的重要性尤为突出，因为教师只有在平等、尊重的基础上与学生进行充分的沟通，才能够增强学生的学习动机和思想认同感。

第一，教师应通过新媒体平台加强与学生的互动。随着新媒体技术的发展，大学生的自我表达欲望日益增强，他们往往通过新媒体平台分享个人动态和想法。教师应主动适应这一变化，积极利用新媒体平台与学生进行互动。通过关注学生在这些平台上的活动，教师能够及时了解学生的情感需求和思想动态，进而实现教育内容与学生实际需求的有效对接。同时，教师通过新媒体平台的社交功能，能够直接进入学生的社交圈，关注他们感兴趣的话题，聆听他们的声音，精准识别并回应学生的关注点和问题。这种互动形式不仅有助于强化学生对思政课内容的认同，也能增强教育的亲和力与影响力。

第二，教师应转变角色，从"跟随"学生到"引领"学生。在新媒体环境下，教师不应仅仅是学生"玩乐"的陪伴者，而应成为学生树立正确价值观和思想意识的引领者。教师应通过创建具有正能量和教育意义的内容，吸引学生在新媒体平台上积极参与和回应，逐步营造健康的网络舆论氛围。通过这种方式，教师能够在不直接干涉的情况下，用潜移默化的方式提升学生的思政素质和价值判断能力。这一转变不仅能加强师生之间的情感联系，还能在学生日常的网络活动中起到更积极的引导作用。

（三）过程考核，激发学习主动性

新媒体时代的大学生思政课考核，需要紧密结合时代特点与学生的实际需求。为了适应国家对大学生思政课的新要求，考核方式必须与时俱进，反映出新媒体时代思政教育的独特规律与实际特点。传统的以期末考试成绩为标准的考核方法，往往过于单一，未能全面考查大学生在思政课教学过程中思想品德的形成与发展，也无法准确评估学生对教育内容的认知、对教育者的态度以及思政教育活动的实际效果。因此，在新媒体背景下，实施过程性考核成为提升思政课亲和力和教育效果的重要手段。

过程性考核应注重动态评估，即全方位考核大学生在思政课教学过程中的每一个环节。可从思政教育的核心关键环节出发，设立具有针对性的考核指标，并利用新媒体平台所提供的大数据优势，追踪大学生在日常学习、生活中的表现，尤其是其思想和行为的变化。通过分析这些数据，教师能够更为精确地了解学生的思政教育进展，及时发现问题并做出调整。过程性考核不仅能帮助教师实时了解学生的成长动态，还能在评价结果的反馈中发挥调节和引导作用，明确学生在思政教育中的发展方向。

思政课教育的考核应注重多元化评价主体的参与。新媒体的互动性与开放性使得大学生的思政教育实践方式变得更加多样化，因此，评价主体不应局限于传统的单一教师身份，而应扩展到学校、家长、同学以及室友等多方参与者。新媒体技术的便利性，使得传统的家长会和班级会议形式得到了创新，家长和同学可以通过线上平台对学生进行匿名评价，减少了评价的偏差和不公，同时提高了评价的便捷性与公平性。通过这种多元评价机制，教师能够全面了解学生在不同社会关系中的表现，从而更全面地评估学生的思政素质发展。

此外，在进行形成性评价时，采用交互式评价方式能够激发学生对思政课内容学习的主动性，进而增强学生对思政课的内在认同感。通过这种方式，学生不仅能在评价过程中发现自身的优点与不足，还能在互动中加强对思政教育内容的深刻理解和内化。

第四节 新媒体技术创新高校思政课教学模式

一、建立新媒体虚拟空间与现实空间相结合的教育模式

新媒体的迅猛发展不仅改变了人们的信息获取方式，也深刻影响了思政教育的实施模式。特别是对于年轻的大学生群体而言，虚拟空间已成为他们日常生活和社交的重要组成部分。虚拟空间的本质在于其与物质实体和能量载体不同的活动平台，主要基于信息网络，其虚拟性使得人们在其中能够自由表达和展示自我，这种特性与现实生活中的社会互动有着显著区别。

在虚拟空间中，人们的交流方式多为间接化、符号化，并以信息为主导，这种方式突破了人们身份和行为的限制，有利于个体更为真实地表达自我观念和情感。此外，新媒体平台的开放性和共享性为跨文化交流提供了广阔的机会，无论是从教育的角度来说，还是在社会互动的层面上，其都为不同文

化背景和地理位置的个体提供了相互了解与合作的平台。虽然新媒体在思政教育中具备广泛的应用前景，但其与传统思政教育模式的融合需要谨慎推进。传统的现实教育模式强调面对面的交流与互动，通过师生之间的直接互动来传递知识与价值观念，而在新媒体时代，虚拟空间的教育方式则更加倾向于个体化、自主性强、多样化，这对教育者提出了新的挑战，并为其带来了新的机遇。

因此，创新大学生思政课教学模式需要在两个方面进行探索与整合。一方面，应当保有现实教育的基础，强化传统的思政教育内容和方法的有效性；另一方面，则是在新媒体环境下，积极利用其优势，如开放性、互动性和个性化，来丰富和拓展教育的形式与内容，使之更适应当代大学生的需求和心理特征。

（一）以现实教育为基础的双向促进

在当今新媒体快速发展的背景下，思政课面临着全新的挑战和机遇。新媒体的兴起不仅改变了信息获取和传播的方式，也深刻影响着大学生的学习和生活态度。然而，尽管新媒体在思政教育中的作用日益凸显，但现实教育仍然是其基础和核心。

新媒体思政课的发展必须建立在现实教育的基础之上，两者相辅相成，互为补充。现实教育通过言传身教、集体活动等方式深入影响学生的思想和价值观，是大学生成长过程的重要组成部分。新媒体的介入虽然丰富了信息来源和互动方式，但不能替代现实教育。大学生的思政教育需要在现实教育的基础上，通过新媒体的多媒体化手段进行延伸和拓展，以达到实现广泛和深入的影响效果。

在思政理论课教学中，高校应当推动教育模式的现代化和多媒体化转型。这不仅仅包括信息的灌输，更强调对学生信息选择的引导和能力的培养，使其能够在面对复杂信息时做出准确、道德的选择。新媒体平台可以成为教育工作者与学生交流和互动的重要桥梁，这种平等对话可以有效地引导学生理解和利用新媒体空间中的信息，培养其在道德和学术领域的素养。

同时，教育工作者需要注重新媒体思政教育与现实教育的有机融合。这不仅包括内容的互补，还需关注教育过程的和谐发展，以确保学生在虚拟世界和现实生活中都能得到有效的教育与指导。通过科学的教育设计和媒介素养教育，高校可以提升学生的信息处理能力和道德判断水平，使其在新媒体时代能够成为具有高度责任感和良好道德素质的社会成员。

因此，教师在面对新媒体的挑战时，既要充分利用其教育优势，又要保持对现实教育的坚持和重视，以确保大学生在道德、学术和社会责任等方面的全面发展。这种双向促进的教育模式，不仅能够有效地应对新媒体带来的挑战，也能够充分利用其为思政教育带来的新机遇，推动教育质量的持续提升和学生整体素质的全面提高。

（二）教育目标实现的融合与互补

新媒体的广泛应用和迅速发展在思政教育领域引发了深刻的探讨与实践。尽管新媒体思政教育具有鲜明特色，但其与传统的现实思政教育在教育目标、内容和方法上的融合与互补，有助于全面提升教育效果和社会影响力。

首先，新媒体思政教育与现实思政教育在教育目标上存在显著的一致性。无论是传统思政教育，还是新媒体思政教育，其根本目标都是将社会主义核心价值观内化为学生的道德观念，外化为学生的行为实践。然而，新媒体思政教育通过其虚拟空间的特性，更加强调学生的个性化培养和思想主体性的发展，这与传统思政教育强调的理想人格形成有机衔接。

其次，在教育内容方面，新媒体思政教育与现实思政教育应实现有机融合。传统思政教育注重社会主义核心价值观的传承和伦理意识的培养，而新媒体思政教育强调网络道德、法治教育以及媒介素养的提升。这种融合不仅扩展了教育内容的广度，还使得教育更贴近学生日常生活和思想观念的变化，有效提升了教育的实效性和吸引力。

再次，在教育方法上，新媒体思政教育与现实思政教育可以互相补充。传统教育方法，如灌输法、情理交融法等，在新媒体环境中仍然适用，而新媒体思政教育的特性使得教育者能够更有针对性地进行思想道德教育，如通过互动讨论、情境陶冶等方式，有效激发学生的思考和参与热情，进而提升教育的深度和广度。

最后，重新审视虚拟与现实的关系是新媒体思政教育发展的关键之一。在实践干预策略方面，将虚拟社区的管理与现实社区的教育资源相结合，通过社会实践活动培养学生的社会意识和实践能力，是新媒体思政教育的重要路径。这种实践不仅能够增强学生对社会的认知，还能够有效地修正学生对虚拟世界与现实世界的认知差异，使学生能够更加理性地处理网络中的信息和社交互动。

二、建立结合学校、社会、家庭和学生的立体教育模式

创新思政教育模式，以实现学校、社会、家庭对大学生思政课的共同参与，进而发挥教育的合力作用，已成为学者和教育工作者普遍认可的课题。然而，在新媒体环境下如何有效发挥这一合力作用，仍是摆在学者和教师面前的挑战。新媒体传播创造了一个虚拟与现实共存的思政教育环境，拓展了教育的主体、客体、载体，为教育合力作用的发挥提供了条件。因此，应根据新媒体的特点，构建一个学校、社会、家庭、学生相结合的立体教育模式，以充分发挥思政课的合力作用，提升教育效果。思政教育的综合结构是指，它由特定的体系和要素组成，具有特定的结构和运行机制，且能够发挥教育的最大功能。这种结构不是各种教育要素的简单相加，也不是各种教育活动的外在机械拼凑，而是一个具有内在特定结构和运行机制的有机系统，具有独特性。

新媒体环境给思政课带来的挑战之一是教育影响的多极化，以及由此产生的教育环境的泛化。新媒体的自由与开放性打破了家庭、学校、社会教育之间传统的界限，使得各种教育形式在功能、性质、影响效果与影响机制上变得更加复杂和交织。因此，在新媒体环境下，迫切需要整合社会各方面的教育力量，构建一个立体化、发挥协同作用的教育体系，以形成思政课教育的合力。

（一）发挥思政课教育的主渠道作用

在新媒体环境下，充分发挥学校思政课教育的主渠道作用，首先需要重新定位大学生思政教育。新媒体环境为学生提供了更多自主判断和自由选择的机会，学校思政教育应顺应这一趋势，尊重学生的主体地位，从而探索新的教育方法。通过引导学生树立社会主义核心价值观，培养他们的判断力和自制力，能够使其成为自主、理性、自律的个体，促进其全面发展。优化思政教育内容是学校在新媒体环境下的一个重要任务。学校应根据思政教育的目标，重新审视并优化教育内容，并在原有内容的基础上，突出社会主义核心价值观的教育，使学生能够辨别真伪、追求真理、审慎判断。同时，加强新媒体素养教育，让学生掌握新媒体行为规范，强化其自律意识和责任感。通过这种优化，学生不仅能够在现实生活中践行道德规范，还能在虚拟空间中展现良好的道德素质。

运用新媒体优化教育渠道和方式，是提升学校思政教育实效的重要手段。教师可以通过微信、微博、博客、论坛、QQ等新媒体平台，与学生进行互

动和交流，从而拓宽教育的渠道，提供丰富的教育资源。学校可以利用多媒体、超媒体技术，使思政教育内容更加生动化和形象化，并通过新媒体的信息传递方式，将思政教育延伸到学生的日常生活中，进而突破时间和空间的限制。

在新媒体环境下，学校可以通过建立教育网站、官方信息交流平台等方式，对学生进行潜移默化的教育。新媒体的互动性和开放性，使得学校可以整合现实教育空间与虚拟社区，构建开放式的教育环境，实现学校、社会、家庭和学生之间的良性互动。这种整合不仅能够扩大教育的覆盖面，还能增强教育的针对性和实效性。此外，加强新媒体环境下的思政教育，还需要关注教育内容的动态性和及时性。新媒体平台的信息传播速度快、范围广，学校教师应及时关注社会热点和学生关注的问题，灵活调整教育内容和方法。通过新媒体，学校可以迅速传播正确的价值观和道德规范，引导学生形成正确的思想观念，提升其对社会现实的认识和判断能力。

在新媒体环境下，学校思政教育还应注重培养学生的实践能力和创新精神。通过新媒体平台，学校可以组织各种线上与线下相结合的实践活动，让学生在实践中培育和践行社会主义核心价值观。通过这些活动，不仅能够增强学生的社会责任感和实践能力，还能强化他们的创新能力和团队合作精神。另外，学校思政教育的实施还应注重个性化和差异化。新媒体为个性化教育提供了更多可能，学校可以根据学生的兴趣和特点，提供多样化的教育资源和活动，以满足不同学生的需求。这种个性化的教育方式，不仅能够激发学生的学习兴趣，还能促进其个性的发展和素质的全面提升。

学校思政教育还应注重与其他教育形式的融合和互补。新媒体思政教育不应仅是传统思政教育的延伸和拓展，更应与其形成有机结合。通过多样化的教育形式和手段，学校可以实现思政教育内容的全覆盖，进而提高教育的针对性和实效性。

（二）发挥社会思政教育的作用

新媒体环境的独特性显著增加了现代社会思政教育实践探索的复杂性和难度。因此，现代社会的思政教育在实践层面必须进行革新，以有效应对新媒体所带来的多重挑战。

首先，完善新媒体立法机制和强化政府的管理职能至关重要。在建设新媒体环境的过程中，加快新媒体立法进程和完善政府管理职能是社会管理的核心。在面对新媒体环境不断变化的新特点时，法律在执行过程中的可操作性难题与政府监督管理的精准性不足问题亟待系统性解决。强调体制创新和制定具体管理措施，再结合技术手段的运用，将是有效应对新媒体违规经营的关键。在传统的行政命令式管理难以奏效的背景下，高科技手段的应用显得尤为重要。例如，通过程序监管、设置新媒体审计标准、预设防范"滤网"、埋设跟踪程序等技术手段，可以使新媒体的控制更加实用和可操作。

其次，建立新媒体思政教育所需的社会支持与辅助系统是不可或缺的。新媒体环境下的思政教育不仅需要正规社会教育机构的参与，还需要社区和公共服务机构的协作与支持。随着城市化进程的加快，社区在大学生接触社会和参与社会实践的过程中扮演着越来越重要的角色。大学校园逐渐成为相对独立的社区，大学生通过参与社区义务服务和公益劳动，可以培养服务社会、关爱他人的优秀品质，从而抵消虚拟交往带来的消极影响。社会支持和辅助系统的另一种形式是，面向社会的信息咨询机构与心理危机的救助体系。应大力加强对因迷恋网络等新媒体而产生的角色混乱、人际疏离、道德情感冷漠、网络依赖等心理问题的救助力度。这不仅有助于解决学生的心理问题，也能促进社会化进程。

最后，注重社会人文精神的重建和加大人文教育的力度，也是新媒体环境下思政教育的重要方面。新媒体环境下社会道德规范体系的脆弱性反映出一定程度上的文化缺失，而人文精神和人文科学的缺失必然导致社会道德价值取向的迷失、人生境界的低俗化与信仰的功利化。因此，思政教育观念必须重新唤起社会对人文科学的关注。中华民族深厚的文明积淀和传统文化精髓的熏陶，可以提升学生的人文素养。在思政教育内容中加大人文科学的比例，提高大学生的人文科学水平，是提升社会整体文化素质的重要途径。

（三）发挥新媒体环境下的家庭教育作用

新媒体的发展为家庭在思政课中的作用发挥提供了新的机遇，但家庭在新媒体的运用和管理上依然存在显著不足。为提升家庭利用新媒体进行教育的效果，协调家庭、学校和社会的教育力量，必须加强新媒体知识在家长中的普及。要充分发挥新媒体在家庭教育中的作用，首先需要提升家长的新媒体素养。家长不仅要了解新媒体的基本操作，还应掌握其应用特点和潜在风险。通过系统的培训和学习，家长可以更好地理解新媒体在现代社会中的作用，以及如何通过新媒体平台与学生进行有效的沟通和交流。

在家庭教育中，家长应积极利用新媒体平台与学校建立定期沟通机制。通过新媒体平台，家长可以及时了解学校的教育动态、学生的学习情况和思想动态。家长与学校之间进行有效地沟通，可以实现信息的快速传递和反馈，使家长能够更好地配合学校的教育工作，从而形成家庭与学校的教育合力。新媒体平台的应用，不仅可以拓宽家长与学校的交流渠道，还可以提高家庭教育的针对性和实效性。

新媒体还为家庭教育提供了丰富的教育资源。家长可以通过新媒体平台获取各种思政教育的资料、信息和工具，提升自身的教育水平。在新媒体环境下，家长可以根据学生的兴趣和需求，选择适合的教育内容和方法，以实施个性化的教育。这种个性化的教育方式不仅可以增强学生的学习兴趣，还可以促进学生的全面发展。在家庭教育中，家长应注重培养学生的新媒体素养。学生在新媒体环境中成长，容易受到各种信息的影响，家长应通过新媒体素养教育，引导学生正确使用新媒体，增强其信息辨别能力和自主学习能力。通过此类教育，学生不仅能够掌握新媒体的使用技能，还能够形成良好的新媒体行为习惯，进而提高其道德自律能力和社会责任感。

在新媒体环境下，家庭教育还应注重与社会教育的协调和合作。家长可以通过新媒体平台，与社会各界建立联系，并参与各种社会实践活动，拓宽学生的视野和社会经验。新媒体平台的开放性和互动性使得家庭教育不再局限于家庭内部，而是能够与社会教育相互融合，形成全方位、多层次的教育体系。为确保新媒体在家庭教育中的有效应用，学校和社会应加强对家长的新媒体教育支持。学校可以通过家长会、讲座、培训班等形式，向家长普及新媒体知识，提供新媒体教育指导。同时，社会各界也应通过媒体宣传、社区活动等途径，提升家长的新媒体素养，推动新媒体教育的普及和发展。

（四）发挥学生自我教育的主体作用

在新媒体环境下，充分发挥学生自我教育的主体作用，对思政教育具有重要意义。思政教育实效性较低的根源在于其忽视了学生的主体性，而新媒体环境的开放性、互动性、虚拟性和隐蔽性为思政教育提供了新的契机，因此，教育者应注重发挥学生的主体作用，使其在思政教育过程中表现出选择自主性、参与主动性、自发创造性和目标自控性。

尊重学生的主体地位是新媒体环境下思政教育的首要任务。教育应着力培养学生的自我决定能力，唤醒学生的内在力量，使其在未来各种复杂局势中能够自主做出有意义的选择。因此，教育者应摒弃传统的以教师为中心的教育观念，建立平等、互动的师生关系，并运用新媒体的交互性和主体平等性特征，加强师生间的交流与互动，将以往被动灌输的学习方式转变为学生主动学习，进而提升思政教育的实效性。

增强学生的主体意识是发挥其主体作用的重要前提。自我意识是指对自我存在的认识，包括对自身认识活动和实践活动的评估。强化学生的自我意识能够增强其在新媒体中的自知、自控和自主能力，从而影响其主体性的发挥水平。新媒体思政教育应致力于唤起和提高学生的自我意识，使学生认识到自我教育的权利和义务，并勇于承担责任，正确认识个人与社会、个体与群体、自身与他人之间的关系。这种认识不仅能够肯定他人的主体性，也能使自身的主体性发挥始终有利于增强集体的主体性，进而推动社会的发展。

在新媒体环境下，充分发挥学生的主动性和创造性是提升思政教育效果的关键。新媒体为学生提供了自由表达意见和选择交流对象的平台，使学生在教育过程中感受到尊重与重视。因此，教育者应充分利用新媒体的特性，尊重学生的主体性，使其成为学习和选择的主体。同时，新媒体思政课教育也应通过丰富多样的教育形式和内容，激发学生的学习兴趣和创造力，使学生在参与教育活动的过程中主动探索和发现，从而提升思政课的效果。

第五章 人工智能技术赋能高校思政课教学精准化

人工智能技术的应用已成为教育领域创新的关键因素之一，尤其是在思政课教学中，其潜力不容忽视。传统思政课的教学模式面临着学生需求多元化、教学效果难以精准评估等困境，人工智能技术的引入为解决这些问题提供了新的可能，通过数据分析、个性化学习路径的设计以及智能化教学工具的辅助，思政课教学的精准化得以真正实现。本章将探讨人工智能技术促进高校思政课教学体系的转化，分析其内在机理与技术理路，并提出具体的实践路径，以期为思政课的精准化教学提供新的视角和解决方案。

第一节 人工智能技术对高校思政课教学体系的转化

高校思政课是落实立德树人根本任务的关键课程，也是培养社会主义合格建设者和可靠接班人的重要载体。在人工智能时代，科学地审视人工智能技术融入高校思政课的作用，并寻求人工智能技术嵌入高校思政课教学的实践路径，有利于大力提高思政课教学的实效性。高校思政课应以积极的态度、创新的精神，主动适应人工智能时代对思政课教学提出的各项新要求。

在人工智能时代的全新背景下，面对新技术给高校思政课教学带来的新情况、新问题，高校需要对思政课教学工作进行全方位转化，以适应人工智能时代高校思政课的新要求。

一、人工智能对高校思政课教学理念的转化

教育理念作为一种理论体系，深刻反映了人类社会对教育目标与途径的追求，是建立在教育规律的基础之上的。科学的教育理念不仅具有"远见卓识"，能够精准把握教育的本质，还能够切实反映时代发展特征和社会需求，具有重要的指导意义。在人工智能技术迅速发展的当今时代，高校思政课教

学理念的转化已显得尤为迫切。作为教学改革的重要推动力和先导力量，人工智能的引入为思政课教学理念的更新和转型提供了新的契机。其主要体现在以下四个方面。

（一）个性化学习与差异化教学

在传统教学模式下，思政课往往采用"一刀切"的教学方法，难以有效满足不同学生的个性化学习需求。然而，人工智能通过深度学习和数据分析技术，能够精准捕捉学生的学习行为、兴趣偏好及学习成绩等多维度数据，进而为每个学生量身定制个性化的学习方案。通过 AI 技术的反馈机制，教师能够实时获取学生的学习状态、掌握程度及思想动态，从而根据不同学生的需求及时调整教学策略。个性化教学不仅能够提高学生的学习效果，还能够增强其思政教育的针对性和实效性，从而更好地满足多样化的思想需求，促进学生在思政课中获得深刻的价值认同和思考。

（二）互动性与自主学习

人工智能技术为学生与学习资源之间的互动提供了前所未有的便利条件。借助智能学习平台和虚拟教学环境，学生可以自主选择学习内容和学习进度，并进行深度思考与探索，形成主动学习的良性循环。在思政课程中，AI 能够提供丰富的多媒体教学资源，搭建虚拟实践平台，鼓励学生积极参与讨论、发表见解，从而有效提升学生的学习主动性和参与感。这种转变有效地摒弃了传统的"灌输式"教学模式，使得思政课教学由"教师讲授、学生被动接受"逐渐转向"师生互动、共同探索"的新型教学模式，促进了学生批判性思维与自主学习能力的提升。

（三）数据驱动的教学决策

在传统的思政课教学过程中，教师通常依赖于课堂观察和学生反馈来调整教学进度和方法，这一过程往往具有一定的主观性和局限性。人工智能的引入使得思政课教学决策更加科学、精准。AI 通过大数据分析技术，能够全面收集和分析学生的学习行为、情感状态、互动情况等多维度数据，实时反馈学生的学习进展、存在问题及情感波动等详细信息。这为教师提供了精准的教学决策依据，帮助教师根据学生的动态表现及时调整教学策略、重点内容及教学方法，实现教学过程的个性化、智能化与精准化。通过这种数据驱动的教学模式，教师可以在更短的时间内识别出学生在思政课学习中遇到的困惑与"瓶颈"，从而有针对性地为其提供帮助与支持。

（四）协同教学理念的推广

人工智能的应用不仅促进了传统学科教学模式的变革，还推动了跨学科、跨领域的协同教学模式的出现。通过 AI 技术辅助，思政教师能够与其他学科的教师进行更加紧密的合作，推动多学科的有机融合与协同教学。这种跨学科的教学合作不仅能够增强思政课与其他学科的学术关联性，也能够拓宽学生的思维视野，使其在更广阔的知识领域中理解和认同思政教育的核心价值。此外，人工智能还能够帮助教师实现教学内容的深度整合与资源共享，为学生提供更加丰富和多样的学习材料和互动平台，进一步提升思政教育的效果和覆盖面。

二、人工智能对高校思政课教学载体的转化

（一）智能图书馆

在人工智能迅猛发展的时代背景下，大学生群体面临着信息过载与阅读碎片化的重大挑战，这一现象显著阻碍了其知识体系构建的系统性与思维深度的拓展。经典阅读作为应对此类问题的有效策略，不仅能够提升认知的深度与广度，还能在价值观塑造、注意力集中及思维定力培养等方面发挥关键作用，从而有效规避"认知浅显化""思维从众化""注意力分散"及"价值观迷茫"等困境。鉴于此，高等教育体系中的思政教育被赋予了更为重大的社会责任，需通过教学理念的创新、教学方法的多元化、教育体系的完善以及配套资源的优化构建一套长效引导机制，积极倡导并促进大学生回归经典阅读。

高校图书馆，作为学术资源的汇聚地与文化传播的桥头堡，其角色在智能化转型中愈发突显。尽管传统图书馆在资源覆盖与访问便捷性上受到一定的限制，但智能图书馆的兴起正在逐步克服这些障碍。依托物联网、云计算等先进技术，智能图书馆不仅实现了馆藏资源的极大丰富与类型的多样化，还通过个性化阅读推荐、智能检索系统等手段，极大地提升了用户体验，使"沉浸式"阅读成为可能，有效激发了大学生的阅读热情与深度探索的意愿。

具体而言，智能图书馆引入自助服务系统，可以简化借阅流程，大学生

能够在开放的环境中迅速定位并获取所需经典文献，这一过程不仅高效且充满乐趣。同时，引入智能感应书架，通过直观的光影指示，进一步降低了查找难度，增强了阅读体验。此外，安全门禁与自助还书设备的智能化升级以及RFID多功能馆员工作站的配置，不仅大幅提升了图书馆运营效率，也减轻了馆员工作负担，使他们有更多的时间投入阅读指导与咨询服务中，从而多维度地促进了经典阅读的推广与深化，为思政教育开辟了更为广阔的实践空间。

（二）红色网站

在人工智能技术的赋能下，高校思政教育正经历着深刻的变革，其中，高校网络平台尤其是"红色网站"的构建与优化，已然成为推动思政教育创新与发展的核心路径。这一趋势不仅顺应了思政教育内容与形式不断升级的需求，更是新时代背景下强化大学生意识形态引领、弘扬红色文化的关键举措。

第一，针对"红色网站"内容的丰富性与呈现形式的创新，高校应积极探索多媒体技术的深度融合。通过视频、音频、图文互动等多元化的媒介手段，打破传统文字叙事的单一性，使得红色文化以更加生动、直观、灵活的方式触达学生心灵。这需要高校网站技术团队与思政教育队伍紧密协作，共同挖掘并整合优质教育资源，同时还要注重内容的时效性与贴近性，确保网站内容能够贴近大学生生活实际，激发其学习兴趣与情感共鸣，从而有效提升思政教育的吸引力和感染力。

第二，增强"红色网站"的互动性是提升其影响力与实效性的重要途径。在人工智能技术的支持下，高校应构建更加开放、包容的在线交流环境，鼓励大学生积极参与网站讨论、分享心得、提出疑问。这种双向乃至多向的互动机制，不仅能够促使教育者及时了解并回应学生的思想动态与困惑，还能促进学生之间的思想碰撞与情感交流，形成积极向上的网络文化生态，进一步巩固思政教育的阵地。

第三，高校"红色网站"应致力于打造一个集教育引导、心理支持、学习辅助、情感交流等多功能于一体的综合服务平台。这要求网站设计不仅要注重思政教育内容的传播，还要充分考虑大学生的全面发展需求，提供个性化的学习资源和心理健康服务。通过设立心理咨询专栏、开通在线辅导通道、组织线上学习社群等多样化的方式，为大学生营造一个温馨、关怀的成长环境，使"红色网站"成为大学生成长道路上的坚实后盾，从而有力地推动思政教育目标的实现。

（三）智能手机软件

在人工智能技术日新月异的时代背景下，智能手机作为新兴的移动数字媒介平台，凭借其无与伦比的便捷性，展现出整合并超越传统媒介的显著优势。鉴于这一趋势，高校思政教育工作的革新与拓展变得势在必行，需将思政教育深度融合于大学生的日常学习生活之中，实现教育场景的无缝对接与即时互动。具体而言，高校应积极拥抱技术变革，利用智能手机的智能软件功能，构建微信公众平台作为思政教育的新阵地。

通过精心策划与广泛宣传，该平台不仅能够显著提升大学生的关注度与参与度，还能够成为思政教育信息高效传播的桥梁。高校应指派专人团队，负责每日筛选、整理并推送兼具时效性与深度的思政教育内容，确保学生群体能够第一时间获取到最新的思政资讯与理论成果。在此基础上，还可通过创新信息呈现方式，如运用创意标题、生动图文乃至短视频等多媒体手段，增强内容的吸引力与趣味性，从而激发大学生的学习兴趣与探索欲，促进思政知识的内化吸收。

此举不仅能够有效拓宽大学生的视野，引导他们更加主动地关注国家时政，增强社会责任感与使命感，同时也能够大力推动高校思政教育工作者转变教育理念，从传统的灌输式教学向更加灵活、互动的教育模式转变。在这一过程中，思政教育不再是单纯的知识传授过程，而是成了一种潜移默化的思想引领与价值塑造过程，有助于在更深层次上提升思政教育的实效性，培养出既有深厚爱国情怀又具备国际视野的新时代大学生。

（四）智慧共享虚拟社区平台

随着人工智能技术的蓬勃发展与深度融合，智慧共享虚拟社区平台在数字时代蔚然成风，其对当代大学生的吸引力是在持续增强，已悄然成为其日常生活与学习的重要组成部分。这一现象不仅映射出信息时代下大学生群体社交与获取信息方式的深刻变革，也为高校思政教育创新提供了前所未有的良好机遇。高校作为立德树人的主阵地，应敏锐洞察这一趋势，积极拥抱并充分利用虚拟社区平台这一新兴载体，以更加灵活、高效的方式推进高校思政教育的深入改革。

具体而言，高校可借助虚拟社区平台的市场化运作机制，虽不将其直接视为传统意义上的教室，但能够巧妙地将其作为思政教育内容的传播与互动桥梁。通过精心策划与设计，将思政教育融入平台活动、话题讨论、在线课程等多元化形式，从而实现思政教育内容的广泛覆盖与深度渗透。这不仅能够突破时空限制，使思政教育更加贴近学生生活实际，还能有效地激发学生的参与热情与主动学习的动力，促进思政教育由单向灌输向双向互动、由被动接受向主动探索转变。

在此过程中，高校教师应不断地提升自身的信息素养与媒介素养，学会在虚拟社区环境中有效地发声，引导学生树立正确的价值观、世界观与人生观。同时，还应注重内容的创新性与针对性，结合时代特征与学生实际需求，打造一批既具有思想性又富有吸引力的思政教育产品，以高质量的内容供给满足学生多样化的学习需求，从而在潜移默化中增强思政教育的实效性与感染力。

（五）大学生思政教育信息资源库

在高等教育领域，随着信息化技术的蓬勃发展与广泛应用，高校在人工智能环境的赋能下，驾驭构建大学生思政教育新载体的技术能力日益增强。面对这一趋势，高校应积极响应时代号召，依托自身办学特色与资源条件，充分利用校内服务器的强大支撑，精心打造专项化的大学生思政教育信息资源库。这一举措不仅标志着思政教育资源数字化、网络化的重要进展，更是提升教育现代化水平的关键环节。

具体而言，构建大学生思政教育信息资源库，旨在实现思政教育内容的系统化整合与高效管理。通过科学分类与编码，将丰富多样的思政教育素材、经典案例、时事热点等资源集中存储于云端，为大学生提供了一个便捷、开放的学习平台。此平台鼓励并支持大学生开展思政课程的自主学习与深度探索，促进了其学习方式的多元化与个性化，有效增强了其学习的趣味性和实效性。

同时，大学生思政教育信息资源库的建立，也为教师群体带来了前所未有的教学便利与决策支持。通过对学生学习数据的实时分析与详细反馈，教师能够更精准地把握学生的思想动态与成长需求，从而在教学设计上做到有的放矢，真正实现思政教育内容的精准推送与动态调整。这种基于数据的决策机制，极大地提升了思政教育的针对性和有效性，有助于构建更加和谐、高效的师生互动关系。

第二节　人工智能赋能思政课教学精准化的内在机理

一、人工智能赋能思政课教学精准化的方向

在人工智能时代的大背景下，思政课教学正迎来前所未有的变革，人工智能通过承担教师手中重复性、机械性的任务，可以使教师有更多的时间关注学生的学习体验，同时，人工智能还能以更智能、快速且个性化的方式推动教育创新[①]。在精准化教学的方向上，人工智能为其提供了强大的技术支持和理论基础。通过精准化的思政教学，不仅能够提升教学效果，还能更好地响应新时代学生多元化、个性化的发展需求，从而推动思政课程的内涵式发展。

人工智能的深度学习与数据分析能力，为思政课教学方式的精准化转型奠定了良好基础。借助人工智能强大的数据处理能力，可以实时跟踪分析学生在课堂内外的行为，通过大数据挖掘出学生在认知、情感、价值观等方面的个性特点与需求。这种基于数据的分析不仅能够揭示出每一个学生的个性化特点，还能够发现群体中普遍存在的共性问题。通过这些数据支持，教师可以在教学设计中更具针对性地调整教学策略，精准实施符合学生认知水平与心理需求的教学内容与方法。人工智能技术的深度介入使得思政课不再局限于传统的"一刀切"模式，而是能够根据每个学生的具体情况，实施灵活多样的教学手段，从而真正地实现精准教学。

人工智能赋能思政课体现在教学形式上的多样化转向。虚拟现实、增强现实和混合现实技术的有机融入，为思政课提供了沉浸式、互动式的学习体验，极大地拓展了教学的边界。通过这些技术手段，学生不再仅仅局限于课本和教室的学习环境，而是能够跨越物理空间的限制，参与到更加丰富和生动的实践场景中。例如，借助 VR 技术，学生可以在虚拟的历史场景中亲身经历重要的历史事件，从而增强思政教育的感染力和代入感。增强现实技术则能够将课堂内容与现实生活紧密结合，学生能够在真实世界中直观地体验

[①] 胡颖. 人工智能在教育中的应用模式、风险及实践路径[J]. 科教文汇, 2024 (15): 26-29.

到思政教育的价值与意义。沉浸式的学习方式能够激发学生的学习兴趣，提高他们的参与度和思维深度，推动思政课教学向更加生动、具体和实践化的方向发展。

人工智能的应用还可以在思政课的教学评价上实现精准定位。随着人工智能技术的日益发展，过程性数据的采集与分析变得更加高效和准确。教师能够实时获取学生的学习状态、情感反馈以及对知识的掌握情况，这为个性化、过程性评价提供了坚实的基础。通过构建人工智能模型，能够对学生的学习过程进行动态监控和分析，精准识别出学生在学习过程中存在的各种问题，可便于教师及时调整教学策略。同时，深度神经网络（DNN）与长短期记忆网络（LSTM）的优势也可以帮助教师构建更加个性化、针对性强的评价体系，并根据学生的认知发展与心理成长，设计出符合其实际成长需求的评价标准。这种精准的评价方式不仅能够帮助教师更好地了解学生的学习效果，还能够为学生提供更具针对性的反馈，帮助他们在思政教育过程中不断提升自我认知和价值观水平。

二、人工智能赋能思政课教学精准化的实践导向

随着中国特色社会主义进入新时代，高质量发展的需求日益凸显，技能型社会的构建成为时代发展的必然趋势。在此背景下，经济发展与教育改革相互结合，旨在培养既具备专业技能又具备高尚道德品质和工匠精神的新型人才。技能型社会强调技能的掌握与实践的结合，而思政教育的核心任务则是培养学生的思政素质。二者相辅相成，但也面临着如何在新时代社会实践中相互适应和有效融合的重大挑战。人工智能作为技术发展的前沿力量，为思政课程教学精准化提供了新的契机和路径。

在当前的社会发展过程中，技能型人才的培养已成为一项重要任务。技能型社会的概念强调不仅仅是技术操作能力的提升，更重要的是在技能培养过程中，学生能够树立正确的价值观、社会责任感以及工匠精神。这一转变要求教育体系，特别是职业院校在培养学生技术能力的同时，还要加强思政教育，确保学生在掌握专业技能的同时，不断增强自己的思想意识和道德素质。然而，传统的思政课程在面对技能型社会变革时，面临着与社会需求脱节的一系列问题，尤其是在学生思想意识和价值取向多元化发展的背景下，传统思政教育未能有效应对这一变化。因此，如何解决技能型社会背景下的思政教育需求已成为亟待解决的课题。思政课必须紧跟社会实践的变化，调

整教育内容和方法，以适应新时代技能型社会对人才的多维需求。这就要求我们在思政课的教学设计和实施过程中，融入更加精准的教学方法，以更好地满足学生多样化的思政教育需求。

在数字化智能化转型的背景下，信息的获取与交互方式发生了巨大变化。人工智能技术，尤其是大数据、机器学习和自然语言处理技术的广泛应用，为思政课程教学提供了前所未有的可能性。AI能够精准分析学生的学习状态、兴趣点以及情感变化，从而为教师提供实时反馈，优化教学策略，不断提升课堂的互动性与针对性。例如，AI可以根据学生的历史学习记录和课堂表现，推送个性化的学习内容，帮助学生更好地理解和内化社会主义核心价值观，进一步提升思政课的吸引力和实效性。同时，人工智能还能够在教学过程中加强对学生主体性和创造性的引导。在传统的思政教学中，由于教学内容过于单一，往往难以激发学生主动思考和参与课堂学习，而AI的介入能够通过互动式学习平台、虚拟模拟场景等方式，激发学生的学习兴趣和自主探究精神。这种智能化的教学方式不仅能够满足学生个性化需求，还能够通过多元化的教学手段增强学生的实践能力和道德判断力，从而有效地促进思政教育的精准化发展。

三、人工智能赋能思政课教学精准化的价值观

思政课作为培养学生思政素质、塑造人格品性、培育社会主义核心价值观的关键环节，一直肩负着传递社会主义核心价值观、塑造学生道德规范、促进全面发展的重任。在此背景下，人工智能的赋能能够为思政课教学的精准化与个性化提供全新的路径与可能，进而突破传统教学模式的局限，推动思政教育更好地服务于学生的全面发展。

人工智能在思政课教学中的应用，需始终坚守教育的本质，即"以人为本"。教育的核心目标是促进学生的全面发展，特别是在思政素养和道德品行方面的培养。无论是借助人工智能技术优化教学内容，还是通过智能化的教学方法提高学生学习的主动性与参与度，最终目标都应指向学生的个性化成长与综合素质提升。人工智能的运用并非单纯地赋予教学"智慧"外衣，而是通过人机协同作用，帮助教师在教学过程中精准地分析学生需求、优化教学策略，并在此基础上创造出一种既符合学生发展需求，又富有文化价值和时代气息的全新教学范式。

人工智能赋能思政课教学，不仅体现在技术手段的应用上，更重要的是为教师与学生之间的互动提供了新维度。

对于教师而言，人工智能能够通过虚拟仿真技术等先进工具，辅助教师根据学生的学习情况、认知特征以及思政教育的核心目标，灵活选择教学方法、教学场域以及教育内容。这种高度个性化的教学设计，能够帮助教师不断调整和优化自己的教学策略，提升课堂教学的质量和效果。具体而言，教师可以通过智能化工具获取学生的学习数据和反馈，从而更好地掌握教学进度与效果，精准把握教学难点与重点，并及时地对学生的学习进行针对性辅导。

对于学生而言，人工智能的精准分析功能赋予了学生更多自主学习的机会。通过智慧课堂平台，学生能够根据自身的学习进度、兴趣偏好以及个体差异，科学地选择合适的学习资源，形成自主学习的良性循环。人工智能能够实时反馈学生的学习状态，帮助学生发现学习中存在的薄弱环节，并推荐相应的教学内容和辅助资源，从而激发学生的学习兴趣与自主学习能力。此外，人工智能还能帮助学生实现从被动学习向主动学习的转变，培养他们的适应性和创造性思维，促进其综合素质的全面提升。

更为重要的是，人工智能在思政课教学中的精准化应用，可以有效促进思政教育内容和形式的创新，突破传统教学模式的固有局限。传统的思政课教学模式往往侧重于教师的单向讲授和学生的被动接受，这种教学模式可能导致学生的学习兴趣下降，学习效果也难以达到最佳。而人工智能的引入，能够使思政课教学呈现出更多元的互动形式，如通过智能互动平台，学生可以随时提问，教师可以根据学生的反馈进行即时地调整，让课堂气氛更加生动活泼，学生的参与度和思维深度也可得到显著提升。

人工智能赋能思政课教学的价值就在于它能够帮助思政课教学实现更高层次的教育目标——即全面促进学生的主体性发展、创造力提升以及道德规范的传递。在人工智能的辅助下，思政课的教学不再是单一的信息传递，而是一种互动性强、个性化突出、价值观引领明确的教育实践。通过人工智能的精准化赋能，学生不仅能够更好地掌握知识，更能够在自主学习中形成独立思考能力和价值判断力，进而推动思政教育的现代化转型，为新时代的社会主义建设培养更多具有创新精神与社会责任感的新型人才。

第三节 人工智能赋能思政课教学精准化的技术理路

一、人工智能赋能思政课精准把握学生的技术理路

在思政课教学中，精准把握学生的思想动态和个性特征是提高教学效果、实现思政教育目标的核心要求。人工智能作为一项前沿技术，其强大的数据分析和处理能力为思政课教学创新提供了新的路径。通过人工智能的赋能，思政课便能够精准捕捉学生的认知特点、情感状态及思想发展，进而为个性化教育和精细化教学提供强大的技术支撑。

（一）精准把握学生画像

学生画像的构建是人工智能在思政课教学中应用的重要方面。人工智能通过大数据技术，可以深入挖掘学生在课堂内外的行为数据、学习轨迹、情感变化等多维信息。借助深度学习和自然语言处理等智能技术，全面收集学生的数字足迹，并整合各类数据，生成具有时效性和动态性的学生画像。这些画像不仅反映学生的学习成绩、兴趣爱好、行为习惯，还能精准捕捉学生的思想情感变化、社会认知倾向等深层次的个性化特征。

思政课教师可以依托人工智能提供的精准数据，对学生进行个性化的思政教育。通过对学生画像的全面分析，教师能够更好地把握每个学生的认知结构与心理状态，进而设计出更具针对性和实效性的教学方案。此种精准把握不仅仅局限于学生在课堂中的表现，更拓展至课外活动、社会实践等方面的数据监测，使得教师可以全方位了解学生的思想动态，及时调整教学策略，实现教学与学生个性化发展的高度契合。

（二）为学生提供沉浸式体验

人工智能与虚拟现实、增强现实及混合现实等技术的深度融合，打破了传统教学模式的时空的限制，为思政课的创新教学提供了新的可能性。通过人工智能技术，思政课能够创建身临其境的虚拟场景，让学生在沉浸式的虚拟世界中体验、互动和反思，进而提升其思政教育的有效性和深刻性。

虚拟现实技术的应用，使得思政课教学能够突破传统课堂的限制，模拟

历史事件、社会场景甚至未来情境，为学生提供一个多维度、多感官的学习空间。在这个空间中，学生不仅能够身临其境地感受历史的沧桑变迁，还能够在虚拟与现实的交织中体验到道德选择、价值判断等一系列复杂的思政课题。人工智能技术通过实时数据分析，可以捕捉学生在这些虚拟场景中的行为反应与情感变化，为教师提供反馈信息，帮助教师进一步调整教学内容与策略，从而达到精准教育的效果。这种沉浸式学习体验为学生的思想启迪提供了更加丰富和多元的路径。它不仅让学生在虚拟的情境中进行自我教育和自我反思，还能够通过与虚拟人物、情境的互动交流，培养学生的社会责任感、历史使命感和价值判断能力。这种教学方式的特点是学生主体性的充分彰显，在虚拟世界中，学生不再是单纯的知识接收者，而是教学过程中主动参与的"主演"，教师则更多充当"导演"的角色，科学引导学生在虚拟空间中自由探索、发现和思考。

二、人工智能赋能思政课教学环境优化的技术理路

发挥人工智能技术优势，以微场景支撑思政课宏大叙事，以精神文化环境提升思政课软实力，以隐形环境协同发挥思政课功能，以沉浸式场景贯通现实世界与虚拟世界。

（一）以微场景支撑思政课宏大叙事

思政课教学内容涵盖的理论宏大且深刻，如何真正让这些抽象的理论知识与学生的具体经验和情感产生共鸣，形成思想上的碰撞和心灵上的共振，是当前思政课教学面临的一大挑战。人工智能通过技术手段，能够为思政课创造出微场景，从而将宏大的思想理论落地、具体化，进而增强学生的体验感和参与感，提升思政课的教学效果。

微场景是一个小型、局部的环境，能够在特定的情境下展示理论知识的应用。人工智能技术的优势在于其具备强大的模拟、还原和渲染能力，可以精准地再现或创造出符合教学目标的情境，从而使学生在特定的、具备情感的微场景中进行思想认知和情感体验。例如，教授"社会主义核心价值观"这一课题时，如何将抽象的理论转化为学生易于接受和感知的实践内容，是教学中的一大难点。人工智能可以通过设计多个关键词的微场景，模拟出不同的现实情境，将社会主义核心价值观中的冲突与矛盾展现出来，让学生在思考、选择和实践中更加深入地理解这些价值观。

人工智能可以通过设计不同的微场景来引导学生从理论转化到实践。例如，可以利用人工智能设置"思政课+剧场"的微场景，让学生亲身参与到经典剧目的演绎中，或者参与原创文艺作品的创作与表演，从中更好地理解和践行社会主义核心价值观。通过这种情景模拟，学生不仅能够在情感上产生共鸣，还能够在认知上深化对社会主义核心价值观的理解，进而做到知行合一。

此外，人工智能还能够再现真实的历史或社会事件场景。例如，通过虚拟现实技术，学生可以"穿越"到历史事件的现场，亲身感受历史中的价值观冲突，理解主流价值观念的形成与发展。在这种沉浸式的学习体验中，学生能够更加深刻地感知和认同正确的价值观，从而更好地指导自己的行为。通过这些微场景的构建，人工智能使得思政课的宏大叙事更加贴近学生的实际生活和情感体验，使抽象的理论变得具体、可感，从而激发学生的思考和行动，达到思政教育的最终目标。

（二）以精神文化环境提升思政课软实力

在思政课教学的优化过程中，物质文化环境和制度文化环境为基础保障，而精神文化环境则成为思政课的灵魂。物质文化和制度文化如同"硬环境"，它们为思政课教学的顺利进行提供了基本条件；而精神文化环境作为"软环境"，通过更细致的精神层面的建设，增强思政课的思想力量与教育影响力。这两者相互支撑，共同构建起思政课教学的环境体系，其中，软环境在凝聚思想共识、激励学生学习动力、增强教学感染力等方面起到了至关重要的作用。

人工智能技术凭借其在信息处理和智能分析方面的独特优势，能够有效地提升思政课软环境的建设，为师生提供更加个性化与互动性强的教学体验。通过人工智能技术，思政课的教学不仅能够更加符合现代学生的学习习惯，还能够营造一个富有温度、富有感染力的精神文化环境。

人工智能技术通过实现教学终端与学习终端的多端融合，着力推动教学内容的智能化推送，为师生之间的信息互动提供了更多可能。例如，通过"点一点""扫一扫"等一系列简单操作，师生可以迅速获取优质的学习资源和思政教育内容。这种智能推送的方式，能够凝聚师生思想观念上的共识，强化师生之间在价值观、世界观等方面的认同，从而在潜移默化中促进其共同价值观的形成。

人工智能能够帮助教师和学生共同参与到精神文化活动中，进一步提升师生的思想共识与文化素养。以线上诗词大会或朗读者活动为例，这类活动通过人工智能的助力，可以突破时间和空间的限制，让师生在共同参与的过程中感受文学艺术的独特魅力，增强文化认同感。在这种互动中，师生不仅能够在文化领域建立联系，培养兴趣，还能在精神文化的共同体中寻找归属感，从而提升自身的文化素养和精神层次。

人工智能的应用还可以帮助创设以学生为主体的文化活动。这类活动通过智能化工具的支持，可以定制化学生的参与方式，激发学生的内在动力。例如，基于人工智能的虚拟现实技术或互动平台，可以为学生提供更加身临其境的文化体验，促进他们主动探索、思考和参与。这种由学生主导的文化活动，不仅能增强学生的主体性，还能够通过深度参与激发他们对思政课的兴趣和对个人精神世界的探索。

人工智能能够在教学中创造出具有"温度"的氛围。通过智能化教学平台和社交互动工具，教师可以根据学生的需求与情感变化，及时调整教学节奏与内容，增强教学的个性化和亲和力。这种情感与理性相结合的教学模式，能够有效提升思政课的感染力，吸引学生的关注和参与，让思政课真正成为学生精神世界中的一部分。

（三）以隐性环境协同发挥思政课功能

传统的思政教学虽然强调显性教育与隐性教育的科学结合，但随着信息化时代的到来，如何利用现代技术尤其是人工智能来优化教学环境，提升教育效果已成为当前思政课改革创新的重要议题。在这一过程中，人工智能不仅为显性教育提供了多样化的呈现方式，也为隐性教育的渗透与融入提供了强有力的支持，从而构建了一种全新的教学模式和教学环境。

1. 人工智能创建课程思政新的教学场景

传统的思政课教学方式往往依赖于教师讲授与学生的学习互动，教学内容也以理论讲解为主，难以激发学生的主动思考与情感共鸣。随着人工智能技术创新性引入，思政课的教学场景得到了显著的创新与提升。通过人工智能技术，可以创造出更加生动、互动和沉浸式的教学环境，让学生在真实、动态的情境中感受到思政教育的深刻内涵。

例如，在讲解碳达峰、碳中和等环保主题时，人工智能能够制作出精美的动画视频，生动呈现碳排放与气候变化之间的关系，以及这些变化如何影响人类的生存环境。通过智能化的场景演示，学生不仅可以直观地了解碳排放的实际后果，还能将环境保护、可持续发展等与国家"双碳"政策的理念相结合，从而有效激发学生的环保意识和责任感。通过这种教学方式，思政课不仅仅是理论的灌输，更是情感和思想的潜移默化，让学生在不知不觉中接受思政教育的影响，逐步形成绿色低碳的生活方式。

2. 人工智能创新社会实践场景

社会实践是思政课教学中不可或缺的一部分，它通过将理论与实践相结合，使学生能够更好地理解和体会思政课的核心价值。然而，传统的社会实践往往受限于资源、时间和空间等多方面因素，导致学生在实践过程中难以全面了解实践项目的背景、目标与细节。人工智能的应用则为这一问题提供了全新的解决方案。

通过人工智能技术，社会实践活动可以被全景式呈现。学生不仅可以通过虚拟现实或增强现实技术身临其境地体验到不同的实践场景，还能够在智能系统的引导下，全面掌握实践活动的各个环节与关键细节。无论是社会调研、志愿服务，还是实地考察，人工智能技术都可以为学生提供精准的背景分析、实时的动态监控以及未来发展的趋势预测等服务。通过智能化的辅助，学生对实践活动的理解和思考更加深入，能够从多个角度评估和反思实践的意义，从而增强对社会实践的认同感和责任感。

3. 人工智能营造德智体美劳五育并举的教学场景

思政教育不仅仅局限于思想道德的培养，它还关注学生德、智、体、美、劳各方面的全面发展。人工智能可以在这一过程中发挥重要作用，特别是在将思政元素融入专业课程的教学方面，能打破思政教育与专业知识传授的割裂状态，而是有机融合在一起，从而形成一种全方位、多层次的教育体系。

通过人工智能技术，可以精准挖掘专业课程中的思政元素，并将其融入具体的知识点教学中。例如，在教授医学、工程、文学等专业课程时，人工智能可以通过分析课程内容，帮助教师精准识别出其中蕴含的思政价值，引导学生在学习专业知识的同时，培养其社会责任感和历史使命感。通过这种方式，人工智能不仅推动了学科之间的融合，更通过技术手段实现了思政教育在各个学科中的渗透，使学生在不知不觉中完成了德、智、体、美、劳五育并举的教育过程。

三、人工智能赋能思政课教学科学评价的技术理路

（一）人工智能赋能思政课教学结果的数字化评价

人工智能赋能思政课教学的数字化评价，不仅是技术手段的革新，更是对传统教学评价方式的深刻变革，其极大地提高了评价的准确性和即时性。

人工智能通过数据抓取与挖掘技术，能够实现课堂教学过程的全程数字化跟踪和评估。在传统思政课教学中，教师通常依赖于课堂互动和学生的课后作业来进行主观性的评价，这种评价方式容易受到时间、环境、教师主观判断等因素的影响，导致评价结果存在一定的偏差。而在人工智能的助力下，课堂中的每一细节都可以被数字化捕捉，成为客观、量化的数据。例如，通过教室内安装的摄像头、眼动仪等设备，不仅能够实时记录学生的课堂参与情况，还能通过面部识别技术识别学生的表情和情绪波动，从而辅助判断学生的情感态度和课堂投入度。语音识别技术则可以对课堂讨论、问答环节中的学生发言进行精准记录，为后续的分析提供详细的互动数据。

人工智能能够对思政课教学活动进行更细致的数字化呈现。在传统教学中，学生的学习进度、互动频率、考试成绩等数据往往难以整合呈现，甚至存在数据丢失或信息不对称的问题。而借助智能化的教学平台，如教学网站、APP或微信小程序等，思政教学过程中的各类数据便可以通过系统进行实时采集并自动生成报告。比如，学生的签到情况、答题参与度、讨论频次等行为都能够通过数字化手段清晰地反映出来。这种数字化评价方式不仅避免了人工统计和分析的误差，也能够为教师提供更加全面、细致的信息反馈。

人工智能还可以结合智能可穿戴设备对学生的生理和心理状态进行实时监控。这些设备能够监测学生的注意力水平、情绪波动以及学习过程中的疲劳状况，通过数据化的方式帮助教师了解学生的状态，及时调整教学策略。例如，教师可以根据学生在课堂中的专注度数据，判断是否需要调整教学节奏或采取更具吸引力的教学方法。与此同时，学生的心理情绪数据也能有效帮助教师更好地把握课堂气氛，避免出现学生情绪低落或焦虑等情况，进而提升教学效果。

通过技术手段的应用，人工智能不仅解决了传统教学评价中数据获取难、量化难、关联难等问题，还推动了思政课教学评价向更加科学、全面、精准的方向发展。通过对教学过程进行全方位的数字化监测，教师可以实时掌握学生的学习动态，并精准评估其学习效果，从而为教学决策提供有力的数据

支持。此外，数字化的评价体系也能够有效提升教学管理的效率，为教育决策者提供更加精确的决策依据。

（二）人工智能赋能思政课教学过程的精准化评价

人工智能为思政课教学过程提供了精准化评价的技术理路，使教学的各个环节更加透明、数据化，且具有可量化分析的依据。通过人工智能的介入，教师的教学引导、学生的学习行为以及师生之间的互动等方面都得到了前所未有的细致跟踪与评估。这种精准化评价不仅能够揭示出教学效果的表面现象，还能够深入挖掘教学中各个环节的内在动因，进而为教学改进提供科学依据。

从外在行为表现来看，人工智能能够精准地捕捉到学生在思政课堂中的行为数据。这些数据一般包括学生的课前预习、课中学习、课后复习等活动的痕迹，以及学生在学习过程中表现出的活跃程度、注意力水平、参与频次等。通过自动化的数据分析，人工智能能够全面描绘学生在课堂中的表现，进而评估学生的知识储备和能力素养。例如，人工智能可以实时记录学生的注意力分布，并通过眼动仪技术追踪学生的视线变化，进而科学判断学生的学习状态。通过这种方式，教师不仅能直观了解学生对课堂内容的关注度，还能识别出学生可能存在的学习困难或偏离课堂主题的现象，从而在教学过程中做出及时调整。

人工智能还能够对教师的教学行为进行精准化分析。教师在思政课中的备课情况、讲授内容是否被学生接受、课堂气氛的活跃程度以及课堂教学效果等，都能够通过人工智能技术进行追踪与评估。人工智能可以通过语音识别技术精准分析教师的语速、语调，以及互动频率，进而评估教师的教学质量。此外，人工智能还能够对课堂互动的情况进行量化分析，判断教师与学生之间的互动是否充分，互动的质量如何。通过这些数据，教师不仅能反思自身的教学方法，还能调整教学策略，以更好地提升教学效果。

人工智能技术的介入使得思政课教学过程中的内在思想情感也能够得到精准的评估。在传统的教学评价中，学生的思想情感往往难以被有效捕捉和分析。而利用人工智能技术，尤其是通过眼动仪、面部表情识别等技术，能够对学生的心理活动和情感状态进行定量分析。眼动仪可以记录学生的眼动轨迹，进而推测学生在课堂中的心理状态。例如，学生在面对某个教学环节时，如果眼动频繁且视线分散，可能表明他们对该内容的理解有困难；而如果学生凝视某一部分内容的时间较长,可能表示他们对该内容产生了较大的兴趣。通过这些数据,教师可以更好地了解学生的心理活动,从而灵活调整教学策略,提升学生的情感共鸣和思想认同。

(三)人工智能赋能思政课教学对象的个性化评价

个性化评价不仅仅意味着对学生学习成绩的评价,更重要的是其全面反映学生的思想状况、学习轨迹和行为模式,可为教育者提供更加精准和科学的教学反馈。要实现这一目标,需要具备两个基本条件:教学对象的全覆盖和教学过程的全覆盖。

教学对象的全覆盖是指所有学生都应当被纳入评价的范畴,而不是仅仅对一部分学生进行评价。这一点非常重要,因为思政课的教学目标是培养全面发展的学生,其思想品德、知识技能、行为习惯等多维度的表现都应当被公平地加以评估。传统的评价方法往往仅聚焦于少数表现突出或存在问题的学生,这样的评价可能导致个别学生的优点无法被及时发现,或者某些问题未能得到早期干预。而通过人工智能的辅助,所有学生的表现都能够被实时跟踪和分析,从而保证评价的全面性和公平性。

教学过程的全覆盖则意味着评价不仅仅局限于学生的最终成绩,而应当关注学生的整个学习过程。这种评价方式打破了传统教育评估仅在期末进行总结的局限性,全面追踪学生在学习全过程的每一个行为和思想动态。人工智能能够通过大数据分析,收集学生在学习过程中产生的所有行为数据,包括课堂互动、作业提交、在线讨论等。这些数据为教师提供了全景式的学生画像,使得教师可以更全面地了解每个学生的思想成长过程,识别学生的优点与不足,为后续教学调整提供科学依据。

通过全覆盖的评价模式,思政课个性化的教学评价得以实现。每个学生的思想变化、学习习惯、参与度和自我发展路径都能够被精确记录并反馈给教师。教师不仅能针对学生的具体问题提供个性化的辅导,还能根据学生的兴趣和特长设计出更加适合的教学内容和方法,从而提高教学效果,帮助学生在思政学习中得到真正的成长。

(四)人工智能赋能思政课教学效果的预测性评价

通过智能化的技术手段,可以实现对教学过程的全方位分析和动态预测,进而提高教学的针对性和有效性。尤其是通过对教学全要素和全流程的智能分析，人工智能能够在教学评价中起到预测性作用，为教学优化和改革提供数据支持和决策依据。

1. 人工智能对思政课教学效果的全要素分析

思政课教学的复杂性体现在多个方面，包括教学目标、内容设置、教学方法、教学资源、学生的接受情况等多种因素。传统的评价方式往往依赖于人工经验，对这些因素的分析较为零散且缺乏系统性。人工智能则通过大数据挖掘和分析，自动抓取并处理思政课教学中的海量数据，能够精准地识别和呈现教学过程中的各个关键要素及其相互关系。通过图表和模型的可视化展示，人工智能不仅揭示了教学各个环节之间的内在联系，也为教师提供了教学效果的直观反馈，使得教师能够更清晰地看到教学中的优势与不足。在这一过程中，人工智能所采用的关联性分析技术能够快速识别出教学过程中不同因素之间的相互影响，比如教学方法与学生反应、教学内容与学习效果之间的关系。这种基于大数据的分析，能够更精确地定位问题，从而为教学的改进提供科学依据。

2. 动态呈现教学现状，帮助教师分析问题与总结经验

人工智能赋能的另一个重要功能是动态呈现思政课教学的现状。这一过程不仅仅局限于对过去和现在教学效果的评估，还能在实时数据分析的基础上，为教师和管理者提供即时反馈。通过对教学进度、学生互动、课堂反馈等数据的实时追踪，人工智能能够生成各种实时图表和模型，帮助教师和管理者全面了解课堂的实时状态。例如，教师可以根据学生在课堂上的参与度、作业完成情况、在线互动等数据，实时调整教学内容和方法。这种动态的教学状态呈现不仅帮助教师总结教学经验，还能让教师及时发现潜在的问题，如某些教学环节可能导致学生理解困难，并进行针对性的调整。

3. 未来发展趋势的智能预测，助力教学改革创新

人工智能在思政课教学效果评价中的最大优势之一，是能够基于现有数据预测未来发展趋势。通过对教学现状和学生反应的分析，人工智能能够生成教学未来发展的预测图景，尤其是对于学生思想动态和行为发展的预测。这不仅帮助教师预测学生在未来的学习态度和行为表现，也能为教育管理者提供数据支持，推动思政课的长期优化。例如，人工智能可以通过分析学生的学习轨迹，预测其在未来某一阶段可能遇到的各种思想困惑或学习"瓶颈"，进而提前采取相应的措施进行干预。同时，人工智能还可以帮助预测

不同教学改革措施对学生思政教育效果的影响,从而为教育政策制定者提供科学的决策依据。

第四节 人工智能赋能思政课教学精准化的实践路径

人工智慧的广泛应用推动了人类理性思维发展的历史性跃升,这是人类智慧与现代科技合理进化的必然产物[①]。在人工智能时代,对在思政课教学过程中的各类行为大数据进行分门别类地收集、加工、整理和进行多模态的行为大数据分析以及将教学对象的精准画像生成,都离不开智能算法的作用。因为,只有精准的算法,才能严格确保分析过程的精准度,才能保证精准画像的精细度,最终实现人工智能在思政课教学过程中的赋能精准性,达到人工智能算法赋能思政课教学精准供给的目标。由此可见,以人工智能算法为思政课教学精准供给赋能至关重要,关系到在思政课教学过程中精准获取各类型行为大数据、精确进行多模态分析和精细化画像,以及在反馈过程中的精准供给等多个方面。

一、规则系统在思政课教学中的应用

人工智能的规则系统及其相关技术,如知识库、专家系统和推荐引擎,已经成为教育领域中重要的应用工具。通过条件分支进行科学推理和计算,这些算法可以精准地辅助思政课的教学活动。

规则系统可以在思政课的考试中自动判定是非题、选择题等类型的答案,并统计各类考试的分数,判断成绩等级并识别学生身份。借助规则系统,教学管理过程得以自动化、智能化。

知识库的建设为思政课的学习资源提供了持续且完善的更新支持。学习者可以通过学习平台进行直接学习,或者通过搜索式学习模式,针对性地获取所需知识。这种基于知识库的学习资源更新与共享,有助于提升教学内容的丰富性和时效性。

专家系统则通过分析学生的学习行为和考试成绩,进行前向推理,为教

[①] 胡刚. 人工智慧场域高校思政课教学话语重构的意义、困境与对策[J]. 华北电力大学学报(社会科学版), 2023(6): 126-134.

学提供坚实的数据支持。它不仅能够展示学生学习的成效，还能揭示出其在学习中的不足之处。通过对学习行为数据的深入分析，专家系统能够有效地激发学生的学习兴趣并提升其学习能力，这为思政课精准化教学提供了更加有力的依据。

推荐引擎结合专家系统的优势，根据学生的学习习惯，精准推荐个性化的学习内容。通过聚类分析和定制式的学习资源推送，推荐引擎使得每个学生都能够得到符合其学习需求的资源，形成个性化的学习路径。这一过程不仅帮助学生巩固知识、深化学习，还为精准画像和教学反馈提供了重要的支持。

二、权重和寻找最优解在思政课教学中的应用

在人工智能的应用中，权重和最优解的寻求是通过解决线性与非线性问题、回归分析、加权回归分析及相似度计算等技术手段来实现的。这些技术能够在大量数据中精准识别关键因素，为决策提供科学依据，尤其是在教学过程中起到了至关重要的作用，帮助教师和教育管理者深入分析学生的学习状况，从而优化教学策略。

线性问题的分析能够揭示思政课学习时长与学习效果之间的关系。通过分析学习时间与学习成绩之间的线性关系，教师可以了解学习时长是否与学生的学业表现成正比，进而为教学内容的安排、课时分配提供依据。这一分析不仅有助于优化课堂时间管理，也能为个性化学习计划的制订提供理论支持。

在面对更加复杂的教学数据时，非线性问题的分析则显得尤为重要。思政课的学习效果往往受多重因素的影响，这些因素之间的关系并非简单的线性结构。通过非线性模型，教师可以更为全面地理解学生在不同学习条件下的表现，从而为每个学生量身定制更为有效的教学方法。比如，某些学生在特定学习情境下可能会表现得更为出色，而在其他情境下则较为薄弱，非线性分析可以及时地揭示这种差异，帮助教师制定差异化教学策略。

在教学内容与学生掌握知识之间的关系上，映射技术提供了一种有效的手段。通过将教学内容与学生对知识点的掌握程度进行映射，教师能够直观地看到哪些内容对学生而言仍然难以掌握，哪些内容则已经掌握得较为牢固。这种映射关系不仅有助于及时调整教学重点，还能促进课堂资源的合理分配，确保每个学生都能在合适的知识点上深入学习。

回归分析则能够帮助教师追踪每个学生的学习状态，并通过数据分析精

准揭示出学习进度与效果的内在联系。通过回归模型，教师可以准确评估学生在不同阶段的学习表现，发现其在学习过程中的薄弱环节。分析结果能够为后续教学决策提供数据支持，帮助教师灵活调整教学策略，确保每个学生都能跟上课堂节奏。

加权回归分析在思政课教学中起到的重要作用则在于，它能够避免某些外部或未知因素对学生评价的干扰，保证教学评价的公平性与客观性。在实际教学中，学生的学习状态可能受到多种不可控因素的影响，如家庭环境、健康状况等。加权回归分析通过对这些因素的加权处理，能够确保评价结果更为精准、公正，避免因单一因素而影响教学评估的准确性。

相似度计算的应用则能够在对学生学习状态的分析中进一步提高精度。通过计算学生之间的相似度，教师可以识别出具有相似学习模式或学习困难的学生群体，进而为他们提供更有针对性的学习资源或辅导。这不仅有助于学生的个性化学习，也能在群体中形成更有针对性的教育干预，从而提高整体教学效果。

三、统计机器学习在思政课教学中的应用

统计机器学习是一种通过概率分布函数和数学模型对各类数据进行分析的技术。它在思政课教学中的应用，充分展现了如何运用现代人工智能技术，从海量数据中提取有价值的信息，为教育决策提供科学依据。统计机器学习涉及的核心方法包括贝叶斯定理、贝叶斯估计、马尔可夫链蒙特卡罗方法、隐马尔可夫模型以及贝叶斯网络，这些方法为教育数据的深入分析提供了强大的工具。

统计机器学习主要可以分为有监督学习和无监督学习两种模式。二者的主要区别在于是否依赖标注过的训练数据来生成模型。在有监督学习中，模型的训练是基于已有的标记数据，这些数据通常包含了输入和输出的对应关系。例如，支持向量机、贝叶斯过滤器、决策树和随机森林等技术都是常用的有监督学习方法，这些方法能够从标记数据中快速获取有用的信息，并进行预测和分类。在思政课教学过程中，有监督学习可用于分析学生在课堂学习中的表现，根据学生的学习成绩、作业完成情况以及考试成绩等标记数据，预测其未来的学习表现，并为个性化教学提供依据。

无监督学习则是在没有标记数据的情况下，通过聚类和数据降维等算法对数据进行分析，寻找数据中的潜在模式和结构。在思政课教学中，无监督

学习的应用更为广泛，尤其是在学生的在线学习数据和课外学习行为分析中。这些数据通常是无法直接标记的，通过无监督学习可以帮助教师发掘出学生群体中的不同学习习惯、兴趣点和学习难点，进而为教学内容的调整和个性化指导提供依据。聚类算法可以将学生分为不同的学习群体，而数据降维则可以简化复杂的数据集，使其更易于分析和理解。

在实际的教学过程中，通常采用有监督学习和无监督学习相结合的方式进行数据的获取和分析。在课堂学习和在线学习数据中通常都能获得标记信息，因此有监督学习能够帮助对这些数据进行精确的预测和分析。然而，学生的延伸学习过程往往缺乏标记数据，这就需要依赖无监督学习的手段进行数据挖掘，从中识别出潜在的学习模式或行为特征。例如，教师可以通过无监督学习对学生课外阅读或在线自主学习的记录进行分析，及时发现学习中的潜在问题或学习兴趣的变化，从而调整教学方法和内容。

因此，在思政课教学中应用统计机器学习时，必须兼顾有监督学习和无监督学习。这种结合不仅能够处理传统课堂学习中的数据，还能够有效地扩展到线上学习、课外活动等延伸学习过程中。无论是基于标记数据的精准预测，还是基于未标记数据的潜在规律发现，统计机器学习都为思政课教学的精准化提供了强有力的支持。通过这些技术的应用，教师可以更好地理解学生的学习状况，调整教学策略，实现更有针对性和个性化的教育干预，推动思政课教学质量的不断提升。

四、深度学习在思政课教学中的应用

深度学习是一种基于多层神经网络模型的机器学习方法，其核心理念在于通过多层结构的神经网络来模拟人脑的学习过程，逐步从输入数据中提取有用特征并进行处理。深度学习的技术框架包括受限玻尔兹曼机、深度神经网络、卷积神经网络和循环神经网络等多种形式，它们都归属于多层次神经网络的范畴。每一种网络都有其独特的结构和适用场景，但其共同的优势在于能够通过多层抽象与处理，对复杂的数据进行有效的模式识别和学习。

在思政课教学中，深度学习可以极大地提升教学的智能化与精准化水平。通过对教学过程中的文本、图像、声音等多维度信息的加工处理，深度学习能够为教师提供更为全面的教学反馈。例如，在分析学生的课堂互动、作业提交及学习行为时，深度学习能够帮助教师深入了解学生的学习状态、知识掌握程度及情感变化，从而为教学内容的调整与优化提供数据支持。

深度学习算法能够对思政课中的教学过程进行综合分析，从而识别学生在课堂学习中的行为模式，并利用随机梯度下降法等算法对数据进行有效优化。这些算法能够消除由于各种因素造成的数据误差，并避免过拟合现象（即模型在训练过程中对特定数据的过度学习，丧失泛化能力）。通过这些技术，深度学习不仅能够提升教学数据的标准化水平，还能大幅增强对图像、声音等多种数据形式的识别精度。

　　深度学习还能够通过多神经网络训练模型的平均数值，优化学习效率并调整学习路径。通过对学生学习行为的实时反馈，深度学习能够帮助教师精确定位学生在学习过程中存在的问题，并根据每个学生的具体情况及时调整教学策略。这一过程不仅有助于提高思政课的教学效果，还为学生的个性化学习提供了更多的支持，最终全面推动了教学精准化的有序发展。

第六章 虚拟仿真技术助力高校思政课教学革新

虚拟仿真技术为高校思政课教学提供了创新手段，通过生动的情景模拟和互动体验，增强了学生的代入感与参与感，提升了课堂教学的趣味性与实效性，可以更好地培养学生的社会责任感与价值认同。本章主要探究虚拟仿真技术与虚拟仿真教学法、虚拟仿真技术与思政课教学的创新融合、虚拟仿真教学法在思政课教学中的实践应用。

第一节 虚拟仿真技术与虚拟仿真教学法

一、虚拟仿真技术

虚拟仿真技术是一种将计算机图形学、人工智能与物理模拟巧妙结合的先进技术，能够构建与现实世界高度相似的虚拟环境。通过虚拟仿真技术，用户可以在虚拟场景中进行交互和体验，从而实现对真实情境的模拟与预测。此技术不仅促进了各学科的交叉融合，还为教育、医疗、工程等多个领域提供了创新性的应用方案，推动了理论研究和实践操作的有效结合。虚拟仿真技术的进一步发展，势必将在多领域产生深远的影响。

（一）虚拟仿真技术的类型

1.沉浸式虚拟仿真系统

沉浸式虚拟仿真系统的核心目标在于创造一个能够全面隔离现实世界感知的虚拟环境，让用户完全沉浸于虚拟空间中。这类系统通过精准的视听环境模拟以及高度互动的虚拟场景设计，提供一种前所未有的感官体验，使得用户仿佛置身于另一个虚拟世界。与传统的虚拟现实技术相比，沉浸式虚拟仿真系统通过多感官的全面刺激，在心理和生理层面实现更深层次的沉浸感，成为当前虚拟现实技术发展的关键方向之一。

为了确保虚拟现实的沉浸感，沉浸式虚拟仿真系统必须具备高精度的实时性和低延迟性。用户的每一个动作和姿态都需要被系统实时跟踪和反馈。此时，空间位置跟踪技术和动作捕捉技术发挥至关重要的作用，通过高度精准的传感器和跟踪器，系统能够精确感知用户的每一个细微动作，并在短时间内生成与之相对应的虚拟场景变化。低延迟的设计尤为重要，因为任何微小的延时都可能破坏在虚拟环境中的流畅交互，影响用户的沉浸体验。

在沉浸式虚拟仿真系统中，输入、输出设备的先进性决定了用户沉浸感的质量。通过虚拟现实头盔、触觉反馈设备和高质量音响系统等硬件设备，系统能够有效地将用户从现实环境中隔离，将其全面带入虚拟世界。视觉、听觉甚至触觉的多感官协同作用是沉浸体验的重要基础。虚拟现实头盔以其高分辨率和广视角设计，提供了逼真的视觉效果，耳机和立体声环绕技术让用户在听觉上与虚拟世界深度融合。此外，触觉反馈设备的运用，使用户能够感知虚拟物体的重量、质感等特性，进一步增强了虚拟体验的真实感。

为了支持复杂虚拟场景的构建和流畅运行，沉浸式虚拟仿真系统需要强大的硬件和软件支持。硬件方面，要求高性能的处理器和图形处理单元，这些设备能够在极短的时间内完成大规模的数据运算和图像渲染，确保虚拟场景的高质量展示与快速响应；软件层面，需要通过先进的虚拟现实引擎对海量数据进行有效处理和管理，优化场景的交互性和可操作性，保障系统在大规模虚拟环境中的稳定性和高效性。软硬件的有机结合，赋予了沉浸式虚拟仿真系统强大的计算能力和高精度渲染能力，是其提供高质量虚拟体验的基础。

沉浸式虚拟仿真系统的设计面临着并行处理能力的重大挑战。在多设备协同工作中，系统需要能够同时处理来自多个输入设备的数据，并在极短时间内做出响应。每一个用户操作都可能涉及多个感官输入，如手势控制、触摸反馈、语音指令等，这要求系统具备强大的数据处理能力和高效的并行计算能力。系统必须能够处理不同来源的实时数据，并保证每个操作的反馈迅速而精准，避免由于响应滞后而造成用户体验的中断或不适。

沉浸式虚拟仿真系统的成功实现离不开各硬件设备之间的高度整合与协同工作。在虚拟现实体验中，各种设备和传感器必须实现无缝连接，确保系统运行的稳定性和一致性。硬件之间的兼容性，以及不同设备间数据的共享和处理机制,决定了系统的整体性能和体验质量。数据流的统一管理和传输是确保系统可靠性的关键,这要求在系统架构设计中对设备间的通信协议、数据同步机制等方面进行精细调配,以保证虚拟环境的稳定与高效。

2. 分布式虚拟仿真系统

分布式虚拟仿真系统通过网络连接实现了多用户的协同操作与信息共享。与传统的单一用户虚拟仿真系统相比,分布式虚拟仿真系统具有更为显著的并行处理能力和交互性,它能够通过互联网或局域网的形式将多个独立的仿真节点进行有效连接,进而共同构建一个动态变化的、实时更新的虚拟环境。这种系统的结构设计充分考虑了分布式计算和网络通信技术的优势,使得在同一虚拟空间内,不同位置的用户能够在不受物理空间限制的情况下,实时进行互动、操作和数据交换。

分布式虚拟仿真系统的工作机制基于计算机网络的拓扑结构,采用客户端—服务器模式或对等网络架构,以保证数据的快速传输和环境的实时响应。在这种系统中,每个参与用户均可以在虚拟环境中获取与其他用户相同的视图和交互权限,从而在共享的虚拟空间中进行协作与交流。系统通过时钟同步机制,确保所有用户的操作都可以在同一时间维度下同步进行,从而消除了因网络延迟或时差而产生的操作不一致性,增强了虚拟仿真体验的流畅性和准确性。

分布式虚拟仿真系统的应用扩展了虚拟仿真环境的使用边界,不仅在教育培训、军事演习、工程设计等领域展现出巨大的潜力,在科学研究、文化遗产保护和医学模拟等领域也提供了新的可能性。分布式虚拟仿真系统不仅可以大幅提升虚拟实验的精确性和可靠性,还能够通过多用户的互动交流,使得虚拟环境中的复杂情境更具多样性和挑战性。不同背景的用户可以根据各自的角色需求,在虚拟空间中开展合作、分析或决策,模拟在真实世界中可能发生的多种场景。

分布式虚拟仿真系统的优势体现在资源共享和系统可扩展性方面。通过合理的资源分配机制,系统能够实现多用户对硬件资源的高效共享,减少资源浪费,提高系统运行的效率。在仿真过程中,系统能够根据参与用户的实时需求动态调整虚拟环境的复杂度和精度,从而确保在不同场景下达到最佳性能表现。同时,由于采用了分布式结构,系统的扩展性较强,能够随着用户数量的增加而灵活扩展计算能力和存储容量,从而保证系统在长期运行中的稳定性和可持续性。

分布式虚拟仿真系统通过将增强现实技术与自然用户界面相结合，使用户能够以更加直观和自然的方式与虚拟环境进行互动。这种交互方式不仅提升了用户的沉浸感，也使得系统的操作更加符合人体工程学，大大降低了学习和操作的难度。同时，分布式虚拟仿真系统还能够通过多元化的输入、输出设备，如触摸屏、虚拟现实头显、力反馈设备等，为用户提供更丰富的交互体验，进一步增强了仿真环境的真实感和参与感。

3. 增强式虚拟仿真系统

增强式虚拟仿真系统通过将虚拟信息和现实环境进行实时叠加，从而提升用户对现实世界的感知能力。与传统的虚拟现实系统不同，增强式虚拟仿真系统并不是将用户完全置于一个全新的虚拟环境中，而是通过增强现实元素的叠加，使用户在现实环境中感知到虚拟信息与物体的结合，从而提供一种更为直观且沉浸的交互体验。该系统通过精确的定位和实时渲染，将虚拟图像与实际物理对象完美融合，使得用户在日常生活或工作场景中能够获得额外的、有价值的信息，极大地扩展了人类的感知范围和认知能力。

增强式虚拟仿真系统的核心技术是基于现实世界的感知与虚拟世界的创造。通过摄像头、传感器等设备，系统实时捕捉用户周围环境的数据，结合计算机图形学和图像处理技术，生成与现实世界无缝对接的虚拟图像。这些虚拟元素在三维空间中的定位非常精确，能够与现实物体进行协同作用，进而实现场景与虚拟对象的实时互动。

增强式虚拟仿真系统通过高速的数据传输和即时计算提升实时性，系统能够迅速响应用户的操作，使得虚拟元素和现实环境之间的交互几乎没有时间延迟，从而保证了虚拟与现实的和谐融合。在这种技术支持下，用户能够在增强的现实中看到精确叠加的虚拟信息，进而以更加灵活和高效的方式获取所需的知识、数据或操作指引等。这种系统的实时性和互动性，为教育、医疗、工业设计、建筑工程等众多领域提供了新的应用场景，具有重要的实际价值和发展潜力。

（二）虚拟仿真技术的发展

1. 虚拟世界的连接

虚拟仿真技术的迅猛发展正在逐步改变人类与世界互动的方式，尤其在虚拟世界的连接方面，展现出巨大的潜力。随着科技的不断突破，虚拟仿真技术已不再仅局限于模拟和展示，它逐渐成为连接人与人、人与环境，甚至环境与环境之间互动的重要纽带。未来，虚拟世界的连接将可能不再受限于物理空间的束缚，从而开启全新的交互体验。

虚拟仿真技术的未来发展将逐步实现人与虚拟世界的无缝连接。当前，尽管虚拟影像和仿真环境的构建已取得显著进展，但依然存在着一定的技术壁垒，突破这些技术壁垒决定着虚拟世界体验的深度和广度。虚拟仿真技术的发展正在朝着更加逼真和高度沉浸的方向迈进，图像质量、互动体验、响应速度等方面的提升将为用户提供更加自然的虚拟环境。在这样的虚拟世界中，人与人之间的互动将不再受地理位置的制约，虚拟世界将成为一个全球化的沟通平台。

虚拟仿真技术的应用将促进跨领域的合作与创新。随着虚拟仿真技术的成熟，其在教育、医疗、工业、娱乐等多个领域的应用前景广阔。在教育领域，通过虚拟仿真技术，学生不仅能够获得更加直观的学习体验，还能够在虚拟环境中进行实践操作，突破传统教学模式的局限；在医疗领域，虚拟仿真技术可以帮助医生进行手术模拟和病患诊断训练，有助于提高手术精度和诊疗效率；虚拟仿真技术还能够为工业设计、城市规划、建筑施工等领域提供更加真实、精确的模拟与预测，从而降低实际操作中的风险，提高工作效率。

虚拟仿真技术的未来发展将极大地促进虚拟世界与现实世界的融合。这种融合不仅体现在虚拟环境的细节逼真度上，还将在感官体验和行为互动上产生深远的影响。随着虚拟现实、增强现实、混合现实等技术的不断演进，虚拟世界将逐步与物理现实世界实现交互与融合。未来，人们在虚拟世界中的体验将越来越与现实世界无异，甚至可能形成一种全新的虚拟现实双重体验，提升人们的认知和感知能力。

虚拟仿真技术的发展也面临着一定的挑战和风险。首先是技术的可持续发展问题，如何保持技术的持续创新与更新，以应对日益复杂的需求，已成为技术发展的关键；其次是数据安全和隐私保护问题，随着虚拟世界的不断扩展，人们在虚拟空间中产生的数据将变得越来越复杂，如何保障用户的隐私和信息安全，将是技术发展中不可忽视的重点；最后，虚拟世界的伦理和社会问题也需要进行深入思考，虚拟仿真技术的发展必须确保其在社会中的应用符合伦理规范，以避免可能带来的负面影响。

2.触摸技术的发展

(1)触觉反馈

触摸技术,尤其是触觉反馈的研究与应用,正逐渐成为现代虚拟现实和增强现实体验中的关键组成部分。尽管听觉与视觉技术已经取得了显著进展,但触觉体验的缺失使得人们对虚拟世界感知仍不够完整。因此,触觉反馈技术已成为未来技术发展的一个重要领域,尤其是在高沉浸感体验的实现方面。

当前,触觉技术的发展主要集中在振动反馈系统的构建上,然而,这种系统所能提供的触觉反馈仍较为简单,无法充分还原复杂的触觉体验。尽管如此,振动反馈技术为触觉反馈的研究奠定了技术基础,也为更复杂的触觉系统搭建了技术框架。未来,随着材料科学、传感器技术以及微机电系统技术的不断进步,触觉反馈的质量和种类将得到显著提升,能够模拟更加细腻和多样的触觉体验。

触觉反馈技术的发展需要依赖于跨学科的协作与创新,包括电子工程、机械工程、生物医学工程以及计算机科学等多个领域的紧密结合。随着研究的深入,预计触觉反馈技术将在虚拟现实、机器人控制、医疗康复、远程操控等多个领域找到更加广泛的应用。特别是在医疗领域,触觉反馈能够为患者提供更加真实的感知体验,对于神经损伤恢复、假肢控制以及远程手术等方面具有重要的应用前景。

(2)眼动跟踪

眼动跟踪技术通过精确捕捉用户的视线轨迹,能够增强虚拟环境中影像的表现力,提高用户在虚拟空间中的交互效率。在未来,眼动跟踪技术有望在多个领域,尤其是在虚拟现实和增强现实应用中带来革命性的变化。

眼动跟踪技术能够显著提高选择物品的速度和精度。在传统的虚拟现实交互中,用户常常需要通过手部动作或外部控制器来选择和操作物体,而眼动跟踪技术可以通过捕捉用户的视线焦点,实现更加直观和高效的物体选择。这不仅能够提高用户操作的灵活性和便捷性,还能减少传统控制方式可能带来的疲劳感和操作误差。尤其是在需要快速决策和精准操作的应用场景中,眼动跟踪技术的应用将大幅提升交互体验的质量。

眼动跟踪技术能够通过焦点渲染功能大幅度降低图形运算的工作量。在传统的图形渲染过程中,整个虚拟环境的所有图像都会被处理和渲染,导致计算资源的消耗较大。通过眼动跟踪,系统可以识别用户的视线焦点,并仅对视野范围内的区域进行高质量渲染,而将非焦点区域的图像渲染精度降低。

这种渲染方式不仅提升了渲染效率，还能有效降低硬件资源消耗，从而提高系统的整体性能，尤其是在资源受限的设备上，这一优势尤为明显。

尽管眼动跟踪技术在提升虚拟现实体验方面展现出了巨大潜力，但目前这一技术的普及仍面临一定的挑战。尽管部分高端头显产品尝试将眼动跟踪功能集成，但普遍存在技术集成难度高、成本高昂等问题，因此，很多厂商尚未将这一技术广泛应用于市场。然而，随着技术的不断进步，未来眼动跟踪技术有望成为 VR 技术发展的下一个重大突破。预计随着成本的降低和技术的成熟，眼动跟踪将不再局限于高端设备，而是能够普及到大众消费市场，为用户带来更加自然和沉浸的虚拟现实体验。

二、虚拟仿真教学法

虚拟仿真教学法的本质是通过虚拟仿真技术将教学内容转化为逼真的虚拟环境，以增强学生的学习体验并提高教学效率。在其应用过程中，虚拟仿真技术不仅服务于教学目标的实现，还通过互动性强的虚拟场景着力促进学生自主学习，激发其探究精神。虚拟仿真教学法在高校思政课教学中的应用不仅体现了当前高校思政课教学模式改革创新的重要方向，也契合了国家对思政课程建设的要求；同时虚拟仿真教学法的应用还突破了思政课传统教学法的"瓶颈"，是智慧教育背景下教学方法的创新驱动[1]。

（一）虚拟仿真教学法的性质

虚拟仿真教学法的性质可以从多个角度进行深入探讨，既包括其对教学任务和目标的适应性，也涵盖了其在教学内容、教师教学方法及学生学习方法方面的独特作用。虚拟仿真教学法不仅为传统教学模式带来了革命性的变化，还在提升教学效果、激发学习兴趣、优化学习体验等多个方面发挥了重要作用。

虚拟仿真教学法具有鲜明的目标导向性。它服务于教学任务和目标的实现，旨在通过逼真的虚拟环境重现教学内容，从而帮助学生更好地理解和掌握知识。虚拟仿真技术能够通过高度仿真和互动性，将复杂抽象的理论知识转化为直观的感性体验，增强学生的理解。虚拟仿真教学法能够提供更为灵

---

[1] 郑冰悦. 虚拟仿真教学法在高校思政课教学中的应用研究 [D]. 南京：东南大学，2023：5.

活和动态的学习情境，帮助学生在模拟环境中进行探索与实践，达到更加高效的教学效果。

虚拟仿真教学法的适用性受到特定教学内容的制约。并非所有教学内容都适合采用虚拟仿真技术，而是需要根据内容的性质和教学目标来慎重选择是否应用这一方法。例如，对于需要学生通过直接实践操作来加深理解的内容，虚拟仿真技术能够通过模拟实验环境、虚拟实验操作等多种方式提供极大帮助；而对于一些纯粹的理论知识，虚拟仿真教学法的作用可能相对较小。因此，虚拟仿真教学法需要根据教学内容的特点和教学目标的需求进行精心设计和灵活应用。

虚拟仿真教学法体现了教学过程中的教与学的统一性。教师利用虚拟仿真技术，不仅能够使复杂的理论知识得到形象化、具体化的展示，还能通过多样的互动方式促进学生主动学习。教师在虚拟仿真教学中扮演着知识引导者的角色，帮助学生在虚拟环境中进行有效的学习探索，学生通过与虚拟情境的互动，主动参与到学习过程中，获得更为直观和深刻的学习体验。这一过程突出了教师与学生之间的互动与协作，虚拟仿真技术在此过程中既是教师教学的工具，又是学生学习的媒介，形成了教学活动中师生共同参与、共同完成的教学模式。

虚拟仿真教学法是一种综合性的教学策略和技术体系，它并非是单一的教学法，而是教学策略、教学手段、技术手段和操作技能的有机结合。在虚拟仿真教学法中，技术的应用与教学设计相辅相成，教师不仅需要具备传统的教学能力，还需要掌握一定的技术技能，以便更好地设计、应用和操作虚拟仿真系统。这种综合性的教学方法要求教师具备更加多元化的专业素养，能够根据不同的教学内容和目标，合理选择和调整虚拟仿真技术的应用方式，从而最大限度地提高教学效果。

（二）虚拟仿真教学法的特点

虚拟仿真教学法具有显著的客观性、交互性和沉浸性特点。教学设计的客观性通过数据驱动和精确模拟，确保教学内容的科学性与准确性，推动教学效果最大化；教学模式的交互性突出表现为师生及学生与内容之间的互动，提升学习的主动性和深度；教学过程的沉浸性使学生能够在虚拟环境中深度参与教学活动，增强其学习的实际感受。

1. 教学设计客观性

尽管虚拟仿真通过计算机技术创造出数字化的、模拟的教学环境，但这种虚拟并不意味着与现实完全脱节，相反，它是对现实世界的真实再现和深度挖掘。虚拟仿真教学不仅在形式上呈现虚拟的互动空间，其教学目标、手段和内容都根植于现实世界，具有明确的客观性，这种客观性为虚拟仿真教学的实施提供了科学、严谨的理论支持和实践基础。

（1）虚拟仿真教学目标设置的客观性

教育目标的确立是基于课程体系中对学科知识和技能的要求，这些目标不仅关注学生知识的传授，更注重学生能力的培养和素养的提升。虚拟仿真教学通过模拟真实的工作和生活情境，让学生在虚拟世界中直观体验知识的应用和技能的操作，从而有效达成教学目标。虚拟仿真技术通过精确再现现实世界中的各种操作与行为，促使学生能够在虚拟环境中的反复练习与体验真实情境，帮助他们更好地掌握理论知识，并将其有效转化为实践能力，这种目标的设置具有明确的指向性和实用性，确保了教学活动的目的性和有效性。

（2）虚拟仿真教学手段的客观性

虚拟仿真教学依托先进的硬件设施和软件平台，提供了一种全新的互动式学习方式。学生通过佩戴虚拟头盔、使用操控手柄、数据手套等专业设备，进入虚拟环境并与之互动，这些硬件设备和软件系统经过精确设计和开发的，能够提供符合实际操作需求的功能。这些工具和设备在现实中真实存在，能够准确模拟在学习任务中的各种情境，从而使学生在虚拟环境中获得的学习经验与现实生活中的操作经验高度一致。虚拟仿真教学法的手段不仅确保了教学内容与目标的实现，也使得学生能够在一个客观、真实的技术环境中进行学习和操作，增强了学习的实际性和针对性。

（3）虚拟仿真教学内容的客观性

虚拟仿真教学的设计基于实际教材内容和教学目标，教师通过对教材的深入分析和理解，构建出符合教学需求的虚拟情境。这些虚拟情境所模拟的场景和操作过程，是对现实世界活动的精确反映。在虚拟环境中的每一个元素，包括人物、设备、环境等都是根据实际情况进行设计与再现，学生在其中所体验到的情境，实际上是对现实生活中各类活动和现象的逼真呈现。因此，虚拟仿真教学所涉及的教学内容不仅具备强烈的现实性，而且确保了教学活动与现实世界的一致性和准确性。

2. 教学模式交互性

虚拟仿真教学法的交互性建立在多种交互设备和技术的支持之上。与传统教学模式相比，虚拟仿真教学提供了更加丰富的感官刺激和互动形式，学生通过使用手柄、触摸屏、数据手套等多种设备，能够以物理动作与虚拟环境进行实时互动。这种互动不仅限于简单的操作，还涉及复杂的动作控制、情感反馈以及认知反应等多维度互动，使得学生能够在沉浸式的虚拟世界中自主探索、实践与思考，从而增强学习的参与感和主动性。

教学模式的交互性不仅体现在设备的运用上，更体现在教学内容的设计上。虚拟仿真教学的交互环节通常围绕学生与教学内容的直接互动展开，学生通过操控在虚拟环境中的元素来完成特定任务或解决问题，这一过程要求学生对所学知识进行实际操作和及时反馈。例如，在虚拟仿真系统中的多步操作和动态变化，促使学生不断调整自身行为与思维方式，进一步增强了对学习内容的理解和记忆。

虚拟仿真教学的交互性促进了个性化学习的实现。在传统的教学模式中，学生通常处于相同的学习轨道上，缺乏足够的个性化选择和自主性。在虚拟仿真教学环境中，学生可以根据自己的需求和兴趣选择不同的学习路径和操作方式，通过自主决策和实践积累经验，实现个性化的学习进程，这种交互模式使学生能够根据自身的知识水平和学习需求，合理调整学习策略，进而优化学习效果。

虚拟仿真教学法的交互性为学生提供了一个合作与交流的平台。在许多虚拟仿真教学系统中，学生不仅可以与虚拟环境互动，还能够与其他学生进行实时交流和协作，这种互动合作的教学模式，不仅加深了学生对教学内容的理解，还有效培养了学生的团队协作能力与沟通技巧。通过角色扮演、集体任务等设计，学生能够在合作中解决问题，共同探讨学习内容，进而加深对学科知识的理解与应用。

3. 教学过程沉浸性

虚拟仿真教学法的高度沉浸性使学生能够完全融入虚拟环境，通过多感官的刺激，深刻体验并感知教学内容，从而增强了学习的效果与参与感。虚拟仿真技术通过构建高度逼真的三维虚拟世界，提供了一个与现实世界相似的学习平台。在这一平台上，学生不仅能够观察到详细的场景、操作过程，还能在多感官的交互作用下，产生强烈的生理和情感反应，这种沉浸式的体验让学习过程更具活力与吸引力。

沉浸性的核心在于其带来的学习环境的感官封闭性与全身心的投入。当学生佩戴虚拟仿真设备后，视觉、听觉甚至触觉等主要感官通道被虚拟环境占据，外界的干扰被有效屏蔽。学生的注意力高度集中，进入了一个不受外部影响的虚拟空间，这一状态大幅提高了学习过程中的专注度。虚拟仿真技术通过身临其境的体验，消除了学生在学习过程中可能出现的注意力分散问题，使得学生能够以更高的效能完成知识的吸收和技能的训练。

虚拟仿真教学法创造的沉浸性不仅仅局限于感官的隔离，它还使学生能够在虚拟环境中进行实际操作，从而构建更为直观的认知与经验。在这一过程中，学生不仅是被动的知识接受者，还是主动的参与者。在虚拟情境中可操作的特性使得学生能够在体验中进行一系列探索与实验，实现知识的深层次理解与应用。

沉浸式教学可以促进情境化学习的实现。虚拟仿真技术为学生创造了一个与现实情境相似，甚至能够还原实际情况的虚拟环境。通过这种情境化的学习方式，学生能够在仿真环境中接触到在真实场景下的各种变化与挑战，从而形成对抽象概念的具象化理解。虚拟仿真不仅提升了知识的可操作性，还为学生提供了一个动态、多变的学习空间，有助于其更好地理解复杂的系统、过程或现象。

在沉浸式学习过程中，教师与学生之间的互动也得到了增强。教师可以根据虚拟环境中的变化，灵活调整教学策略与内容，为学生提供实时的指导和反馈。虚拟仿真技术的应用使得教师能够以更加直观、互动的方式进行教学，进而激发学生的学习兴趣，增强学生对知识的掌握程度。同时，学生在虚拟世界中的体验不再局限于理论的学习，他们能够亲自操作、亲自验证，从而实现了理论与实践的有机结合。

第二节　虚拟仿真技术与思政课教学的创新融合

将虚拟仿真技术融入思政课教学具有顺应时代要求、重塑教学形态、厚植实践根基的时代价值，同时也面临着教学思维僵化、学生感悟淡化、教学资源同质化等现实困境。为此需要加深思想认识、提升数字素养、建设教学平台、完善教学模式和管理体制，以实现虚拟仿真技术有机融入和有效优化思政课教学的目标，提升教学实效①。

一、虚拟仿真技术与思政课教学融合的理论依据

（一）情境认知理论

情境认知理论的核心理念强调，学习和认知过程并非是学生对外界信息的简单吸收，而是与具体情境、社会实践密切相关的过程。具体而言，情境认知理论强调知识的学习不应脱离实际情境，而应当在真实或模拟的情境中进行，以便促进学生对抽象知识的深刻理解和有效应用。

情境认知理论的独特之处在于，它不仅关注个体在学习中的认知过程，还注重个体与所处环境之间的互动关系。这一理论提出，知识的获得和应用是通过参与实际活动、情境互动来实现的。虚拟仿真技术作为一种能够模拟真实世界情境的教学工具，恰好符合这一理论的核心思想。通过虚拟仿真技术，学生能够在一个高度接近现实的情境中进行互动式学习，从而更好地理解和掌握抽象的理论知识。

在高校思政课教学中，情境认知理论的应用尤为重要。高校思政课的教学目标不仅是传授理论知识，还能引导学生在社会实践中形成正确的价值观和世界观。传统的教学方式往往以理论讲授为主，忽略了学生在实际情境中对知识的主动探索与建构。虚拟仿真技术可以打破这一局限，通过构建虚拟的社会情境，使学生能够在沉浸式的环境中体验、反思和讨论社会问题，从而促进思政课教学目标的实现。

情境认知理论强调学习应当是一个情境性、社会性和动态化的过程。在虚拟仿真技术的支持下，学生能够在模拟的社会情境中进行角色扮演、决策模拟等多项活动，进而加深对思政理论的理解。例如，在虚拟的政治决策环境中，学生不仅要掌握理论知识，还要学会如何将这些知识应用于具体的社会问题分析与解决方案的制订中。

情境认知理论还强调，个体的知识建构是在与他人互动的过程中实现的。虚拟仿真技术可以为学生提供一个协作学习的平台，学生可以在虚拟环境中与同学、教师及其他虚拟角色进行互动，通过集体讨论和合作解决问题，进

---

① 朱理鸿. 虚拟仿真技术融入思想政治理论课实践教学的困境与优化[J]. 教育教学论坛，2024（49）：156-159.

一步促进其对知识的深刻理解与应用，这种互动不仅有助于学生加深对思政理论的理解，也有助于他们在实践中形成批判性思维和独立思考的能力。

（二）智慧教育理论

智慧教育理论致力于在教学过程中充分运用现代信息技术，提升教育的互动性、个性化与智能化水平。通过这种理论框架，教育模式从传统的知识传授转变为更加灵活、开放、创新的学习体验。智慧教育理论的核心理念是实现教育的全面智能化，不仅在学习内容和学习工具上实现智慧化，更重要的是通过智能技术全面提升学生的思维能力和问题解决能力。在此理论指导下，虚拟仿真技术的引入为高校思政课教学提供了全新的教学方式。虚拟仿真技术能够创建高度互动的虚拟学习环境，使学生在沉浸式的情境中参与到思政理论的学习和讨论中，从而更好地理解理论内容，促进思维的深度发展和知识的应用能力。

智慧教育理论强调教育过程中的个性化学习需求，特别是在思政教育中，理论的复杂性与社会性要求学生能够通过自主学习、合作学习等各种方式深化对知识的理解与吸收。虚拟仿真技术的辅助作用为学生提供了丰富的互动体验和多元的学习资源，使他们能够根据自身的学习进度和兴趣，选择适合的学习路径，这种灵活性大大增强了学习的自主性和主动性。

（三）混合式教学理论

混合式教学理论源于建构主义教学理论的深化与拓展，通过有机融合线上与线下教学模式，体现了灵活性、互动性与个性化等特点。其核心思想在于通过整合不同教学方式与技术资源，力求弥补单一教学方式的不足，为学生提供更加丰富的学习体验和更高效的学习效果。混合式教学理论强调教学资源和学习环境的有机结合。通过虚拟仿真技术的引入，线上与线下教学得以相辅相成，学生不仅能够通过数字化技术获取即时的学习资料，还能在传统课堂中进行深度讨论与实践操作。这种融合方式使得思政课教学不再局限于理论讲授，还能在虚拟环境中模拟情境、重现历史事件或社会现象，增强学生的理解和感知。

混合式教学理论注重学习方式的多样化和自主化。通过虚拟仿真技术，学生可以在灵活的学习环境中自主选择学习内容和进度，有效提升学习的自主性与主动性。在这一过程中，教师的角色转变为引导者与促进者，帮助学生在虚拟学习平台上开展互动式、合作式的学习活动。这种学习方式的有效转变，使得学生在思政课教学中不仅能获得理论知识，还能通过参与虚拟仿真场景，深化对政治理念和社会问题的理解。

二、虚拟仿真技术平台与思政课教学的融合

（一）虚拟仿真技术平台的特点

虚拟仿真技术平台的最大特点之一是其具有大通信、大系统的特色。这一特点使得平台能够模拟复杂的通信网络和系统环境，从而满足大规模、多样化的网络实验需求。通过这一平台，研究人员和学者能够对各种网络结构进行全方位的实验与分析，为相关学科的深入研究提供了重要的数据支持和理论依据。该平台的大系统特性确保了其能够进行大规模并行仿真，处理大量的计算任务和复杂的数据流，进而提升了仿真结果的可靠性和实用性。

虚拟仿真技术平台实现了虚实结合的网络化实验环境。平台不仅能够模拟虚拟网络和通信系统，还能够与真实设备、网络进行有效对接，创建一个集虚拟与现实于一体的混合仿真环境。这种虚实结合的特性使得平台能够在不依赖大量物理设备的前提下，模拟现实世界中复杂的网络行为，进而帮助科研人员更加直观地理解和掌握网络系统的运行机制。此外，该平台还能够灵活地调配资源，进行动态的实验设置，使得虚拟仿真实验能够高度贴近真实的网络环境。

虚拟仿真技术平台拥有自主知识产权，其核心技术来源于国家科技重大专项及其他相关科研成果，具有完全的自主知识产权。这一方面体现了平台在技术研发中的创新性与先进性，另一方面也为其在科研和教育领域的应用奠定了坚实基础。通过自主研发，平台能够更加灵活地进行定制化改进，以适应不同研究需求，进一步提高了其在学术界的影响力和应用价值。

虚拟仿真技术平台由专业化的科研教学团队建设，确保了平台在操作、功能和适用性方面达到较高水平。专业化的团队不仅保障了平台的技术性和先进性，还为平台的后续发展和持续创新提供动力。这一团队的构建为平台的长远发展提供了强有力的支持，使得虚拟仿真技术平台能够不断拓展应用领域，满足日益增长的科研需求。

（二）虚拟仿真技术教学平台的组成

1. 虚拟教学资源库模块

虚拟教学资源库模块旨在为虚拟教学提供丰富的资源支持，其建设的质量直接影响着教学效果。资源库的构建应着眼于信息的整合与高效利用，以期实现教学内容的多样化呈现，满足多元化的教学需求。通过模块化设计，资源库可以灵活调整并不断拓展其功能，满足不同学科和教学层次的要求。

虚拟教学资源库模块不仅是信息存储的载体，更是知识传递和互动的重要平台。它集成了各类教学资源，包括但不限于课件、模型、仿真模拟程序、教学视频等各种内容，这些资源的组织和呈现方式应注重学科特点与教学目标的契合。资源库的高效性和可访问性是提高教学效率的关键，教师和学生可以通过平台随时调用所需资料，极大地提高学习和教学的灵活性。

随着科技的不断进步，虚拟教学资源库的建设也应不断创新与完善，注重对教学需求的适配和技术功能的持续更新。在实际运用中，平台应提供便捷的操作界面、智能化的检索功能以及良好的用户体验，以确保教育内容的高效传递。通过资源库模块的不断优化，虚拟教学能够更好地实现知识的传授与理解，推动教育形式的多元化发展。

2. 协同学习模块

在虚拟教学环境中，协同学习模块不仅支持学生之间的互动合作，还为教师提供了多样化的教学支持与管理手段，以实现高效的学习过程和全面的知识传递。协同学习模块的设计应注重协作性与互动性，通过虚拟平台的实时信息共享与反馈机制，支持学生在共同任务中协同解决问题、分享经验和资源。在这种协作模式下，学生能够通过相互支持和启发，促进思维的碰撞与创新。同时，教师在此过程中扮演着指导者与协调者的角色，能够实时跟踪学习进展，并为学生提供必要的帮助与引导。

协同学习模块还应具备一定的智能化特征，如自动评估学习成果、智能推送学习资源、规划个性化学习路径等，以适应不同学生的需求。通过技术手段的引导与辅助，平台可以确保学生在协作学习中获得平等的参与机会，并在动态互动中深化对知识的理解与掌握。因此，协同学习模块不仅提升了学习的效率和质量，还促进了学生的综合能力和团队合作精神的发展。

3. 管理模块

虚拟仿真技术教学平台中的管理模块是保障平台高效运行、教学活动顺利进行的关键组成部分，该模块不仅涵盖系统管理和教学管理的基本功能，还肩负着协调、监控和优化教学流程的重要责任。管理模块的作用是确保平台各项功能得以有序开展，并为师生提供高效、便捷的服务支持。

系统管理作为管理模块的基础，承担着平台运行的日常维护与保障任务。通过完善的申请注册、权限设置、公告发布等功能，确保平台用户的合法性和操作权限的清晰界定。同时，系统管理还提供咨询服务功能，有效响应用户的需求与问题，提升平台的用户体验和满意度，这些管理措施为虚拟教学的顺利进行提供了坚实的技术保障。

教学管理模块的设计更加关注教学过程的有效组织与实施。通过对学生学习情况的监控与记录，以及课程安排和教学资源的合理调配，教学管理模块能够实时掌握教学进展，及时调整教学策略。此外，教师在教学管理中发挥着沟通桥梁的作用，将教学信息、管理成果及学生反馈迅速传递，确保教学活动的透明性与流畅性。教学管理模块不仅为学生提供了学习支持，也有效保障了教学秩序的稳定，并提升了整体教学效果。

4. 智能评价模块

虚拟仿真技术教学平台中智能评价模块的核心功能是通过智能化技术对学习过程和教学效果进行多维度的评价，为教学改进提供科学依据。与传统教学模式相比，虚拟仿真技术的评价体系更加复杂和多元，既要考虑学生的学习成果，也要评估虚拟教学资源、平台交互性及教学策略的有效性。

智能评价模块基于大数据分析与人工智能技术，能够实时监测学生的行为轨迹、学习进度和知识掌握情况，从而实现个性化的学习评估。这种智能化评价方式不仅能够准确反映学生的学习情况，还能够分析其学习中的瓶颈与问题，为后续的教学改进提供坚实的数据支持。此外，智能评价模块还具备自动化反馈功能，能够根据评价结果及时调整教学内容与教学方法，确保教学活动的灵活性和适应性。

在教学效果评价方面，智能评价模块通过综合分析学生的参与度、互动质量、任务完成情况等多重指标，形成多层次的评价体系。这种评价方式能够突破传统教学模式下评价标准单一的局限，充分考虑到虚拟教学的特殊性与多样性。通过科学的评价与反馈，智能评价模块不仅能够为学生提供及时的学习反馈，帮助其进行自我调整和提升，还能够为教师提供改进教学策略的依据，推动教学质量的持续优化。

（三）虚拟仿真技术平台与思政课教学的融合应用

随着信息技术的快速发展，虚拟仿真技术不仅在科学、工程、医学等领域得到广泛应用，也为思政课程的教学提供了新的发展方向和技术支持。通过该技术平台，学生能够在虚拟环境中深度参与学习、体验与互动，极大地增强了教学的互动性与趣味性，同时也提高了学生的学习效果和参与度。

虚拟仿真技术平台为思政课教学提供了系统而全面的支持。该平台通过集成多种教学资源与技术手段，打造了一个虚拟的学习环境，为学生提供了多样化的学习选择。这种多元化的学习方式不仅大大满足了学生个性化的学习需求，还为学生提供了更广阔的知识视野。通过虚拟仿真技术，学生能够在虚拟环境中深入理解思政课程中涉及的理论知识与现实案例，增强了他们对社会主义核心价值观和社会责任感的认同与理解。平台的全面性还体现在知识的呈现方式上，通过图形、动画、互动场景等多样化的表现形式，使学生对思政课程内容有了更为直观和深刻的理解。

虚拟仿真技术平台使得思政课教学突破了时间与空间的限制。借助该平台，学生不仅可以在课堂上进行实时学习，还能够通过远程平台进行自主学习和在线讨论，极大地方便了教学活动的开展。虚拟仿真技术的引入，不仅有效提升了教学的灵活性，还为教学资源的共享和优化提供了便利条件。例如，学生可以通过虚拟实验平台参与各种思政教学活动，从模拟政治事件的决策过程到对社会问题的深入分析，虚拟仿真环境为其提供了丰富的学习场景，既提升了学生的实践能力，又增强了他们的理论应用能力。同时，远程实验平台的使用也能够在一定程度上缓解传统教学中存在的资源不足问题，尤其是对于思政课中的一些特殊教学活动，虚拟仿真技术平台能够有效优化教学资源的配置，促使教学活动更加高效、精准。

三、思政课教学中虚拟仿真技术的协同创新

（一）思政课教学与虚拟仿真技术的协同动力机制

思政课教学与虚拟仿真技术的协同动力机制形成机理是一个复杂的多维互动过程。该过程不仅涉及技术与教育的科学结合，还需要深入探讨需求导

向、利益诉求、矛盾驱动和学科自觉等多方面因素的相互作用，以及这些因素对创新动力的推动作用。具体而言，这些因素共同构成了思政课教学与虚拟仿真技术协同发展的内在动力源泉。

1. 需求导向

无论是思政课教学的改革需求，还是虚拟仿真技术的应用需求，都是创新发展中的重要驱动力。思政课教学本身便具备强烈的社会性与精神性，因此，学生在进行相关学习时，既存在物质需求，也存在精神需求。在高校教育中，学生对思政课程的需求不仅限于知识层面的获取，还包括其内在政治素质的培养。虚拟仿真技术的引入正是为了满足这种多层次的需求，能够为学生提供沉浸式的学习体验，帮助他们在虚拟环境中快速实现理论与实践的结合，从而提升其对思政课程的认同感和实践能力。因此，需求导向是高校思政课教学与虚拟仿真技术融合的基础，推动了虚拟仿真技术的创新与应用，使得教育内容和教学手段能够更好地适应社会发展的需求，大大满足学生的多元化学习需求。

2. 利益诉求

在思政教育的协同创新过程中，各方利益诉求的满足程度直接影响着协同创新的可持续性。高校思政课教师在应用虚拟仿真技术的过程中，追求的是提升教学效果、增强学生的思政素质；学生期望通过技术平台获得更为丰富的学习体验和更高效的知识掌握。虚拟仿真技术能够促进教育资源的优化配置，使得教学内容更加生动、互动性更强，从而实现各方利益诉求的平衡和满足。只有在这些利益诉求得到有效满足的情况下，虚拟仿真技术与思政课教学的协同发展才能持续推进，形成创新的良性循环。

3. 矛盾驱动

在思政课教学与虚拟仿真技术的融合过程中，涉及的矛盾体现在多个层面，包括传统教学模式与新型技术手段之间的矛盾、技术适应性与教学需求之间的矛盾、教师与学生在新教学环境下角色认知的矛盾等。这些矛盾的产生在一定程度上推动了创新实践的发展。在虚拟仿真技术的引入过程中，传统的思政教育模式往往面临着技术适应性不足、教学资源配置不合理等挑战。然而，这些矛盾正是协同创新得以发展的动力所在。通过不断探索和解决这些矛盾，虚拟仿真技术与思政课教学的协同机制逐步得到完善，从而推动了教育理念、教学方法及技术手段的深度融合。矛盾驱动的机制表明，协同创新的本质就是在冲突和挑战中找到合适的解决方案,从而推动创新的持续进展。

4. 学科自觉

思政课作为一门具有深厚理论根基的学科,其教学工作需要具备较强的学科自觉性。教师的学科自觉性直接影响着虚拟仿真技术在思政课教学中的有效应用。只有当教师深刻理解并积极应用虚拟仿真技术时,才能在教学实践中充分发挥其优势,推动课程内容与技术手段的结合。此外,学生的学科自觉性也是不可忽视的因素。学生在虚拟仿真环境中的学习过程不仅是对技术工具的适应,更是在思政课内容的学习过程中形成自觉的思考与理解。虚拟仿真技术的引入有效促进了学科的跨界融合,使思政教育能够与现代技术相结合,进一步推动了学科的创新与现代化。

(二)思政课教学中虚拟仿真技术教学要素的调配

1. 以人为本,促进学生全面发展

在思政课教学中,虚拟仿真技术的应用提供了全新的教学手段,能够有效调动学生的积极性,增强教学的互动性与实效性。要使虚拟仿真技术在思政课中发挥最大效能,必须注重教学要素的合理调配,做到以人为本,促进学生的全面发展,具体而言,这一过程需要从教学活动的组织、教学内容的选择及师生关系的构建等方面进行深入思考和优化。

在教学活动的组织上,虚拟仿真技术能够有效激发学生的参与热情。学生的主动参与是保障教学效果的重要因素,尤其是在思政课这类培养学生思想品德与社会责任感的课程中,思政课教师更需创造各种条件,引导学生全身心投入教学活动中。通过虚拟仿真技术,学生可以置身于一个模拟的、与现实紧密相关的学习环境中,从而激发其对课堂内容的兴趣和求知欲望。此时,思政课教师要在设计教学活动时充分利用多样化的技术手段,通过生动的仿真场景和互动式的教学方式,让学生在主动参与中获得知识的体验感与成就感。通过这种方式,学生不仅能在虚拟情境中深入理解课堂所学知识,还能培养批判性思维和问题解决能力,促进其全面发展。

在教学内容的选择上,应坚持从学生的实际出发,紧密结合学生的学习需求和思想发展水平。虚拟仿真技术在思政课中的运用应避免脱离学生的实际情况。思政课教师需要根据学生的已有知识储备和思想实际,精心设计仿真教学内容，使其既具有挑战性，又不会过于艰深。通过技术手段构建的虚拟场景，能够生动呈现抽象的思政理论，让学生在更易理解的背景下逐步掌握核心概念。因此，教学内容的选择应格外注重学生的认知能力和思想状态，切实将虚拟仿真技术与学生的思想实际相结合，使学生在探索和互动中不断深化对思政课的理解和认识。

在师生关系的构建上，虚拟仿真技术为教师与学生的互动提供了更多可能。思政课教学不仅是知识的传授，更是思想的交流与碰撞。通过虚拟仿真技术，教师可以创设一个更为开放、包容的教学环境，为学生提供更多思考和表达的空间。在这种环境下，教师应尊重学生的自主性与创造性，鼓励学生提出不同的见解和思考，促进学生批判性思维的发展。同时，虚拟仿真技术的互动性也使得教师能够在教学过程中及时了解学生的思维动态，发现并表扬学生的优点和进步，增强学生的自信心和学习动机。赏识教育应贯穿教学始终，通过正向反馈激发学生的学习热情，使其在仿真技术支持下更积极地参与课堂讨论与实践，进而促进其思想品德的全面提升。

2.角色定位，发挥教师主导作用

在教学要素的调配过程中，尽管一直在强调学生的主体地位，但思政课教师的主导作用仍然不可忽视。教师在虚拟仿真教学环境中的角色定位，对于确保教学目标的实现和学生全面发展至关重要。虚拟仿真技术为教师提供了更多元化的教学工具和资源，但其有效性仍需教师通过科学的教学设计与策略来引领和实现。

思政课教师的主导作用主要体现在教学内容与教学方法的选择上。在虚拟仿真教学中，教师不仅要保证教学内容的学术性和适用性，还要确保这些内容与学生的认知发展水平和思想需求相契合。虚拟仿真技术虽然能够为学生提供直观的学习体验，但若教学内容选择不当，或者与学生的学习需求脱节，技术手段再先进也无法充分发挥其应有的作用。因此，思政课教师需要通过深入了解学生的思维特点、学习习惯以及心理状态，精心策划和选择虚拟仿真教学资源，使其能够有效地服务于教学目标，进而实现知识的传授与思想的启发。教师应依据学科特点和学生实际，合理调整教学进度和难度，确保每一个教学环节都能在技术辅助下达到最佳的教学效果。

思政课教师的引导作用在虚拟仿真教学中尤为重要。虚拟仿真技术提供了模拟的互动环境，但这一环境仅仅是工具，能否实现真正的教育价值，还需教师的有效引导。思政课教师应通过设计互动性强、具有启发性的学习活动，引导学生积极参与，帮助学生在虚拟情境中深入探索和发现问题。虚拟仿真技术所提供的情境往往具有较高的沉浸感，教师要在此基础上，帮助学生梳理思路、分析问题、反思过程，从而实现知识的内化和能力的提升。在学生遇到学习瓶颈时，思政课教师应通过适当的启示和指导，帮助学生突破困境。通过这种方式，教师的引导功能便能够帮助学生在虚拟环境中发展批判性思维和自主学习能力。

思政课教师的激励作用也是虚拟仿真教学中不可或缺的一部分。虚拟仿真技术的互动性和实践性要求学生在学习过程中保持高度的参与感与责任感，教师应在此过程中激励学生不断追求知识和自我完善。教师需要通过设立具有挑战性和层次感的任务，激发学生的探索兴趣，并通过正向反馈鼓励学生在虚拟仿真环境中尝试不同的解决方案，从中获得成就感和自信心。思政课教师在虚拟仿真教学中的角色不仅是问题的引导者，也是学生成长的支持者。教师通过对学生的赏识与鼓励，能够有效提升学生的内在动力，帮助其在知识和能力的提升过程中，逐步形成积极的学习心态和正确的价值观。

3. 研究教材，有效选择教学内容

在思政课教学中，虚拟仿真技术的有效运用离不开对教材内容的深入研究和精确选择。教材不仅是课堂教学的基础框架，更是教师与学生互动的起点。因此，思政课教师在虚拟仿真技术的教学中，必须科学研究和合理选择教材内容，充分发挥虚拟仿真技术的优势，从而实现教学目标的最大化。

思政课教材作为教师教学活动的主要依据，必须经过充分的研究与分析。虚拟仿真技术为教学提供了丰富的互动和沉浸式体验，但这并不意味着教学内容可以完全依赖于技术，而忽视教材的重要作用。教材作为知识的载体，包含了思政课的核心内容、理论体系和学科规范。因此，教师需要在深入研读教材的基础上，对其进行系统的分析和处理，充分挖掘教材中的重要信息和教学要点。教师应结合虚拟仿真技术的特点，选择教材中能够通过虚拟情境增强体验感的内容，将传统教材中的抽象概念转化为学生易于理解和感知的具体情境，使学生能够在虚拟仿真环境中获得更加直观和生动的学习体验。

思政课教材不仅是教师教学的科学依据，更是学生学习的核心资源。在虚拟仿真教学中，学生的学习不应仅停留在教材的表层，而应通过教材引导学生进行更深层次的思考和探索。教师应当鼓励学生在虚拟仿真教学环境中，结合教材内容,通过多元的学习方式实现知识的延伸与拓展。虚拟仿真技术为学生提供了一个广阔的学习平台,在这个平台上,学生可以根据自身的兴趣和学习需求,自主探索教材之外的相关知识,拓宽视野,提升综合素质。教师应当设计灵活多样的学习任务,引导学生通过虚拟仿真技术体验教材中呈现的思政问题,并鼓励学生在此基础上开展自主学习和深度思考。通过这种方式,学生不仅能够充分掌握教材中的核心知识,还能够培养批判性思维和创新思维,进而不断提升其解决实际问题的能力和综合素质。

(三)思政课教学中虚拟仿真技术教学空间的营造

1. 营造思维与想象空间

虚拟仿真技术的教学空间应当与思政课的教学目标紧密契合。在构建虚拟空间时,应依据思政课所传递的核心价值观和教育目标,精心设计出与社会发展和学生成长密切相关的情境,使学生能够在虚拟世界中进行思想碰撞与情感共鸣。通过虚拟情境的创设,学生不仅能够感知到教学内容的现实意义,还能够在这些情境中进行情感认同与思维升华。

虚拟仿真技术能够帮助教师达成传统思政教学中因时间和空间限制而无法实现的教学效果。在虚拟环境中,教学情境可以随时调整,满足不同学生的学习需求。这种灵活性使得课堂内容能够更好地适应学生的个体差异,并激发他们的主动学习意识与创新思维。虚拟仿真技术能够创建多维度、多角度的教学情境,让学生在虚拟世界中不仅能接受知识的洗礼,还能在情感上获得共鸣,思维上得到启发。

在具体的教学过程中,虚拟仿真技术所创设的教学空间,必须关注情境的真实性和启发性。教学情境的设计应当紧密结合社会现实和学生的实际生活,避免脱离实际或过于抽象的设定。此类情境的设立不仅要具备知识性,还要富有探究性和启发性,使学生能够从中获得思考的空间和独立判断的能力。通过对这些虚拟情境的深入思考,学生能够在思政课的教学中真正感受到知识的力量,并将其转化为推动社会进步与个人发展的动力。

2. 营造探究与生成空间

虚拟仿真技术能够有效激发学生的探究精神。在虚拟环境中,通过模拟现实世界中的多种复杂情境,鼓励学生主动提问和思考。学生可以通过与虚拟环境的互动,发现并解决问题,从而在探索的过程中提升自身的认知能力和批判性思维。虚拟仿真技术的特点在于其能够高度模拟真实世界的复杂性和动态变化，给学生提供一种身临其境的感受，这种沉浸式的体验不仅激发了学生的好奇心，还促使其主动进行知识探讨和解决问题。

虚拟仿真技术为思政课教学提供了更为广阔的空间，促使教学内容以简单的传授向深度生成转变。在这一过程中，学生不再是被动接受知识传递，而是在通过与虚拟情境的互动与探索，主动生成新知识、新想法。虚拟仿真技术的灵活性使得学生可以在不断变化的虚拟情境中，挑战自我，拓宽视野，并在解决问题的过程中生成新的认知成果。这种教学模式强化了"学中做，做中学"的理念，让学生在解决实际问题的过程中不断深化对思政理论的理解和应用。

虚拟仿真技术为思政课教学提供了多样化的问题情境，在这些情境中，学生能够进行真实的探究与思考。教师可以根据教学目标设定多种虚拟情境，通过问题导向的方式，循序渐进地引导学生思考并解决其中的关键问题。这些问题不仅具备现实意义，还能够引发学生对社会现象的深刻反思，使得思政课的教学内容不仅具备知识性，还富有探究价值和启发性。通过虚拟仿真技术，学生能够在真实与虚拟之间架起桥梁，完成从理论到实践、从问题到解决的思维生成过程。

3. 营造互动与创造空间

虚拟仿真技术通过构建多元化的虚拟情境，创造了一个互动性强的学习空间。在这一空间中，学生不仅是知识的接受者，更是主动的参与者和创造者。教师可以通过设计具有挑战性和趣味性的虚拟情境，引导学生积极参与到课堂讨论、角色扮演、模拟决策等互动活动中。在这种互动过程中，学生不仅能够深入理解教学内容，还能够通过与虚拟环境的交流互动，培养合作精神和团队意识，提升其解决实际问题的能力。

虚拟仿真技术为思政课教学提供了充足的空间来激发学生的创造力。与传统的教学模式不同，虚拟仿真技术能够提供一个多维度的探索平台，学生可以在虚拟世界中自由设计和创造。这种自主创作的空间促进了学生的创新思维，使他们能够在与虚拟情境的互动中，充分发挥自己的想象力，设计出符合自己想法的解决方案或行为模式。通过这种方式，学生的创造力得到了充分的激发，思维也变得更加开放和灵活。

虚拟仿真技术为思政课教学带来了更为丰富的教学形式，通过结合角色体验、问题讨论和自主设计等教学活动，进一步增强了教学的互动性与创造性。在这些活动中，学生不仅能在虚拟情境中模拟不同的社会角色，还能够通过讨论和辩论逐步拓宽自己的思维边界。在这一过程中，学生通过互动与合作，不仅提升了学习的参与感，还增强了对思政课内容的理解与内化，实现了对知识的深度掌握和思维的创新发展。

4. 营造实践与求证空间

虚拟仿真技术能够为思政课提供一个实践操作的场景，使学生在模拟的社会环境中进行角色扮演、决策制定或情境分析等活动。通过这些实践环节，学生不仅能更好地理解理论知识，还能够将其一一应用到虚拟社会实践中，检验理论的实践性和可操作性。这种实践与求证的空间，不仅加深了学生对理论知识的理解，还使学生能够主动参与到理论应用的过程中，有效培养其独立思考和解决问题的能力。

虚拟仿真技术为思政课教学提供了一个可以进行求证的互动平台。在虚拟环境中，学生可以通过多次尝试和不同方案的比对，对理论假设进行实践检验。在这一过程中，学生可以对所学理论进行反复验证，发现理论中的不足或局限，进而激发其对理论深度探索的兴趣和动力。通过这种实践和求证的互动方式，学生的批判性思维得到了有效培养，理论与实践的结合自然也变得更加紧密。

虚拟仿真技术的引入，使得学生能够在无风险的环境中进行实践探索，开展复杂的决策和问题分析。与传统课堂教学不同，虚拟仿真技术为学生提供了一个安全但又充满挑战的实践空间，学生可以在其中进行多种可能性的探索，而无须担心实际操作中的风险。这种空间不仅促进了学生对所学理论的应用能力，也增强了其实际操作中的灵活性和创新性。

（四）思政课教学中虚拟仿真技术教学内容的处理

1. 教学内容的选择

在高校思政课教学中，虚拟仿真技术的应用为教学内容的选择与处理提供了新的视角与方法。虚拟仿真技术作为一种现代教育手段，具有高度的交互性与沉浸感，它能够全面模拟现实世界中的各种情境，为学生提供身临其境的学习体验。在思政课教学中，虚拟仿真技术的教学内容选择应基于科学性、基础性和可接受性三个核心要求进行处理。

虚拟仿真技术所承载的教学内容必须具备科学性。教学内容的科学性要求在虚拟仿真技术中所呈现的各类场景与知识点都应具有严谨的逻辑性与准确性。思政课的核心在于培养学生的价值观和思维方式，因此，虚拟仿真技术所呈现的教学内容就需要依托严密的学科理论框架，以确保其观点的科学性与真实性。

虚拟仿真技术在思政课中的教学内容选择需要注重基础性。思政课不仅是培养学生政治素养的课程，也是学生终身发展过程中的重要组成部分。通过虚拟仿真技术，教学内容可以更加直观、具体地呈现基础性知识，如社会规范、政治理论等，同时也能够帮助学生理解这些理论在现实生活中的重要性与应用。基础性内容的选择应考虑其对学生长期发展的促进作用，虚拟仿真技术能够通过互动性和沉浸感加深学生对这些基础性知识的记忆与理解，为学生后续的学习与成长奠定坚实的基础。

虚拟仿真技术教学内容的可接受性同样至关重要。教学内容的广度与深度在虚拟仿真环境中尤为关键。虚拟仿真技术可以模拟多种复杂的社会和政治场景，但如果内容选择过于庞大或复杂，学生可能会感到负担过重，进而影响学习的效果。因此，教学内容的选择需要做到广度与深度的平衡，既要涵盖思政课的核心内容，又要确保内容的呈现符合学生的认知水平与学习能力，使学生能够在参与仿真的过程中不断提升自己的思维水平与政治素养。

2. 教学内容的编排

虚拟仿真技术在思政课教学中的内容编排必须紧紧围绕教学目标展开，确保所选内容具有内在的逻辑关系与层次感。与传统的线性编排不同，虚拟仿真技术能够将教学内容置于一个多维的互动环境中，通过模拟复杂的社会情境或政治问题，逐渐呈现出更多的教育信息与互动情境。教学内容的编排应当根据思政课教学目标，合理安排情境的复杂性与情节的发展，以确保学生在虚拟仿真过程中既能掌握基础知识，又能获得深层次的思维启发。

虚拟仿真技术要求教学内容的编排要有较强的任务驱动性。传统的思政课教学内容编排大多是知识点的简单罗列，而虚拟仿真技术能够通过设计富有挑战性的任务与情境，有效激发学生的学习动机与参与热情。因此，思政课教学内容的编排应当以任务为导向，将每个学习目标转化为具体的任务或情境，鼓励学生在任务驱动的过程中主动探索与解决问题。同时，任务的设计应当循序渐进，避免过度复杂的情境设置，以适应学生不同层次的认知发展与情感需求。

虚拟仿真技术还使得教学内容的编排更加灵活与多样化。在虚拟仿真环境中，教学内容的呈现方式不再是单一的文本或图像，而是通过模拟场景、互动操作、情节推进等多种形式来加以呈现。这要求思政课教师在进行内容编排时，应当充分考虑学生的认知规律与情感疏离，合理选择编排内容的呈现方式，尽量避免信息过载与情感冷漠。同时，编排过程中要注重内容的连贯性与层次感，确保虚拟仿真环境中的每一项互动都能有效服务于教学目标的达成。

3. 教学内容的呈现

虚拟仿真技术能够模拟现实世界中的各种复杂情境，将抽象的理论与实际的社会情境有机结合，从而增强学生的沉浸感与体验感，有效提升教学效果。因此，虚拟仿真技术在思政课中的教学内容呈现，不仅是对传统教学方法的补充，更是对教学内容呈现方式的深刻变革。

虚拟仿真技术能够为教学内容创设更加生动的情境。在思政课教学中，许多理论知识和概念往往较为抽象，学生难以产生直接的感知与认同。而虚拟仿真技术通过创造虚拟的社会环境和政治场景，使得学生能够在仿真的情境中感受相关理论的实践应用。通过虚拟现实技术呈现的情境，学生可以在模拟的社会、历史或政治场景中进行角色扮演、互动讨论，从而深刻理解抽象的理论知识，并培养情感态度和价值观。

虚拟仿真技术为教学内容的呈现提供了更为多样化的问题情境。通过设定具体的虚拟情境，教师能够将原本单一的教学内容转化为引导学生思考和探讨的问题，促使学生在互动中主动探究。这种问题化的教学内容呈现方式，能够引导学生积极思考、提出问题，并在虚拟情境中寻找问题的答案，从而更好地培养学生的思维能力和问题解决能力。虚拟仿真技术不仅能够展示问题情境，还能够通过动态反馈引导学生不断反思和调整自己的思维路径。

（五）思政课教学中虚拟仿真技术教学程序的优化

1. 理清教学思路

在思政课教学中，优化虚拟仿真技术教学程序，需理清教学思路。教学思路不仅决定了教学活动的进程，还直接影响着教学效果。虚拟仿真技术的优势在于能够实现真实情境的模拟与互动，增强学生的学习兴趣与参与感。然而，要使虚拟仿真技术在思政课教学中得以有效应用，必须优化其教学程序，并确保教学思路的清晰与简洁。

优化虚拟仿真技术的教学程序，必须确保教学思路的清晰。清晰的教学思路有助于教师明确教学目标，把握每一环节的重点与难点，从而更好地组织教学活动。虚拟仿真技术提供了高度互动的教学平台，能够通过模拟情境让学生置身于特定的社会环境中，深刻体验和感知课堂内容的实际意义。因此，教学思路应当依据虚拟仿真技术的特点，合理设计教学环节，确保各个环节之间的衔接和推进符合教学目标，遵循学生的认知发展规律。具体而言，思政课教师在运用虚拟仿真技术时，教学思路应包括情境创设、任务设置、互动反馈等环节，这些环节不仅要与教学内容相契合，还需顺应学生的学习节奏与兴趣点，帮助学生通过虚拟环境获得对思政理论的深刻理解。

教学思路应当简明有效。在虚拟仿真技术的教学中，繁琐的程序和过于复杂的步骤可能会影响教学效果，进而导致学生失去学习的动力。因此，简洁明了的教学思路至关重要。简化的教学程序能使学生更易于理解教学目标和任务，进而聚焦于核心内容，增强学习的针对性与实效性。在虚拟仿真教学过程中，思政课教师应当减少不必要的技术操作，注重重点环节的精细化设计。通过合理安排教学步骤和环节的先后顺序，避免无序操作与干扰，确保虚拟仿真技术能够为学生提供清晰、直接的学习路径。

优化教学思路时要兼顾规范性与灵活性。虚拟仿真技术的应用是基于教学目标、教学内容及学生特点的，因此，教学思路既需遵循一定的规范性，又应具备灵活性。教师在制定教学思路时，应根据不同的思政课内容与学生的认知需求，灵活调整虚拟仿真技术的使用方式。无论是课程内容的呈现，还是学生互动的组织方式，都应在规范框架内保持适当的灵活性，适应不同教学情境的需求，确保教学活动的多样性与丰富性。

2. 突出教学重点与难点

优化教学程序时，思政课教师必须着重关注如何在虚拟仿真环境中精准把握教学的重点与难点，以最大化实现教学目标。在这一过程中，虚拟仿真技术的关键优势在于能够通过直观、生动的方式帮助学生更好地理解复杂的思政理论，因此，突出教学重点与难点是确保教学效果的关键。

教学重点的确定是优化虚拟仿真技术应用的前提。在思政课中，教学的重点通常包括知识的核心内容、学生应掌握的情感态度与价值观等。通过虚拟仿真技术，教师能够将这些重点内容以沉浸式的方式呈现给学生，增强其直观感受和理解。例如，思政理论中的一些抽象概念和理论，学生在理解时往往存在一定的难度。虚拟仿真技术可以通过模拟情境和互动环节，帮助学生在特定的社会情境中体验和感知这些理论的实际意义，从而使学生能够更加集中精力于教学的核心要素。教学重点不仅局限于学科知识，还应包括情感、态度与价值观的培养，这些要素对于学生的全面发展具有深远影响，因此在虚拟仿真环境中，同样需要通过情境创设等手段予以突出，以确保教学目标的全面实现。

教学难点的识别与应对是优化虚拟仿真技术应用的另一重要方面。教学难点通常包括知识内容的难度以及教学环节的实施难度。在虚拟仿真技术的应用中，某些抽象的理论概念或复杂的社会现象对于学生来说可能依然存在理解障碍，尤其是在情感态度与价值观的塑造过程中，学生可能因为认知偏差或经验不足而难以全面接受这些内容。此时，虚拟仿真技术的应用便可以通过提供更加丰富的互动体验，帮助学生在虚拟情境中亲身体验并思考，从而克服认知上的障碍，推动理解的深入。教学环节的难点更多地体现在技术操作的复杂性和学生参与度的差异上。在虚拟仿真教学中，如何合理设计任务、引导学生参与互动以及如何有效地进行教学反馈，都是教学实施过程中可能遇到的难点。优化教学程序时，教师应根据学生的知识水平和认知特点，精心设计教学活动，避免过度依赖技术手段而忽视学生的实际需求，确保技术与教学内容的有机结合。

3. 创新教学模式

虚拟仿真技术通过其独特的沉浸式体验和互动性，为思政课教学模式带来了新的思路和实践路径。在优化教学程序时，创新教学模式是提升课堂教学效率和效果的重要策略。

虚拟仿真技术为思政课教学模式的创新提供了新的视角和工具。传统的教学模式往往依赖讲授式和灌输式等方法，这些方法虽然有效，但在某些情况下，无法充分激发学生的学习兴趣和参与热情。通过虚拟仿真技术，教学模式可以突破传统教学的局限，真正实现情境式和互动式的融合。在虚拟仿真环境中，学生不仅是知识的接受者，还是学习过程中的主动参与者。虚拟仿真技术能够模拟社会情境、政策实施等复杂的社会现象，学生在互动过程中可以更好地理解和体验思政课程的核心内容，从而使教学模式更加符合学生的认知发展规律和学习需求。

创新教学模式的核心在于灵活运用虚拟仿真技术，突破单一模式的限制。在思政课的教学中，教师不应仅限于使用传统的讲授式或讨论式教学，而应根据教学内容、教学目标及学生特点灵活调整教学模式。虚拟仿真技术提供了一个灵活、多元的教学平台，使教师能够根据不同的教学目标选择不同的教学模式。例如，在讲解社会理论和道德哲学时，教师可以通过虚拟仿真技术创造具有高度现实感的社会情境，以便帮助学生更好地理解抽象的理论与现实之间的联系。在价值观培养和情感态度塑造方面，虚拟仿真技术提供了一个动态的互动环境，学生通过模拟与社会主体的互动，能够更直接地感知和体验思政教育的价值和意义。因此，教师应根据课程内容的特点，将虚拟仿真技术灵活融入不同的教学模式中，创新性地设计教学活动，不断优化课堂教学程序。

创新教学模式还需要注重学生主体性的培养。虚拟仿真技术的优势在于能够创造一种高度互动的学习环境，学生可以通过与虚拟情境的互动来主动构建知识、深化理解。在这种模式下，教师的角色不仅是知识的传授者，更是引导者和组织者。教师通过设计虚拟仿真情境和互动任务，引导学生主动思考、探索和解决问题，从而提高学生的自主学习能力和批判性思维。这种创新教学模式不仅有助于提升学生的学习积极性，还能够培养其综合素质和实践能力，符合现代教育理念的要求。

（六）思政课教学中虚拟仿真技术教学的管理策略

课堂教学的正常开展，必须建立在良好课堂秩序的基础上。在课堂教学中，教师必须根据课堂情况，采取有效的手段，集中学生注意力，维护课堂纪律，营造良好的课堂氛围，以保证教学有序进行。因此，课堂教学管理也是广大教师需要关注的重要问题。

1. 教学的常规管理

科学的教学常规管理，能够有效地促进教学目标的达成与学生综合素质的提升。虚拟仿真技术的引入有助于优化思政课堂的教学结构与流程，进一步提高教学效率。虚拟仿真技术通过构建逼真的虚拟环境，使得学生能够沉浸式地体验和学习，进而在知识的获取过程中更加主动与投入。科学的教学常规管理，能够确保技术的有序使用，避免技术滥用或技术失效，从而保证教学活动的顺利开展。

虚拟仿真技术能够创造更加多样化的教学情境，激发学生的学习兴趣。在思政课教学中，学生的学习兴趣往往受制于教学内容的枯燥性，而虚拟仿真技术则可以通过生动的情景再现、互动式的学习模式以及直观的视觉效果，使学生对理论知识的理解更加深入、透彻。通过精确的课堂管理，教师能够确保这些技术手段的有效性与针对性，避免技术本身的复杂性影响学生的学习体验。

虚拟仿真技术在教学中的应用要求课堂管理者具备高度的组织协调能力，以保持课堂秩序的有序进行。教学常规管理通过对课堂的时间、空间以及技术资源的精确调配，可以使虚拟仿真技术得以高效运作，避免因操作不当或管理失当引发教学混乱。因此，合理的管理策略不仅能够确保课堂环境和谐有序，还能够促使学生在虚拟仿真中获得更多的知识与思考。

2.教学问题行为的管理

在思政课教学中，学生在课堂中表现出来的各种问题行为，往往与课堂行为规范和教学要求并不一致，会对教学活动的正常开展产生负面影响。识别与管理这些问题行为，尤其是在虚拟仿真教学环境中，成为教师教学管理的一项重要任务。

虚拟仿真技术的应用可能导致学生在课堂中产生注意力分散、缺乏互动等行为问题。这类问题行为主要表现在学生对虚拟环境的过度沉浸或技术操作不当等方面，导致学生未能专注于课程内容的学习。与传统课堂教学相比，虚拟仿真教学增加了技术层面的复杂性，这可能导致部分学生难以有效融入课堂互动，或者由于技术不熟悉而出现行为上的不规范。学生可能在虚拟仿真过程中过于关注操作技术本身，而忽视了课堂的学习目标，进而影响了课堂秩序。

虚拟仿真技术引发的行为问题表现在学生参与度的差异性上。部分学生可能对虚拟仿真技术产生抗拒或畏难情绪，导致其在课堂中的参与不积极，甚至出现逃避式行为，如未按时参与讨论或模拟活动。这种问题行为不仅影响了学生个体的学习进程，也削弱了课堂的整体学习氛围，进而影响了思政课教学的效果。

虚拟仿真技术环境中的问题行为体现在学生对课堂规范的理解偏差上。由于虚拟仿真教学不同于传统课堂的直接交流与互动，学生在参与过程中可能未能准确理解课堂行为规范，进而出现不当的操作或反应。例如，学生在虚拟仿真场景中可能存在超出课堂规定的行为，如过度延迟操作、频繁打断其他同学的互动等，这类行为不符合教学要求，严重扰乱了课堂秩序。

针对虚拟仿真技术的教学管理，要求教师及时发现并进行干预。教师需要通过有效的课堂管理手段，实时监控学生在虚拟仿真环境中的行为表现，确保学生能够在互动中遵循课堂纪律，保持对学习内容的关注。教师应当结合技术手段，制定明确的行为规范，并通过正向激励与适度引导，使学生能够在虚拟仿真环境中保持良好的行为习惯，从而促进课堂教学目标的实现。

第三节 虚拟仿真教学法在思政课教学中的实践

虚拟仿真教学法应用于高校思政课教学，既是切实增强思政课堂教学吸引力、提升学生参与感的重要方式，也是有效弥补传统思政课教学不足的良好途径，更是信息化发展背景下思政教育发展的必然趋势[1]。

一、强化虚拟仿真教学法应用的基础保障

（一）统筹整体规划

在当今高等教育中，统筹整体规划已成为推动各项教育创新和深化改革的关键要素，尤其是在高校思政课的教学方法改革过程中，统筹整体规划的作用愈加显著。虚拟仿真教学法的应用作为一种新型教学手段，在思政课中的推广，不仅需要明确的实施路径，更需要从宏观层面进行精心设计和有效规划。通过统筹整体规划，可以严格确保资源的合理配置、教学目标的顺利达成以及教学效果的可持续提升。

统筹整体规划要求高校在思政课虚拟仿真教学的推进过程中，确立一个系统化、科学化的框架。通过制订详细的规划方案，明确虚拟仿真教学法的核心内容、实施步骤以及预期成果，能够为后续的实施提供坚实的基础。这一过程不仅涉及教学资源的合理调配，还涵盖教育理念的统一与教学方法的创新。在这一框架下，各种教学环节得以有序推进，进一步保证了教学内容

---

[1] 张洁. 基于虚拟仿真技术的高校思政课教学实践探索[J]. 淮南职业技术学院学报，2024，24（2）：22-24.

的科学性与系统性,为学生提供更加灵活和多样化的学习体验。

统筹整体规划强调各方力量的协同合作。在虚拟仿真教学法的实施过程中,不仅涉及教学部门的配合,还需要其他相关职能部门的广泛支持与参与。高校需要通过建立多元联动机制,协调各方资源,形成合力。各部门之间的通力合作,不仅有助于推动教学设施的建设与优化,还能有效解决实践教学中的各种难题。通过构建校内外各个层级的协同机制,可以确保虚拟仿真教学法得到充分的支持与保障,从而推动其在思政课中的深度应用。

统筹整体规划涉及教学效果的评估与反馈机制的建立。高校应当注重虚拟仿真教学法应用后的效果评估,通过定期的教学质量监控与学生反馈,不断调整优化教学策略和方法。通过量化的评估手段,可以更好地了解教学活动的实际效果,发现潜在的问题,并及时进行改进。同时,高校还应当积极收集教师和学生在使用虚拟仿真教学过程中的经验与建议,从而实现教学方法的不断优化和创新。

(二)加大经费投入,构建教学环境

近些年,国家提升了对高校思政工作的重视程度,教育经费投入比例也不断提高,这给高校思政课虚拟仿真教学法的应用带来了良好的发展空间和物质支持。为了充分发挥虚拟仿真教学法在高校思政课教学中的优势,需要相关教育部门和高校建立健全思政课虚拟仿真教学专项经费保障制度,加大专项资金投入,拓宽经费筹措渠道,保障教学必备的物质基础,配备相应的硬件设备和软件资源,创造网络教学环境。

1. 构建思政课虚拟仿真教学平台系统

构建思政课虚拟仿真教学平台系统旨在通过现代信息技术手段,创新思政教育模式,提升教学效果。平台的结构设计应以管理员、教师和学生为核心,确保教学内容的高效发布、资源的灵活管理以及学生的主动参与。

(1)管理员版块

管理人员主要负责思政课虚拟仿真教学平台的日常管理与系统维护。专业技术人员需确保平台的稳定性与安全性,及时解决系统中可能出现的技术问题,保障教学活动的顺利进行。管理员还需监督思政课虚拟仿真教学平台各版块功能的正常运作,确保平台在用户使用过程中维持高效、流畅的服务质量。

（2）教师版块

思政课教师根据课程要求，发布具体的教学任务，帮助学生在虚拟仿真环境中深入理解与思考知识点。通过虚拟仿真技术，思政课教师能够提供更为丰富的教学资源，如交互式课件和模拟场景，学生在其中不仅能看到理论内容，还能通过沉浸式体验加深对知识的掌握。同时，思政课教师还可以根据教学目标和学习进度设计作业，既有助于学生自主学习，又能够通过反馈及时评估学生的学习效果，逐步提升课堂互动的效果与质量。

（3）学生版块

通过学习专栏，学生能够在虚拟世界中进行自主学习，体验与传统课堂完全不同的教学方式。虚拟仿真环境提供了一个安全且富有互动性的学习空间，学生在这里不仅可以直观地理解和掌握复杂的理论知识，还能通过与虚拟情境的互动深化对知识的感悟与应用。此外，作业安排与教学互动也为学生提供了及时反馈和多元化的学习支持。学生可以在作业中检验学习效果，在教学互动中与教师和同学进行思想碰撞，促进其更深入地学习与思考。

2. 构建思政课虚拟仿真体验教学中心

高校思政课虚拟仿真教学体验中心具有沉浸体验、自然互动、感知构想等多项功能，能有效增强思政课教学的感染力和吸引力[1]。构建思政课虚拟仿真体验教学中心，不仅推动了思政课教学模式的创新，还为思政教育的现代化提供了有力支持。虚拟仿真体验教学中心通过智能交互技术和沉浸式学习环境，提供了一种全新的教学体验，促使学生在虚拟空间中主动参与、深度思考和综合运用所学知识，从而提升其对思政课程的兴趣与理解。

虚拟仿真体验教学中心借助高精度的虚拟仿真技术，能够模拟复杂的社会场景和多样化的思政教育情境，为学生提供身临其境的沉浸式学习体验。在这一平台上，学生不再是被动接受知识的对象，而是通过虚拟环境中的互动与探究，主动参与到思政教育的过程之中，这种沉浸式体验不仅增强了学生的感知力，还帮助他们将理论知识与现实情境紧密结合，进一步深化了其对思政教育内容的理解。

虚拟仿真体验教学中心的建设突破了传统课堂的空间限制，使得思政课的教学不再局限于小规模的课堂互动，而是能够容纳更多师生共同参与的虚

---

[1] 王卫国，杨晓，黎娟. 高校思政课虚拟仿真教学体验中心建设探究[J]. 广西教育学院学报，2021（6）：122-126.

拟仿真教学活动。通过大规模学习空间的有效利用，虚拟仿真教学可以实现更多学生同时参与，使得教学资源得到最大化的共享与扩展，从而有效提高教学的普及性和影响力。

3. 构建思政课虚拟仿真场馆

构建思政课虚拟仿真场馆是运用现代虚拟仿真技术，推动思政教育创新的重要举措。虚拟仿真场馆通过对现实场馆进行虚拟化模拟，能够创造出具有主题特色的三维立体式展览空间。学生在此类场馆中不仅能够进行自主参观，还能根据课程要求自主选择不同的游览路线，从而实现个性化的学习体验。这种设计理念有效突破了传统课堂的局限，提供了更加丰富和互动的学习环境，为思政课的教学形式注入了新活力。

虚拟仿真场馆的建设能够根据不同课程内容的特点，定制符合教学需求的专题虚拟场馆。例如，在马克思主义基本原理课程中，可以通过构建马克思主义传播史虚拟场馆，让学生通过虚拟体验深入了解马克思主义的传播过程及其对中国历史发展的深远影响。此类虚拟场馆不仅为学生提供了沉浸式的学习平台，还促使学生在体验过程中深入思考，主动探索和分析课程内容，从而有效提升其学习的主动性和深度。

（三）夯实队伍建设，共享教学资源

在当前高等教育发展背景下，教育资源的共享与队伍建设显得尤为重要，尤其是在提升教学质量、推动创新教育实践方面，二者相辅相成，已成为教育领域改革的重要内容。尤其是在不断发展的信息技术和现代教学方法的大力推动下，共享教学资源与夯实队伍建设不仅是教育现代化的必然要求，也是提升教学水平和实现教育目标的关键路径。

夯实队伍建设是提升教育质量的基石，思政课教师作为教育系统中影响学生学习效果的重要因素，其专业素养、教学能力和创新思维决定了教育实践的深度和广度。为了适应新时代教育需求，教育部门应积极推进教师队伍的建设，尤其是加强高校教师的培养和再培训。通过定期开展学术交流、专业培训与跨学科合作等活动，教师能够不断更新其教育理念，掌握最新的教学技术，进而推动教学方法的革新。随着虚拟仿真、人工智能等技术的快速发展，教师在传统教学方法的基础上，应当积极探索新型的教学手段，提升其在教学活动中的适应性与引领性。

队伍建设的夯实离不开共享教学资源的支持。随着教育领域信息化、智能化的不断推进，教学资源的共享已然成了提升教育质量、优化教学环境的重要手段。共享教学资源不仅能够打破时间和空间的限制，使教育资源更加高效地流通和利用，还能有效减少资源的重复建设，降低教育成本，促进教育公平。为了实现这一目标，高校应当通过搭建数字平台、共享网络等一系列手段，整合各类优质教学资源，包括教案、课件、视频教程等，确保思政课教师和学生能够更加便捷地获取所需的教学内容和辅助材料。

共享教学资源的建设与应用应注重内容的质量与多样性。在构建共享平台时，应根据不同学科领域的特点，提供具有针对性的资源，确保每一项教学资源都能真正满足教学需求，促进知识的有效传播，推动教学质量的提升。同时还应注重技术平台的建设与维护。在信息化技术日益发展的今天，构建一个功能完善、技术先进的共享平台，是实现教育资源优化配置的重要前提。该平台不仅要具备高效的资源管理和共享功能，还应支持多样化的学习形式，如在线学习、互动学习、实时反馈等，从而充分发挥教学资源的最大价值。

资源共享不仅是教育设施建设的要求，也是教育理念更新的体现。在思政教学中，注重集体智慧的凝聚与共享，可以通过教师间的协作与合作，提升教学效果和资源利用效率。高校可以通过加强校际合作，联合开展课程开发、科研创新等项目，实现资源的共建共享。借助资源共享平台，不同院校可以共同开发课程内容，互通有无，避免进行重复劳动，最大化利用教学资源。此外，这样的平台还能够提供丰富的虚拟仿真、互动教学等功能，激发学生的学习兴趣和积极性，提升其综合能力。

二、选取合适的虚拟仿真思政教学内容

选取合适的虚拟仿真教学法表达教学内容的标准有三条：①便于学生参与人机交互的教学内容；②还原历史场景的沉浸式教学内容；③降低成本的社会实践场景教学内容。

（一）便于学生参与人机交互的教学内容

在现代教育理念的引导下，人机交互作为一种先进的教学方式，为教育领域注入了新的活力，在这一背景下，选取便于学生参与人机交互的教学内容，已成为提升教学效果、激发学生学习潜力的关键因素。虚拟仿真教学法的应用，为学生提供了更加直观和沉浸的学习体验，尤其是在复杂、抽象的

学科知识传授中，其独特的优势不容忽视。

便于学生参与人机交互的教学内容往往具有较强的抽象性。在传统思政课教学模式下，面对深奥的理论知识，学生可能会由于缺乏足够的直观体验而感到困惑。例如，在政治学、历史学等学科中，许多核心概念和事件的理解需要学生具备较高的认知水平和逻辑思维能力。此时，虚拟仿真教学法能够通过虚拟环境再现相关的历史事件或制度背景，以更生动、形象的方式帮助学生进行理解。通过模拟具体情境，学生能够更加直观地感受到理论背后的实际运作和动态变化，进而不断提升其对知识的掌握程度。

虚拟仿真教学法的优势不仅体现在对抽象概念的具象化，还表现在对学生学习体验的深度引导上。人机交互式的教学内容，以学生的体验为主导，通过交互操作使学生在虚拟环境中主动探索、思考和实践。在这种思政课教学模式下，学生成为学习过程中的积极参与者。教学内容通过高度沉浸式的体验，让学生以第一人称的视角亲身参与历史或社会事件，从而增强其对学习材料的记忆和理解。虚拟仿真不仅限于对历史事件的还原，也可被广泛应用于社会实践、科技实验等领域，使学生能够在虚拟情境中进行自我探索、错误试验和决策分析，培养其问题解决能力和批判性思维。

便于学生参与人机交互的教学内容注重激发学生的主体性。人机交互的本质是双向的互动过程，学生的参与不是被动地接受信息，而是通过与虚拟环境的交流互动，主动建构知识。虚拟仿真教学法通过将教学权力交还给学生，增强了学生的能动性和自主性。在这一过程中，学生通过主动选择、操作和反馈来获得信息。这种方式有助于培养学生的独立思考能力和自主学习能力，使其在学习过程中逐渐形成问题导向的思维方式。

虚拟仿真教学法还可以有效弥补传统思政课教学中的不足，尤其是在面对学生对某些教学内容缺乏兴趣或动力时。通过虚拟仿真技术的引入，学生能够在虚拟环境中探索与自身学习目标紧密相关的内容，促使其学习过程更加个性化、灵活化。在虚拟环境中，学生可以根据自己的兴趣和需求，选择不同的路径和方式进行学习，进而激发其内在的学习动力。这种方式不仅能够提高学生的学习参与度，还能提升其对知识的主动掌握和应用能力。

（二）还原历史场景的沉浸式教学内容

在当代高等教育中，虚拟仿真教学法凭借其独特的沉浸性特征，逐渐发展成为重要的教学工具。通过虚拟仿真技术的应用，学生能够进入历史场景中，身临其境地体验和感知历史进程，极大地促进了情感认同，加深了对历史的理解。尤其是在思政课教学中，通过虚拟仿真技术的创新应用，历史场景的还原和沉浸式教学内容的构建，使得学生不仅能够更清晰地认识历史的发展进程，还能通过沉浸式体验深化对历史、文化、精神的理解与认同，进而增强对社会主义核心价值观的认同与践行。

历史作为人类文明发展的重要见证，承载着丰富的思想价值和文化内涵。在传统的历史教学中，尽管可以通过文字、影像等手段对历史进行叙述和展示，但历史场景的真实再现往往无法充分引发学生的共鸣和认同。虚拟仿真教学法的应用为这一问题提供了创新的解决方案。通过高精度的虚拟技术，历史事件和场景得以还原，学生可以直接感受到历史人物的思想决策和历史事件的重大影响。此种沉浸式教学内容的设计，既能够激发学生的历史兴趣，又能够帮助其在情感上与历史产生深刻的联结，从而更好地理解和把握历史的深层次含义。

虚拟仿真技术在还原历史场景时，不仅是简单的场景再现，更关注历史事件发生的背景、情境以及人物的行为动机与精神内涵。通过精准模拟历史的社会环境、政治氛围和文化特征，虚拟仿真教学能够让学生更直观地感受到不同历史时期人民群众的生活方式与思想情感。尤其是在思政课的教学中，虚拟仿真技术为学生提供了一个超越传统课堂的学习平台，能够引导学生深入探讨历史的内在逻辑与发展脉络，从而增强他们的历史责任感和使命感。

虚拟仿真教学法能够有效地激发学生的情感认同。在传统的历史教学中，学生仅仅是通过阅读历史材料或观看历史影像来了解过去的事件，这种方式难以让学生真正产生情感上的共鸣。而虚拟仿真技术的沉浸式体验能够使学生真正置身于历史场景中，感受到历史的重量与深远影响。这种身临其境的体验使得学生的情感认同更加真实和深刻，也能帮助他们在情感上建立对历史的尊重与热爱，从而形成更加坚定的社会认同感和文化归属感。

通过沉浸式历史场景的还原，学生能够在虚拟的历史环境中，感知历史人物的思想、情感与精神境界，进而在历史与现实的交汇点上，增强对社会主义核心价值观的认同和践行。这种情感认同的建立不仅是对历史事件的简单接受，更是通过对历史精神的认知，激发学生的思想热情与责任感，进而推动其在实际生活中积极践行社会主义核心价值观，服务社会、贡献国家。

（三）降低成本的社会实践场景教学内容

在高校思政教育领域，社会实践教学内容的现实成本较高一直以来都是制约其广泛开展和深入实施的主要因素之一。这些成本通常包括人力、物力以及财力的投入，尤其是在需要现场操作和长期参与的复杂社会实践活动中，资源消耗尤为显著。因此，传统的社会实践教学方法在实施时面临着诸多挑战，如高昂的资金支出、参与者的时间安排冲突以及现场实践中可能出现的不可预见的风险等问题。随着信息技术的发展，虚拟仿真技术的出现为克服这些问题提供了有效的解决方案。虚拟仿真教学法通过创建高度还原的虚拟场景，不仅降低了教学成本，还突破了时间和空间的限制，极大地提升了教学的灵活性与可操作性。

虚拟仿真教学能够基于真实数据建立高度还原的虚拟场景。通过精确的数字建模技术，虚拟仿真平台能够将社会实践的实际情境、场所及设备等因素进行完美再现。学生在这一环境中进行的各项操作和学习任务，几乎无差异地模拟了社会实践的过程和结果，这样既能确保思政教育内容的真实性，又能够避免现实环境中的资源消耗。这种真实感和沉浸感，使得学生能够深刻理解实践教学中的每一个环节，并在虚拟环境中不断调整和优化自己的决策与行为。

虚拟仿真教学突破了传统社会实践教学所面临的时空限制。在传统的社会实践中，学生需要亲自前往特定的地点参与现场活动，这不仅会耗费大量的时间和资金，还可能受到地理位置和天气等外部因素的制约。而虚拟仿真技术则能够在任何地点、任何时间，通过计算机或移动设备，模拟出精确的社会实践场景，极大地提高了教学的灵活性和可访问性。学生无须亲自前往实践场地，便可在虚拟环境中体验并参与各类社会实践活动，避免了传统方法中的种种不便和限制。

虚拟仿真技术能够促进实践教学的落实与深化。在传统的实践教学中，学生虽然可以参与一定的社会实践活动，但受限于资源和时间，难以进行多次反复的训练和操作。通过虚拟仿真技术，学生可以进行多次重复的实践，探索不同的情境和结果。这种反复实践的过程，有助于学生在不断修正错误和总结经验的过程中，提升其实践能力和决策水平。同时，虚拟仿真教学法能够提供即时反馈，学生在虚拟环境中所作出的每一决策都能立即得到结果分析，这种即时性和交互性极大地增强了学习的效果和学生的参与感。

虚拟仿真教学法的应用能够有效降低社会实践教学的管理难度与安全风险。在传统的社会实践活动中，尤其是涉及复杂社会问题的实践项目，学生往往面临较高的安全风险。例如，在灾害应急、社会治理等场景中，学生如果直接参与其中，可能会面临意外的伤害或风险。而通过虚拟仿真技术，这些风险便可以完全消除，学生可以在安全的环境中模拟和应对各种紧急情况，积累经验并提高应对能力，避免了现实中可能出现的危险。

三、促进虚拟仿真教学法贯穿思政课堂教学全过程

办好新时代高校思政课，增强学生的使命担当，需要从理论认知、情感认同、躬行实践的具体目标着手。高校思政课课堂教学过程正是从知识层面逐步上升到能力层面，最终以情感、意志和行动的升华收尾。

（一）虚拟仿真情境呈现思政理论知识内涵

虚拟仿真情境在思政课中的应用能有效地推动思政理论知识内涵的呈现与深度理解。随着信息技术的迅猛发展，虚拟仿真技术已经逐步渗透到教育教学的各个领域，尤其是在思政课的教学过程中，它为学生提供了一个多维度、沉浸式的学习体验，有效突破了传统教学方式的局限性。在这一教学模式下，思政理论知识的抽象性、深刻性可以通过虚拟仿真情境的直观呈现转化为生动、具体的情境和场景，使学生能够在情感上产生共鸣，从而加深对理论知识的理解和认同。

虚拟仿真情境的应用能够提升学生的参与感和主体性。在传统的思政课教学中，学生常常处于被动接受知识的状态，缺乏自主学习的动力和深度理解的机会。而在虚拟仿真情境中，学生不仅是知识的接受者，更是学习活动的参与者和构建者。通过与虚拟情境的互动，学生能够更主动地进行思考、讨论和决策，这种参与式的学习方式极大地激发了学生的学习兴趣和探究欲望。在虚拟仿真情境中，学生可以在不同的社会政治背景下进行决策模拟，反思并加深对思政理论知识的理解与感悟，从而使理论学习不再仅停留在知识层面，而是深化到实际的认知和情感层面。

虚拟仿真情境能够有效提升思政课的教学效果。通过情境的沉浸感和代入感，学生能够更加深刻地感受到思政理论知识的现实意义和价值。在虚拟仿真环境中，学生不仅可以通过角色扮演或情境互动加深对理论知识的认同，更能够在特定的情境中理解和体验社会责任、历史使命、集体主义等核心价

值观念。这种沉浸式的体验不仅加强了学生对理论知识的理解，也促进了其情感态度的形成和价值观的塑造。通过虚拟仿真技术，思政课的教学能够从单一的知识传授逐渐转向综合素质的培养，进一步推动了学生对社会主义核心价值观的内化与践行。

虚拟仿真情境的教学模式为思政课的教学创新提供了新的视角和方向。它不仅突破了传统课堂的局限，丰富了教学形式，还增强了思政课的时代感和吸引力。在不断变化的社会背景和信息化时代下，虚拟仿真技术的引入为思政课的教学内容和方式提供了全新的可能性。它使得思政课的教学更加符合现代教育的需求，能够在理论与实践的结合中促进学生全面发展。

（二）虚拟仿真情境升华思政课情感认同

情感认同作为思政教育中的核心元素，是学生理解和内化理论知识的关键环节。通过虚拟仿真教学法，学生能够身临其境地体验社会实践，增强对国家、社会、集体以及个人价值的认同，从而在思政教育的过程中实现情感的深层次共鸣。这一教学方式不仅有效提升了学生的理论素养，更在情感层面促进了其价值观的内化，助力学生在思想和行动上形成正确的价值导向。

虚拟仿真情境的沉浸性和交互性特征，使其在情感认同的培养上具有独特的优势。虚拟仿真环境通过高度仿真的情境设计，促使学生能够在接近现实的场景中体验具体的社会实践和历史事件，有效缩短了传统教学中理论与实践之间的距离，学生能够通过互动式学习，在虚拟情境中亲身感知和思考，从而加深对思政理论的情感认同。通过模拟的情境，学生在体验过程中不仅是知识的接受者，更是情感认同的主体，能够在多维互动中感受到理论知识背后的情感力量，进而增强对社会主义核心价值观的认同感。

虚拟仿真情境有助于将学生置于多元的历史、社会和文化背景中，使其能够从多角度、多层次地理解时代赋予的责任与使命。在虚拟仿真教学中，学生可以通过参与到特定的历史情境中，深刻体会国家和民族在重大历史时刻所作出的各种决策和牺牲。这种沉浸式学习模式不仅能让学生理性认知历史和社会的复杂性，还能在情感上引起强烈的共鸣，形成对民族复兴、社会发展以及人民群众的情感高度认同。虚拟仿真技术突破了传统课堂教学的限制，为学生提供了一个更加生动、鲜活的学习环境，使他们在体验中感知历史的深刻内涵，激发其对祖国、对人民、对社会的认同感与责任感。

虚拟仿真情境的互动性为情感认同的升华提供了新的可能。在传统的教学模式中，学生的参与主要局限于听课和答题，而虚拟仿真情境则要求学生通过积极地参与和决策来影响虚拟情境的发展。这种高度互动的学习方式，使学生在教学过程中不仅关注知识的获取，更加注重情感的投入和认同。通过在虚拟仿真中进行角色扮演、决策分析等一系列活动，学生能够在实际操作中体验到不同价值观的冲突与融合，从而更加深刻地理解和认同社会主义核心价值观、集体主义精神和社会责任感。这种情感认同的升华，全面推动了学生将理论学习与实践体验有机结合，使其在思想和情感上形成更加坚定的价值立场。

虚拟仿真情境还能够帮助学生更好地理解和应对复杂社会现象中的伦理和法律问题。在虚拟情境中，学生不仅能够感知社会运作的复杂性，还能够理解法律与道德的界限，树立法治观念。在模拟社会事件或突发事件时，虚拟仿真教学可以通过情境设置让学生深刻认识法律与道德的力量，从而激发他们对于规则的尊重与对正义的追求。这种情感上的认同，不仅提升了学生的道德素养，也为其未来步入社会、参与国家建设奠定了坚实的思想基础。

（三）虚拟仿真情境加强思政课实践教学

虚拟仿真情境能够为思政课实践教学提供多元化的实践内容设计，极大地拓展了学生学习的维度与空间。在传统的实践教学中，受限于时间、地点等因素，实践活动的形式和内容常常较为单一。而虚拟仿真情境则能创造出多样的模拟场景，学生可以在虚拟环境中参与到复杂的社会实践过程中，通过互动与操作，直观体验并掌握相关的理论知识与实际技能。这种实践模式不仅激发了学生的学习兴趣，还促使其主动思考和分析问题，培养了其综合运用理论知识解决实际问题的能力。

在思政课实践教学中构建虚拟仿真情境，能够培养学生的创新思维与批判性思维。在虚拟仿真情境中，学生不再是被动接受者，而是积极参与者和创造者。学生在虚拟情境中可以根据自身的理解进行决策、解决问题，从而培养其独立思考与判断能力。虚拟仿真教学的交互性和开放性，使学生能够在实践中主动探索，提升了其分析问题、解决问题的综合能力。这种创新与批判性思维的培养，正是思政教育的核心目标之一，也是学生将来在社会实践中更好地发挥专业知识、履行社会责任感的重要保障。

虚拟仿真情境可以有效增强思政课教学的实践性与前瞻性。随着社会的不断发展和技术的逐渐进步，传统教学手段已难以满足现代教育的需求。虚拟仿真技术的引入，不仅提供了更加真实、具体的实践场景，也为教学内容的创新和实践环节的拓展提供了无限可能。通过虚拟仿真技术，学生不仅能够直观感受到现实世界中的社会政治现象，还能在虚拟环境中进行模拟和预测，进一步增强其对未来社会变革、政策调整等问题的预判和适应能力。这种前瞻性训练，使得学生在接受思政理论教育的同时，也能够提升其面向未来、应对复杂变化的能力，为其更好地融入社会、适应社会发展奠定了良好基础。

四、构建思政课虚拟仿真教学法应用的评价体系

健全思政课虚拟仿真教学法应用的评价体系是保障高校思政课教学协调有序开展的关键措施，它能够准确评判思政课虚拟仿真教学法的应用是否合理有效。对改进教学方法、提升教学质量具有重要意义。

（一）构建教学质量评价指标体系

构建教学质量评价指标体系是确保教学质量不断提升的关键手段。在现代教育体系中，教学质量的评价不仅是对教学效果的综合反映，更是推动思政教育创新与提升的动力。有效的评价体系应当从多个维度出发，结合科学的标准和方法，全面、客观、系统地反映教学过程的各个环节，从而为教学改进提供科学依据和实践指导。

教学质量评价指标体系的构建必须具有全面性，确保从教学设计、实施、资源利用到反馈机制等各个方面都得到充分评估。教学准备阶段的评价应关注思政课教学目标的设定是否科学合理，是否符合课程的实际需求，是否能够有效激发学生的学习兴趣与参与度。此外，思政课教学资源的配置也必须得到有效评估，教学内容是否切合实际需求，是否有利于培养学生的核心能力，都是评价的重点。

思政课教学质量评价体系要兼顾客观性和主观性。思政课教学质量的评估不仅依赖于量化数据的分析，还需要通过学生和教师的反馈收集主观体验，以便更全面地了解教学效果。在客观评价方面，诸如学生的学习成绩、课程的通过率、实验的完成率等指标是非常直观的；主观评价包括学生对教学内容的认知程度、教师授课方式的有效性、教学环境的互动性等方面的客观反馈。这些主客观指标的结合，能够为教学质量的提升提供多维度的指导意见。

思政课教学质量评价体系必须具有针对性，特别是在面对不同学科和教学模式时，更应设计出符合各自特点的评价标准。例如，对于虚拟仿真教学法的评价，就需要特别关注虚拟仿真技术在教学过程中的应用效果，不仅要考量虚拟实验的操作性、真实性、互动性，还需要评估学生通过虚拟仿真环境能否真正有效理解和掌握课程内容。这些特定指标不仅反映了教学模式的特殊性，也能准确捕捉到教学中可能存在的不足之处。

教学实施阶段的评价应聚焦于教学过程的执行力，包括教师的教学组织能力、课堂互动的有效性、教学内容呈现的清晰度等指标。特别是在现代教育环境中，信息技术的迅速发展使得教学手段和模式更加多样化。因此，如何有效利用信息化手段提升教学效果，如何确保虚拟仿真等技术工具的稳定性和可靠性，成为新的评价维度。在这一过程中，教学系统的稳定性、课程内容的呈现质量以及学生在虚拟环境中的参与度和沉浸感等因素，都应成为评价指标中的重要组成部分。

教学反馈机制是教学质量评价的核心。有效的反馈不仅能帮助教师及时了解教学效果，还能够促进学生在学习过程中进行自我反思与提升。教学反馈应包括三个方面：系统反馈、学生反馈和教师反馈。系统反馈反映了教学活动的整体运作情况，如实验完成率、课堂互动频率等；学生反馈侧重于学习动机、学习效果以及教学方式对学生认知水平的影响；教师反馈重点关注教师在教学过程中遇到的问题及应对策略，评估教学方法与工具是否能够有效支持教学目标的达成。

（二）建立多元化的评价方式

为了科学、客观、公正地反映高校思政课虚拟仿真实践教学成效，应坚持定性与定量评价、过程性与结果性评价、评教与评学相结合的评价方式。建立定性评价和定量评价相结合的高校思政课虚拟仿真教学的评价方式，有利于对思政课虚拟仿真教学法展开全面评估；建立过程评价和结果评价相结合的评价方式，能够有针对性地提升思政课教学实效；坚持评教和评学相结合的评价方式，有利于促进师生的良性互动与合作。

1. 坚持定性评价和定量评价相结合

评价不仅是对教学活动效果的反馈，更是推动教学模式创新和提升教学质量的重要手段。因此，将定性评价与定量评价相结合的模式，成为思政课虚拟仿真教学评价体系的关键。这种结合方式能够充分发挥定性和定量评价的优势，形成互为补充、相互促进的评价机制，从而更准确地反映教学效果，确保教学质量的提升。

定性评价是基于对思政课虚拟仿真教学特性的描述和分析，并通过观察与综合判断得出结论。这一过程注重主观的理解以及对教学过程中复杂因素的把握，如教学内容的呈现方式、虚拟仿真技术的适用性以及学生的参与感受等。定性评价的核心在于对教学目标的实现程度进行宏观评价，能够提供对教学模式、教学内容及教学过程的深入洞察。然而，单纯依赖定性评价极易受到主观因素的影响，可能导致评价结论的不确定性和对教学科学性的质疑。

定量评价强调通过标准化、可量化的指标对教学效果进行精确评估。在虚拟仿真教学中，定量评价能够通过具体的数值指标对学生学习效果、课堂参与度及教学质量等方面进行细致测量。例如，依据学生反馈、在线课程用户体验等多维度指标进行评分，能够客观反映教学的实际效果。定量评价的优点在于其标准化和精确性，能够为教育决策者提供明确的数据信息，便于进一步优化教学内容和教学方法。

然而，仅仅依赖定性或定量评价中的任何一种方式都无法全面反映虚拟仿真教学的效果。定性评价虽然能够提供深入的理解和全面的分析，但其主观性较强，难以精确量化教学成效。定量评价虽能够提供清晰的评分标准和数值数据，但如果忽视了教学过程中的复杂性和多样性，可能会导致对教学效果的片面理解。因此，有机结合定性评价和定量评价的方法，能够有效克服单一评价方式的局限性，实现更为科学、全面的教学评价。

在具体实施过程中，定性和定量评价的结合应根据思政课虚拟仿真教学的特点，合理设计评价体系。例如，学生反馈评价可以从教学项目、教师表现、教学环境以及学生自评四个方面进行综合评估，每个方面都有具体的评分标准，并能有效确保这些评分项的科学性与可操作性。教学项目的评价、教师表现的评价以及教学环境和学生自评的评分，能够反映学生对教学内容、教师教学水平及学习体验的多维度感受。这种结合能够在定性分析的基础上，通过量化的数据反映出教学的有效性。

此外，在线课程用户体验评价也应与学生反馈评价相结合，综合评估虚拟仿真平台的可用性、交互体验、综合效果等多个层面，保证评价的全面性和准确性。用户体验评价不仅关注平台的技术稳定性和信息安全性，更强调虚拟仿真教学在情感认同和理论知识学习方面的效果。通过多维度的量化评估，评价体系能够提供更加精细的反馈，从而为教师、课程设计者及教育决策者提供更为客观和科学的教学改进依据。

2. 坚持过程性与结果性评价相结合

在思政课虚拟仿真教学中，评价体系的设计不应仅依赖于最终的教学结果，更应注重整个教学过程的持续评估。因此，过程性评价与结果性评价的结合，成为这一教学模式的重要组成部分。过程性评价聚焦教学过程的每个环节，能够全面了解学生的学习动态、教师的教学实施情况以及虚拟仿真技术的应用效果；结果性评价通过最终的学习成果来评估教学效果，是对教学目标实现程度的直接反映。通过将两者有机结合，能够形成一个更加全面和科学的评价体系，促进教学质量的持续提升。

过程性评价的核心在于对教学过程的监控与反馈，它不仅关注学生在学习过程中所表现出的知识掌握情况，还强调学生的课堂参与度和情感体验等多维度的因素。在虚拟仿真教学的环境中，学生的参与情况、互动表现及其对虚拟仿真技术的适应性都可以作为重要的评价依据。思政课教师可以通过实时观察和数据分析，及时掌握学生在学习过程中的情况，发现教学实施中的问题，并根据反馈做出适时的调整和优化。这样，过程性评价能够为教学提供动态的支持，确保教学策略和方法始终处于最佳状态，进而提升学生的学习体验和教学效果。

结果性评价主要通过对学生在虚拟仿真教学中的最终表现加以评定，来验证教学目标是否达成。结果性评价强调通过标准化的考核手段，评估学生的最终成绩、知识掌握情况及能力发展等方面。尽管结果性评价能够反映教学的整体效果和学习成果，但仅依赖其结果极容易忽视教学过程中潜在的问题，如学生对知识的理解深度、教师的教学策略是否有效以及虚拟仿真技术在教学中的适用性等。因此，单纯依赖结果性评价，容易陷入对最终成果的过度关注，忽略了教学过程中的持续改进和优化空间。

将过程性与结果性评价相结合，能够有效弥补单一评价方式的不足。通过过程性评价，思政课教师能够实时掌握学生在学习中的动态变化，并对教学进行灵活调整，从而提高教学的针对性和有效性；通过结果性评价，思政课教师能够客观衡量教学目标的实现情况，为课程改进和教学模式的优化提供数据支持。两者有机结合，使得评价不仅停留在结果层面，更深入到每一阶段的教学实施和学生学习情况，为教学质量的提升提供了全方位的保障。

在虚拟仿真教学中，过程性评价尤为重要。虚拟仿真技术本身具有高度的互动性和实践性，学生在这一过程中不仅需要掌握理论知识，还需要通过实践操作来加深理解。因此，过程性评价不仅仅局限于学生的学术表现，还包括学生在虚拟仿真环境中的参与感受和情感认同。思政课教师可以通过学生的课堂互动、实验操作的准确性与熟练度等多种指标，实时掌握学生的学习进程，并及时做出调整。这种持续的、动态的评价机制，有助于提升学生的学习积极性和教师的教学适应性，确保教学活动能够在过程中不断优化，达到预期的教育目标。

此外，虚拟仿真教学平台的设计为过程性评价提供了有力的技术支持。通过系统化的数据采集与反馈机制，思政课教师可以实时获取学生在虚拟仿真实验中的操作数据，如实验过程的准确性、操作步骤的熟练度等，形成量化的过程性评价结果。这些数据不仅为教师提供了重要的教学参考，也为学生提供了自我评估的机会。学生通过在每次课程后对教学内容和教学方式的评估，可以参与到过程化管理中，从而增强了其学习的主动性和参与感。

3. 坚持评教与评学相结合

在思政课虚拟仿真教学的评价体系中，采用评教与评学相结合的方式，能够全面、准确地反映教学效果，促进教学质量的全面提升。虚拟仿真教学作为一种创新的教育模式，不仅要求教师在教学过程中精确运用现代技术，确保教学内容的有效传递，还要求学生通过沉浸式体验参与到学习过程中，全面提升自身的知识掌握和实践能力。教师的教学质量与学生的学习效果是决定教学成果的两个关键因素，因此，将评教与评学相结合进行综合评价，成为提升思政课虚拟仿真教学质量的重要手段。

评教的角度主要聚焦于教师的教学行为、教学内容的组织和虚拟仿真技术的应用等方面。思政课教师在虚拟仿真教学中扮演着关键角色，其教学设计、课堂引导和技术运用直接影响着学生的学习体验和学习成效。从教学过程的规划来看，教师需要根据教学目标精心设计教学内容，合理安排虚拟仿真技术的应用，确保教学内容与技术手段的有机结合。通过对教师教学过程中各个环节的评估，可以有效识别教学实施中的优势与不足，为教师进一步优化教学策略和内容提供依据。

思政课教师的自我评价、同行评价和学生评价构成了多维度的评价体系。自我评价能够促使教师进行自我反思和自我提高，增强其对教学过程的掌控力和自我改进的动力；同行评价通过教师之间的相互评价和互动，为教学内容和方法的改进提供了交流平台，促使教师之间相互学习，共同提高；学生作为教学的主体，其对教师的评价往往更加直接和真实。通过学生的反馈，教师可以及时了解虚拟仿真教学中存在的各种问题，进而调整教学策略和内容，提高教学效果。

从评学的角度来说，虚拟仿真教学不仅是对学生知识掌握情况的考核，更是对学生综合能力的全面评价。学生在虚拟仿真教学中不仅是被动接受知识的学习者，更是主动参与到实践操作中的主体。因此，评学的内容不仅包括学生的知识掌握和技能应用情况，还要关注学生的思维发展、情感体验和价值观形成等多个方面。在评学过程中，将过程性评价与结果性评价相结合，能够更加全面地把握学生在学习过程中的动态变化。过程性评价关注学生在学习过程中的表现，能够实时反馈学生的学习进度和存在的问题，从而为教师提供改进方向。结果性评价是对学生最终学习成果的综合评估，全面体现了学生知识掌握的深度和广度。

将学生的思想道德发展纳入评学的范畴，是虚拟仿真教学中不可忽视的内容。思政课不仅关注学生的学业成绩，更注重学生的价值观、态度和情感的培养。通过对学生思想道德发展水平的评价，能够帮助教师及时发现学生在思政教育中的认知偏差，并给予学生正确的引导，以促进其全面发展。评学不仅要关注知识和能力的培养，更要注重情感和态度的塑造，确保学生在虚拟仿真教学中获得知识的传递、思想的启迪和情感的共鸣。

第七章　高校思政课智慧课堂教学建设与实践分析

随着信息技术的飞速发展,智慧课堂已成为教育领域的新趋势,为传统教学模式带来了深刻的变革。本章将系统分析智慧课堂的体系构成及其在高校思政课中的实施策略,构建适应新时代要求的智慧课堂教学模式,并深入探讨其在实际教学中的应用效果。同时,基于云课堂平台的具体实践,为高校思政课智慧化教学提供实证分析与策略建议,推动思政课教学质量与效率的双重提升。

第一节　智慧课堂的体系及其在教学中的实施

在深入探讨高校思政课智慧课堂教学的建设与实践之前,需着力构建智慧课堂的体系框架,并明确其在高校思政课教学中的具体实施路径,为后续的分析与探讨奠定坚实基础。

一、智慧课堂的体系

智慧课堂的兴起与演进,标志着学校教育信息化进程对教学核心环节、课堂组织形式及师生活动模式的深刻聚焦与转型。在理论探讨中,"智慧"这一概念蕴含了双重维度的解读:一方面,它植根于心理学领域,意指个体所展现出的聪颖、洞察力及策略性思维;另一方面,它在技术语境下,指向智能化技术的应用与实现。据此,智慧课堂的概念框架可从教育哲学与信息化技术两个维度进行构建。

教育哲学维度下的智慧课堂,重点强调课堂不仅是知识传递的场所,更是师生情感交流与智慧潜能共同激发的动态过程。其旨在超越传统知识课堂的局限,通过教学互动促进学生智慧素养的全面发展,此处的"智慧"更多地关联于学生认知能力、创新思维及问题解决能力的综合提升。

信息化维度下的智慧课堂聚焦于智慧课堂作为技术赋能教育的典范，将前沿信息技术深度整合于教学实践，旨在构建一个集个性化、智能化、数字化于一体的新型课堂生态。这一视角下的智慧课堂，通过技术的深度融入，不仅全面革新了教学方式，还实现了从单向灌输到双向互动教学模式的根本转变，极大地丰富了教学互动形式，提升了教学活动的精准性与高效性。尤为重要的是，这一过程推动了传统课堂环境向更加智慧化、灵活化的教学空间跃迁，为知识课堂向智慧课堂的转型提供了强有力的技术支撑与实现路径。

（一）智慧课堂的构成

1. 智慧教育观念

智慧教育观念深度融合个性教育理念与智慧教育理念，并吸纳建构主义、联通主义等众多学习理论的精髓，共同构筑了智慧课堂构建的理论基石。个性教育理念着重强调学生个体的独特性与差异性，倡导关注学生内在能力的培养，鼓励学生以积极主动的姿态参与教学活动，成为学习过程的主体。在智慧课堂的实践中，从学习环境的智能化配置、学习资源的个性化推荐到教学方式的灵活多样，无不深刻体现着个性教育理念。借助智能学习分析技术，教师能够全面洞察每个学生的学习历程与行为模式，以便精准把握其个性化学习需求，从而为学生提供量身定制的学习资源，并依据学生间的差异实施差异化教学策略，实现因材施教与个性化教育的深度融合。

智慧教育作为一种新型的教育形态与模式，根植于物联网、云计算、大数据、移动通信等新一代信息技术，充分展现出物联化、感知化、泛在化、智能化及个性化的鲜明特征。智慧课堂作为智慧教育在课堂层面的具体实践，其教学理念、特征及目标均与智慧教育理念高度契合。智慧课堂不仅致力于打造一个高度智能化、个性化的学习环境，还通过融合先进的信息技术手段，推动了教学方式的革新与学习体验的升级。

建构主义与联通主义等学习理论为智慧课堂的构建提供了重要的理论指导。建构主义强调学习者在知识建构中的主体地位，倡导通过情境、协作、对话与意义建构等过程促进学习；而联通主义则侧重于知识网络的构建与学习资源的联通，认为学习是在复杂的社会网络中进行知识连接与创造的复杂过程。这些理论为智慧课堂的设计与实施提供了宝贵的启示，指导教师如何更有效地利用信息技术手段，促进学生深度学习、协作学习与自主学习能力的全面发展。

2. 智慧课堂环境

智慧课堂环境依托人工智能、大数据、云计算及物联网等前沿智能信息技术构建，其核心架构是"云、台、端"三位一体的智慧课堂智能化服务平台，旨在为课堂教学打造一个全面信息化、高度智能化的服务环境。

智能云服务层面，凭借深度强化学习、虚拟化与资源调度、计算与存储等关键技术，该平台实现了资源管理、微课应用、智能推送、在线学习、智能评价、互动服务及教学工具等多元化功能，快速精准响应师生对教学资源及教学互动的需求。具体而言，平台能够智能批改学生的个性化作业，实施全过程动态学习评价，助力教师实时掌握学情并开展即时精准讲评，同时根据学生学习状况智能推送适配资源，全面支持资源的存储、传播及应用。

教室智能平台方面，则以智能控制、多媒体、环境感知等技术为重要基础，提供多屏交互、数据汇集、智能实录、智能批改及智能管控等功能，全面收集并实时挖掘、分析、加工教师及学生终端的全过程数据，满足课堂互动与精准教学的深层次需求。教师可通过终端实时无线投射至大屏幕及学生终端，从而实现任意书写、课件讲解、图片插入及作业批注等多项功能的即时交互；智能平台还能一键启动录制模式，实时收录课堂实录与教学交互数据，并实现课堂环境的智能调控、教学资源的智能推送及课堂作业的智能批改。

智能终端应用工具层面，依托实时通信、人机交互、数据同步及决策算法等技术，形成以教师端与学生端为主体的智能手机、计算机、无线话筒、高清摄像头等智能移动终端设备矩阵，充分满足师生移动化课堂教学的应用需求。教师可利用智能终端进行微课制作、课堂互动、作业布置与批改、课堂实录查看等工作，而学生则可通过智能终端进行微课学习、响应教师互动、提交作业、错题整理及自适应学习等操作。

智慧课堂环境展现出一体化、智能化的显著特征，为智慧课堂教学的实施奠定了坚实基础，为智慧教学活动的顺利开展提供了全方位支持，同时也为学生开展智慧学习搭建了高效平台。新一代智慧课堂环境通过智能云服务、教室智能平台与智能终端的紧密串联，确保数据传输与通信通道的畅通无阻，推动了智慧教育的深入发展。

3. 智慧教学活动

智慧教学活动作为智慧课堂架构中的核心要素，是实现教师智慧教授与学生智慧学习融合的桥梁。在这一框架内，教师通过构建富含探索性、迁移性和个性化特征的学习情境，驱动学生经历一个协作、探究式且智能化的学习旅程。学生在此过程中，与教师、同伴及智能终端进行多维度、动态化的教学交互，积极构建知识体系，解决认知难题，并及时获得开放、全面的学习反馈，从而全面推动其智慧素养的渐进发展。智慧教学活动具有跨时空的特性，能够灵活适应不同场景下的学习需求，依托大数据采集与分析技术，极大地提升了教学活动的效率与科学性。教师借此能够精确掌握学生的学习轨迹，实施精准教学决策，教学决策一般包括备课、互动、个别辅导及评估，显著提高了教学效率与教学过程的透明度。

在智慧教育理念的引领下，智慧教学活动不仅促进了学生学习方式从被动接受向主动探索转变，还强化了其自主探究能力和思维深度。这一过程渐进性和系统性，要求智慧教学活动的每个环节都需渗透智慧教育的精髓。此外，智慧教学活动还成为推动教育模式和教学方法革新的关键力量，它重塑了信息化背景下的教学活动价值，使之更加聚焦于智慧课堂的核心教学目标，即促进学生智慧成长与全面发展。

为了构建成熟的智慧课堂体系，首先，需确立智慧教育的先导地位，更新教育理念，使之与新课程实施及考试评价改革相契合，强调学科核心素养的培育；其次，需变革课堂教学环境，利用人工智能、大数据等前沿信息技术，打造智能化、网络化、数据驱动、高度交互的新型课堂生态，提升课堂的智能化服务效能；最后，智慧教学活动的转型要紧密结合课程特性，加速信息技术与课堂教学的深度融合，构建以人才培养为核心、智慧生成为目标的信息化课堂教学新体系，为智慧课堂持续注入更多创新活力与成长潜力。

（二）智慧课堂教学设计

智慧课堂教学设计围绕现代信息技术与教育资源的深度融合，致力于构建一个以学生为中心的高效教学框架。其核心理念在于科学整合教学各要素，以促进学生全面发展为终极目标。

智慧课堂教学设计要坚持学生的主体性，这一理念深深根植于建构主义学习理论，视学生为知识意义的主要建构者，而非被动接受者。教学设计需以"学"为中心，通过构建信息化的学习环境，激发学生的主动性，引导他们利用多样化的信息资源进行自主学习、讨论与实践，从而培养其自主学习能力。

情境的创设在智慧课堂设计中占据重要地位。建构主义认为，情境对学习效果具有显著影响，不同的情境能引发学生不同的行为反应。因此，教学设计应精心构建情境化的学习环境，通过实战模拟、问题解决等实践活动，使学生在真实或模拟的情境中体验知识应用的乐趣，实现知识的深度建构。

智慧课堂强调全面的协作交流与互动，这不仅限于学生间的互动，也包括师生间的互动。建构主义学习理论强调环境对个体知识建构的影响，小组合作学习成为智慧课堂中的常见模式。通过协作，学生能够共享智慧，共同完成任务，而教师则作为引导者，促进学生间的有效交流与互动。

对学习过程的评价是智慧课堂教学的另一重要方面。智慧课堂平台能够实时收集并分析学生的学习数据，提供对学习过程、学习资源及学生行为效果的全面反馈。这种评价方式突破了传统的结果导向评价，更加注重过程性、动态性的评估，旨在通过评价激发学生的主观能动性，促进其持续进步。

在智慧课堂教学设计中，信息资源的充分利用同样不可或缺。教学素材的选择与情境创设相辅相成，旨在帮助学生通过研讨与问题解决，真正实现知识的深度建构。技术工具与环境资源的有效整合，对于实现教学目标、完成学习任务具有关键作用。

智慧课堂教学设计的思路，需准确把握课堂中的"变"与"不变"，既要适应技术引入带来的变化，也要坚守教育目的、课程标准等恒定要素。同时，需关注技术使用的"性价比"，确保技术的投入能够带来实际的教学效果提升。此外，充分挖掘技术的可利用空间，让技术最大限度地服务于教学，是智慧课堂教学设计的重要方向。

智慧课堂教学设计的内容涵盖智慧教学目标与智慧学习策略两大方面。智慧教学目标旨在培养学生成为具有多维智慧能力的新时代人才，而智慧学习策略则包括合作探究式学习、案例教学、任务驱动法等多种方法，旨在通过多样化的学习策略，提升学生的自主学习能力与创新思维能力。

智慧课堂教学设计的优化，需关注学生个性化、技术支持交互以及评价多元化等方面。通过信息技术手段，可以精准了解学情，制订个性化教学方案，实现因材施教。同时，利用智能软件与交互平台，构建高效的师生互动与生生互动环境，促进知识的深度建构与创新能力的提升。在教学评价方面，通过智能化信息数据的收集与分析，实现精准评价，为后续教学提供科学依据。

（三）智慧课堂教学过程

在智慧课堂教学的实施过程中，课前、课中及课后各阶段均展现出显著的教学优化特征，尤其强调数据驱动下的学情分析与个性化教学策略的应用。

课前阶段，学情分析成为教学设计的基石。智慧课堂依托大数据与数据分析技术，对传统教学经验的判断方式进行革新，通过对预习情况、历史成绩及交流讨论数据的综合统计，有效实现了对学生学习状态的精准描绘。这一转变促使教学设计更加科学严谨，教师能够依据学生实际学情定制教学目标、内容及策略，确保教学活动贴近学生的"最近发展区"，有效激发学生的学习动力与潜能。

课中阶段，智慧课堂以其即时反馈与多样化教学资源，显著提升了教学互动性与效率。在课题导入环节，借助多媒体资源创设情境或基于预习反馈设计导入策略，能够有效激发学生的好奇心与求知欲。在组织学习过程中，教师转变为学习的引导者，鼓励学生在信息技术的辅助下主动探索、协作交流，通过引导式、探究式等多元化教学策略，促进学生创造性思维的发展。课中检测即时反馈机制，不仅帮助学生迅速定位知识漏洞，还着力促使教师根据反馈数据调整教学节奏，实施针对性讲解与补充，确保学习目标的达成。在课中总结提升环节，教师依据智慧学习平台的监测数据，精准识别学生群体的知识薄弱点进行强化讲解，深化理解。课堂氛围的营造同样不可或缺，民主、开放的学习环境鼓励学生积极表达、勇于质疑，为智慧课堂的实施提供了良好的心理与社交支持。

课后阶段，智慧课堂通过个性化作业推送，实现了对学生学习差异的精准回应。作业设计兼顾巩固与预习，既针对课中检测暴露出的问题提供针对性练习，又通过微课等形式引导学生预习新知，为下一阶段的教学设计提供详细的学情依据。作业批改与评价方式的创新，如研究性批改、评语反馈等，不仅提升了作业的诊断功能，还促进了师生间的深度交流与个性化指导。

反思评价作为智慧课堂教学的闭环，要求教师对整个教学过程进行全面审视，包括学情分析的准确性、教学设计的适宜性、教学实施的效率以及学生反馈的积极性等，通过多角度的自我反思与学生学习效果评估，持续优化教学策略，实现师生的共同成长。

（四）智慧课堂教学评价

智慧课堂教学评价体系的革新，标志着教育评价领域对传统模式的深刻反思与积极转型。其核心在于评价观念的深刻变革，旨在促进教师专业化成长，而非单纯的教学质量评判。这一转变强调评价应成为教师自我提升与专业发展的助力，而非造成其心理负担的桎梏。智慧课堂教学评价摒弃了以往单一的鉴定功能，转向更加全面、人性化的教师成长导向，旨在通过评价激发教师的教学创新热情，避免教师陷入机械教学的窠臼，从而有利于培养具有独特教学风格与深刻教育洞察力的教师队伍。

智慧课堂教学评价实现了从"以教评教"到"评教评学并重"的转变，强调教学评价应兼顾教师教学与学生学习两个方面。这不仅关注教师的教学设计与实施，更重视学生在学习过程中的认知发展、情感体验与思维能力培养，充分体现了对课堂教学中"双边活动"本质的深刻认识。通过将教与学的表现纳入评价体系，智慧课堂教学评价得以更加全面、客观地反映教学效果，促进师生双方的共同成长。

智慧课堂教学评价引入了发展性评价理念，强调评价的激励、导向与发展功能，关注学生综合素养与个体差异，致力于发现并发展学生内在潜能，构建基于尊重与理解的积极评价环境。这一理念倡导以动态、全面的视角审视教学成效，重视过程性评价，强调评价应服务于师生的持续发展，而非仅仅作为终结性评判的依据。

智慧课堂教学评价强调评价主体的多元化，包括同行评价、学生评价、教师自我评价及家长评价等，这些评价主体通过不同的视角与方式参与评价活动，丰富了评价的维度与深度，使得评价更加立体、全面。同行评价结合专业性与实践性，学生评价体现主体性与参与性，教师自我评价强调自我反思与自我提升，家长评价则提供了课外视角下的独特反馈，共同构成了智慧课堂教学评价的多元主体体系。

在评价方式上，智慧课堂教学评价同样展现出多元化特征，包括测验法、观察法、量表评价法、问卷调查法及档案袋法等多种方法。这些方法各有优势，适用于不同评价情境与评价目的，共同构成了智慧课堂教学评价的多样化工具。测验法便于量化评估，观察法提供直观反馈，量表评价法实现标准化评价，问卷调查法收集广泛意见，档案袋法则关注个体成长轨迹，这些方法的综合运用使得智慧课堂教学评价更加科学、精准。

二、智慧课堂在教学中的实施

（一）互动教学

智慧课堂的互动教学是把教学过程看作一个动态发展着的、教与学统一

第七章 高校思政课智慧课堂教学建设与实践分析

的、交互影响和交互活动的过程。具有强大的互动交流能力是大数据时代智慧课堂的核心标志。在互动过程中,强调学生是活动的主体,教师是活动的指导者、点拨者、促进者。它不同于传统的互动教学,不仅包括师生间、生生间的语言交流讨论,最根本的不同之处在于,它借助智能化的移动学习工具和信息化支撑平台来实现教师与学生的立体化互动交流。

1. 网络互动性教学系统的设计

互动性教学系统设计在网络教育环境中扮演着至关重要的角色,它涉及对网络知识与信息资源的开发与利用,以及在此基础上的互动学习过程。网络在此不仅作为学习资源,更成为一种超越时空界限的教学环境。在这个全球化的"教室"中,学生与教师之间的界限变得模糊,任何个体都可以在任何时间、任何地点向他人学习或施教,实现了教育资源的最大化共享与利用。

在网络互动性教学系统的设计中,教师与学生的角色定位是核心要素之一。教师的角色从传统意义上的知识传授者逐渐转变为引导者、指导者。在信息爆炸的时代,教师需要帮助学生从海量的网络信息资源中筛选、确定学习目标,并创设丰富的教学情境,以激发学生的学习动机和兴趣。此外,教师还需不断提升自身的知识技能,不仅要熟练掌握计算机和网络技术,还要具备跨学科的知识背景,以适应网络教学中学生多样化的学习需求。同时,教师需要与学生建立开放型的合作关系,通过网络平台与学生进行正式或非正式的交流,共同探讨问题,促进学生的全面发展。

对于学生而言,网络学习环境为他们提供了前所未有的学习自主性和选择性。学生不再是被动地接受知识,而是成为信息加工的主体和知识意义的主动建构者。他们需要形成全新的学习行为模式,包括目标性、主动性和选择性行为,以尽快适应网络学习的特点。同时,学生还需要具有全新的学习能力,如运用信息工具及网络功能的能力、主动获取信息与处理信息的能力以及与他人交流、合作的能力。这些能力的提升将有助于学生在网络学习环境中更好地建构自己的知识体系,实现个性化学习。

在网络互动性教学系统中,学生还需要塑造全新的自我认知。网络学习环境的匿名性和可重复性有助于减轻学生的心理负担和挫折感,提升他们的自信心。同时,学生可以在网络学习中扮演不同的角色,通过角色扮演来探索自我、发展个性。此外,网络学习还促进了学生自我意识的提升,使他们成为自身学习进步的创造者和评价者,从而实现自我潜能的发掘和自我约束力的增强。

2. 网络互动性教学的设计原则

在网络互动性教学设计的范畴内，确立以学生为核心、服务于学生发展的理念至关重要，旨在充分利用网络教学的独特优势，构建多元化网络课程体系，促进学生全面素质提升与创新能力培养。这一设计理念的落实，需严格遵循一系列基本原则以强化教学效果。

（1）生本学习原则

生本学习原则强调在网络教学环境中，学生应始终处于教学活动的中心地位。网络教学设计需深入考量学生的个体差异，包括心理特质、教育需求及认知能力，从而打造高度个性化的学习空间。学生可依据个人兴趣及课程库资源，自主选择学习路径与专业课程，实现自我导向的学习进程。同时，作为认知主体，学生的学习过程涉及主动探索、问题识别与知识建构，要求网络教学设计紧紧围绕学生自主学习展开，提供丰富的资源与灵活的检索机制，激发学生进行探索式学习，挖掘其创新潜能。

设计实践需聚焦于提升学生参与度的关键维度：①兴趣性要求教学设计融入趣味性元素，将学术内容生动化，以激发学生内在学习动机，使学习过程充满乐趣；②可行性强调课题设计需贴合学生的实际能力水平，时刻遵循由易到难、循序渐进的原则，同时考虑分层教学，确保每个学生都能在适宜的难度下获得成长；③合作性方面，虽然网络环境倾向于个体学习，但在设计中应融入合作任务，以促进学生团队协作能力的发展，增强集体荣誉感；④激励性主张建立明确的评价标准，并通过公开反馈与表彰机制，全面营造积极向上的学习氛围，鼓励学生积极探索与创新。

（2）协作学习原则

协作学习原则侧重于通过网络技术和计算机平台大力促进学习者间的互动，以小组协作的形式深化学习过程。在这一框架下，师生及生生间通过讨论、交流及合作，共同推进学习任务，利用计算机网络与多媒体技术，围绕特定学习内容展开多方交互与合作，旨在通过集体智慧的汇聚，达到对知识的深入理解与全面掌握。此过程不仅有助于学习者高效掌握知识与技能，还显著提升了高级认知能力、团队合作精神及人际关系构建能力。Internet 教育网络内嵌的协作学习模式，如讨论、竞争、协同、伙伴及角色扮演等功能，展现了网络环境下协作学习的多样性与灵活性，成为培养 21 世纪人才综合素质的重要教学模式。

(3)交互学习原则

交互学习原则进一步强调网络教学中交互的多维度与高效性，涵盖师生、生生、学生与教学材料、教师与教学材料间的多重交互。针对不同交互类型，需精心设计差异化的方式与策略，运用适宜的交互工具与管理机制。网络课程能够依据师生需求，以非顺序、超文本形式灵活展现教学内容，支持个性化学习路径的选择，通过导航系统优化学习流程，提升学习效率。同时，实时交互功能的实现，能够确保信息的即时反馈，促进师生间高效的信息流通。此外，网络课程还应具备学习过程记录与统计分析功能，为学习成效评估提供数据支持。

(4)开放学习原则

开放学习原则强调网络课程结构的灵活性与可扩展性，便于评价、维护与更新。通过提供丰富的参考资料与链接，为同一知识点进行多元视角的阐释，鼓励学生持续进行批判性思考与交叉验证，从而增强其问题解决与分析能力。这种开放性的课程设计，不仅丰富了学习资源，也促进了学习过程的动态性与创新性，为学习者的全面发展奠定了坚实基础。

(5)构建融洽的情感网络原则

在网络教学环境中，构建融洽的情感网络原则尤为重要，它关乎学习活动的整体氛围与成效。网络学习环境作为一个复杂系统，不仅涵盖技术平台、学习资源及学习社区等物质基础，还涉及学习者与教学元素间互动所形成的情感氛围。情感作为个体对客观事物是否符合自身需求的体验，是学习过程中不可或缺的要素，与认知互动相辅相成，共同促进学习共鸣的产生。

网络教学虽缩短了信息交流的物理距离，但也可能加剧学习者的情感自闭，影响教育的全面性与人文质量。因此，教学设计不应局限于认知层面，而应充分关注并融入情感因素。为此，可采取以下策略：①建立虚拟的情感交流环境，通过个别化与系统化的设计，为学习者创造一个富有情感互动与人文关怀的学习情境，使其感受到与各类媒体及远端师生的心灵沟通；②融入科学人文思想，强调"以人为本"的教育理念，提升网络教育的人文关怀，促进人的全面发展与生命质量提升；③设计情境性网络课程，依托具体情境中的知识与活动，通过模拟谈话、讲故事、自由交谈等策略，促进学习者与学习材料间的深度交互，实现意义建构；④实施探究、发现、合作式学习，大力鼓励学生参与问题导向的活动，通过真实情景中的问题解决与批判性思维培养，促进合作学习环境的构建；⑤结合虚拟教学与实践教学，平衡虚拟与现实的学习体验，发挥教师在线下教学中的情感引导与监督指导功能，实现混合学习的最佳效果。

加强上网引导与心理健康教育同样关键。面对网络信息的复杂性与潜在风险，家长与教师需切实承担起指导责任，通过信息道德教育，增强学习者的信息识别能力与网络规范意识，促进其健康上网习惯的养成。同时，完善学习支持服务体系，提供全程、全面、及时、便捷的学习资源与信息，包括辅导、答疑、讨论、作业评比及远程学习咨询等内容，构成完善的学习生态系统。教师需积极参与网络学习过程，从目标设定到资源获取、动机激发等方面提供全方位支持，并配备站点教师，确保在线交流的即时性与有效性，助力学习者自我监控能力的提升，逐步适应并优化网络学习方式。

（二）个性化辅导

个性化辅导是指教师在教学过程中以全体学生为对象，并根据学生的不同水平和个性化特征，组织设计和实施针对性、差异化的辅导活动。智慧课堂个性化辅导，借助智慧课堂信息化平台的强大功能，针对不同的学生实施个别化、针对性辅导，使得每个学生都能根据自己的学习程度和基础主动参与教师的辅导，这样不仅大大降低了学生复习巩固知识的盲目性，减少了作业量，还能让学生将更多的时间用于新知识的预习和学习，从而提高个性化辅导的效率和效果。

1. 智慧课堂中实施个性化辅导的理论逻辑

（1）智慧课堂与个性化辅导的共同价值基础

智慧课堂与个性化辅导在教育实践中展现出深刻的内在联系，其共同的价值基础在于实现"转识成智"这一核心理念。具体而言，"转识成智"意指个体从单纯的知识积累迈向智慧生成的动态过程，它超越了知识的简单记忆与复制，着重强调在个体实践、反思与建构中将普遍知识转化为个性化的智慧与能力。这一过程不仅体现了认识论中从无知到有知，再到智慧的辩证发展，更是教育的本质所在——培养具备活跃智慧的人。

智慧课堂作为智慧教育实施的关键场域，承载着推动知识向智慧转化的重任。它通过搭建先进的课堂教学平台，运用现代技术革新传统教学模式，为"转识成智"提供了必要的外部条件与技术支持。然而，智慧的形成并非单纯依赖技术革新，还需关注教学内容的深度与价值。智慧课堂的核心在于促进个人化知识的动态构建，这一过程涉及个体对公共知识的内化、反思与重构，是个人智慧生成的实质所在。

个性化辅导作为智慧课堂的重要组成部分，其核心价值在于通过"因材施教"的教学策略，促进每个学生独特的知识体系与能力结构的快速形成。它不仅关注知识的传递，更重视学生学习能力的培养，从以知识中心转向能力中心，实质上是在培养学生的智慧。个性化辅导强调尊重学生的个性差异与自主发展，为学生提供符合其内在需求的学习空间与方向，促使他们从知识的被动接受者转变为个人化知识的主动创造者。

学生对知识进行批判性反思，明确个人需求，进而进行知识的重构与创新，这是智慧形成的关键环节。因此，智慧课堂与个性化辅导在"转识成智"的共同价值追求下，形成了科学的内部机理与动力机制。二者相互支撑，共同推动学生从知识积累走向智慧生成，最终实现教育的根本目的。

（2）智慧课堂中个性化辅导的分层逻辑

在智慧课堂的背景下，个性化辅导的实现逻辑深入到了分层教学的精细化操作层面，这一策略旨在通过多维度、多层次的区分与适配，精准满足各类学生的学习需求。分层教学，作为个性化辅导的一种实践形式，其传统理解聚焦于依据学生学情差异实施差别化教学，涉及教学目标、内容及评价的差异化设定。然而，在智慧课堂的框架下，分层教学被赋予了新的内涵与活力，这得益于信息技术的深度融入，使得分层不仅限于学情分析，还拓展至内容选择、教学活动设计及评价反馈等多个维度。

智慧课堂中的个性化辅导分层逻辑，起始于利用大数据分析技术对学生的学情进行全面而精准地描绘，这一预设性的分层为后续教学活动提供了科学依据，实现了"以学定教"，确保了教学设计的前瞻性与针对性。随后，在课堂教学活动中，借助交互技术与实时数据分析，学情分层呈现出动态生成的特点，能够即时捕捉学生的兴趣偏好与具体问题，使教学灵活调整，动态适应学生的个性化需求，促进了对差异化发展的尊重与实践。

个性化辅导的分层逻辑体现在课堂教学中的实时训练与巩固环节，这一阶段的分层不仅涉及训练内容与难度的差异化选择，还涵盖训练形式的个性化设计，旨在通过适配性强的练习活动，加深学生对知识的理解和应用。至于教学评价层面，分层评价不仅限于教师对学生的单向评价，还引入了生生互评与自我评价等多元化形式，每种评价形式依据不同标准实施分层，从而真正确保了评价的全面性和公正性。

智慧课堂中的个性化辅导分层逻辑深受布鲁姆教学目标分类理论的启发，特别是在认知、情感与动作技能三大领域：在认知领域依据知识、领会、运用、分析、综合、评价等多个层级设计课堂训练；在情感领域围绕接受、反应、价值评价、组织与个性化等层面展开教学活动，这些分层设计不仅大大丰富了个性化辅导的内涵，也提升了其实现的精准度与有效性。智慧课堂的条件与信息技术的支持，使得这一分层逻辑在实施上更为便捷与高效，为教育的个性化发展开辟了新路径。

（3）智慧课堂中个性化辅导实现的动力原理

在智慧课堂环境下个性化辅导旨在达成"转识成智"的深远目标，师生关系的转型成为推动个性化辅导实施的核心要素。

教师作为智慧课堂个性化辅导的策划者与执行者，其角色定位与功能发挥至关重要。教师不仅是教学活动的组织者，负责构建整体教学架构，更是学生学习旅程的引导者，能够促进学生在知识探索与智慧生成中的自主发展。教师的主体性在教学活动中得以彰显，其教学把控力、个性化辅导能力等个人素养直接影响个性化辅导的成效。因此，强化教师在智慧课堂中的价值与作用，精准设计个性化辅导策略，是驱动个性化辅导实现的关键路径。

学生作为教学活动的主体，其主体性的觉醒与对个性发展的尊重是智慧课堂个性化辅导实现的重要动力。在智慧课堂环境中，学生的自主学习能力与创造性得以显著提升，这种变化直接促进了个性化辅导的深度实施。个性化辅导旨在满足学生的多元化需求，完全尊重其个体差异，而学生作为教学活动的核心，其学习状态、兴趣偏好及能力发展直接影响个性化辅导策略的选择与调整。因此，深入理解学生因素，精准把握其在学习过程中的特点与需求，是实现个性化辅导的必然选择。

智慧课堂个性化辅导的实施进一步促进了师生关系的深刻变革。传统的主客体关系逐渐转变为双主体关系，师生角色定位发生根本性变化。学生主体性更加突显，成为教学活动的主动参与者与创造者，而教师则转变为教学活动的组织者与引导者，为学生提供更加开放与包容的学习环境。平台技术的支持使得学生话语权得以回归，自主能力增强，师生间的交流空间得以有效拓展，形成了更加平等与互动的伙伴关系。这种伙伴型师生关系的常态化，为智慧课堂个性化辅导的实现提供了坚实基础。

2. 智慧课堂中个性化辅导实现的关键环节

针对智慧课堂中个性化辅导的实现机制，深入探讨其关键环节对于构建其理论逻辑框架至关重要。依据教学活动的自然流程，可将这一过程细分为课前准备、课堂实施与课后反馈三个阶段，每个阶段均承载着实现个性化辅导目标的核心要素。

在课前准备阶段，有效生成个性化学习资源是首要任务。这一环节重点聚焦于如何利用平台化技术，促进学习资源的交互生成，以满足不同学生的个性化需求。关键在于教师需具备资源分层推送的能力，以确保每个学生都能获得与其学习水平相匹配的预习材料，从而为后续学习奠定个性化基础。

进入课堂实施阶段，智慧课堂充分利用平台化技术、交互机制及大数据分析的优势，旨在实现分层教学，构建出立体且富有交互性的学习环境。此阶段的核心在于通过信息技术的深度融合，培养学生的自主学习能力，并赋予学生更多的话语权，促进课堂生态的多元化发展。同时，依托大数据平台的实时反馈功能，使教学得以实现精准化，进而确保教学活动能够紧密贴合学生的学习进度与需求。

在课后反馈与评价阶段，智慧课堂依托大数据技术，致力于实现评价的多元化，以生成个性化的课后巩固方案。这一阶段强调利用信息技术的泛在学习特性，打破传统学习时空的限制，使得学生能够根据自身情况灵活安排课后复习时间，从而有效巩固课堂所学。通过构建这样的课后反馈机制，不仅提升了学习的个性化程度，还促进了学习效果的持续优化。

3. 智慧课堂中个性化辅导实现的路径

（1）生成个性化课前学习资源，实现师生分层推送与反馈联结

在智慧课堂的框架下，个性化辅导的课前环节聚焦于个性化学习资源的生成与师生间有效反馈联结的建立，旨在实现教师的以学定教及学生学习需求的精准识别。具体而言，这一环节包含教师利用智慧技术优化资源设计与推送、学生基于平台互动深化预习理解两大核心方面。

教师方面，充分利用智慧课堂交互技术与资源平台，实现资源的多样化选用与个性化制作。线上优质微课与慕课，因其短小精悍、内容丰富的特点，已然成为激发学生兴趣、填补知识薄弱点的理想预习材料。同时，教师亦可依托智慧系统自制微课，融入个人教学智慧，进一步提升资源的个性化水平。此外，媒体资源的整合运用，如情境视频、在线习题及实践应用等，不仅丰

富了预习形式，还通过情境创设增强了学习的沉浸感与实效性。在资源推送上，智慧课堂支持分层策略，教师可依据学情分析与预习资源偏好，向不同学生推送差异化资源，实现初次分层；随后通过平台交流与大数据分析技术接收学生反馈，进行二次精准推送，形成反馈循环。在这一过程中，教师结合主观判断与客观数据，进行分层教学设计与定制化学案制作，确保教学活动既符合全体学生的共同目标，又能满足个别学生的特定需求。

学生方面，智慧课堂平台成为学生预习、交流与反馈的主要阵地。学生在接收预习资源后，通过线上分享与交流，不仅丰富了预习资源的动态生成，还促进了个性化理解的深化，这一过程鼓励学生自主探索，发现并明确个人学习需求。利用平台功能记录预习结果，无论是自行设计的记录表还是系统自动生成的数据报告，均有助于学生形成对教学内容的自我认知，明确自身兴趣点与疑问所在。这一自我反思的过程，不仅提升了学生的自主学习能力，还通过即时反馈机制，有效联结了师生的教学活动准备，为后续以学定教、精准施教奠定了坚实基础。

（2）打造分层教学模式，突显师生立体式交互与精准化教学

智慧课堂的构建与实施，体现了现代教育技术在教学中的深度应用，其核心在于通过分层教学模式实现师生立体式交互与精准化教学。传统课堂教学模式以教师讲授为主，学生处于被动接受状态，师生互动与生生互动较为有限，难以有效满足个性化学习的需求。智慧课堂则通过技术赋能，打破了传统课堂的单向信息传递模式，实现了师生之间的双向互动与多维度交流。教师不仅能够面向全体学生进行教学，还可以根据不同学生的学习需求进行个性化指导，形成纵向与横向相结合的立体化交互网络。同时，学生之间的互动也得以增强，通过线上线下混合式学习模式，学生能够在小组合作与跨组讨论中逐渐深化对知识的理解与运用。

智慧课堂的另一个显著特征是动态生成性教学。传统课堂往往依赖预设的教学设计，难以灵活应对教学过程中学生的个性化需求。智慧课堂则通过实时数据采集与分析，支持教师根据学生的学习表现动态调整教学策略。这种动态生成的教学路径不仅体现了教师的教学智慧，还能够有效满足学生的差异化发展需求。在智慧课堂中，教师通过分屏教学、资源推送、实时训练等多个环节，实现了教学内容的精准投放与分层反馈。学生则通过合作学习、方案构设与选择、分层反馈等环节，逐步构建个性化的学习路径。这种教学模式不仅提升了学生的学习自主性，还促进了教师教学风格的个性化展现。

智慧课堂的个性化辅导环节包括情境创设、分屏教学、实时训练、数据反馈与总结评价等多个维度。情境创设环节强调师生共同参与，通过技术平台的支持，学生能够基于自身经验创设情境，从而增强对教学内容的代入感与接受度。分屏教学环节则依托移动终端技术，实现了教学资源的多元化推送与共享，学生在合作学习中逐步构建问题解决方案。实时训练环节通过分层反馈机制，满足了不同层次学生的学习需求，教师能够根据学生的表现动态调整训练内容。数据反馈环节则依托大数据分析技术，为教师提供全景式与特写式的学情数据支持，帮助教师精准把握教学动态。总结评价环节则通过数据分析与可视化呈现，帮助学生对自身学习成果进行系统化梳理，形成个性化的知识体系。

（3）设计个性化课后巩固方案，实现多元化评价与泛在化学习

在智慧教育的框架下，个性化课后巩固方案的设计成为提升教学质量与学习成效的关键环节。这一方案不仅有助于学生巩固与深化对教学内容的理解，还能促进教师对学生学习活动的全面评价。相较于传统教学模式，智慧课堂中的课后巩固与评价展现出高度的系统性与整体性，实现了从作业布置到反馈获取的全方位个性化定制。

在作业布置方面，智慧课堂充分利用互联网与移动终端技术，打破了传统作业布置的时空限制。通过大数据分析与云计算技术，教师能够精准把握每个学生的学习状况，进而推送与其学情高度匹配的个性化作业。这种"一人一案"的作业设计模式，不仅大幅提升了作业的针对性与有效性，还避免了传统"题海战术"的低效重复。同时，作业的云端存储与随时下载功能，赋予了学生时间管理的自主权，增强了作业完成的灵活性与便捷性。

智慧课堂还促进了课后云课堂的搭建，为教学活动的延续与多样化提供了可能。教师利用云教育平台录制微课，并基于数据分析进行分层推送，实现了课后巩固的精准化与个性化。微课可灵活选择观看时间与地点的特性，极大地提高了学生的学习效率与兴趣。此外，云教育平台上的线上讨论功能，拓宽了学生的思路，激发了其学习兴趣，满足了学生多元化的发展需求。这种线上线下相结合的混合学习模式，不仅丰富了课后巩固的形式，还促进了学生自主学习与合作能力的提升。

在反馈机制上，智慧课堂真正实现了从单一评价向立体化反馈的转变。学生不仅能够在网络平台中提交作业并获得即时反馈，还能通过个性化错题集与课后报告，全面了解自己的学习状况。同时，教师依托数据计算技术，

对习题进行分层评价，确保了反馈的精准性与针对性。这种线上线下相结合的个性化反馈模式，有助于学生更清晰地进行自我认知，有效推动了整个教学过程的完善。

智慧课堂中的多元化评价也是不可忽视的一环。基于"以学定教"的原则，评价主体不仅限于教师，还可以是学生、家长。线上线下混合评价的方式，不仅提高了评价的精确性，还落实了过程性评价的理念。在评价内容上，智慧课堂涵盖了知识掌握与解决问题能力、自主与合作学习能力、继续探究与实践能力等多个层面，确保了评价的全面性与深入性。

第二节 高校思政课智慧课堂教学模式的构建

一、高校思政课智慧课堂教学模式的构建要素

智慧课堂教学模式植根于"互联网+教育"，为传统高校思政课教学模式提供了高效的解决方案。该模式凭借信息技术的力量，有效应对教学挑战，并深度挖掘与利用教育教学资源，促进了师生之间的无缝沟通与互动，即便在校园之外也能保持紧密联系。在构建高校思政课智慧课堂教学模式时，其要素不仅立足于传统教学模式的核心元素，还紧密融合全国一流本科课程的认证标准，旨在探索一个更为全面且更贴合高校思政课混合式学习特性的教学模式构建框架。

（一）符合立德树人的教学目标

在当今时代，教育的终极目标不仅是知识的传授，更是立德树人。立德树人作为教育的根本任务，始终贯穿于教育的全过程，是培养德智体美劳全面发展的社会主义建设者和接班人的关键所在。高校作为人才培养的重要阵地，肩负着为国家和社会输送高素质人才的重任，而思政课则是实现立德树人目标的关键课程。

德育在高校教育中占据着不可替代的地位，是培养学生高尚品德和良好道德素养的重要途径。高校思政课智慧课堂教学模式，始终以立德树人为教学目标，坚持以德修身、以德立学、以德施教，力争将中华优秀传统文化与学生的世界观、人生观、价值观相结合，引导学生树立正确的思想观念和文

化认同。通过这种教育方式，高校致力于培养学生的道德品质，使其具备坚定的理想信念和高尚的道德情操，从而更好地适应时代发展的要求，肩负起时代赋予的历史使命。

高校德育教育融合了时代精神，涵盖思想品德教育、爱国主义教育、行为习惯教育、审美教育和心理健康教育等多个方面。这些内容与思政教育的方向高度一致，既相互统一又相互补充。德育在高校思政教育中发挥着基础性和辅助性作用，以德育为基础开展思政教育，是一种高效且有效的教育方式。高校在教育实践中，应始终强调德育优先，并将提升学生道德品质置于重要位置，通过思政课堂突显德育内容，引导教师在教学过程中更加注重对学生道德品质的培养与考查，从而推动学生思想道德品质的全面发展。

（二）具有完备可靠的实现条件

实现条件的完备性是确保高校思政课智慧课堂教学模式有效实施的关键。这一模式的实践基础涵盖师资力量、教学内容与教学环境等多个维度。

师资力量方面，智慧课堂教学模式对高校思政教师的信息化素养提出了更高的要求。这包括教学资源的选择与创造能力，即教师应能基于学生的认知规律和信息特征，自创或选取高质量的教学课件；教学活动组织能力，使课堂突破时空限制，结合新颖的教学方式，促进知识的内化与外化；以及创新教育能力，通过创新教学活动，激活课堂氛围，激发学生主观能动性，提升教学效果。教师还需适应教育信息化需求，掌握网络信息技术，提高自身的信息筛选、重组能力，构建逻辑清晰的知识框架，同时还应熟练使用多种信息化教学平台，增强课堂互动，利用数据统计及时掌握学生学习情况。此外，教师还应具备信息再加工技术能力，如视频编辑、微课制作等，并着力提升网络媒体素养，加强线上线下沟通能力，增强教学亲和力与竞争力。

教学内容方面，智慧课堂虽融合了信息化技术，但内容仍是课程核心。思政课内容需因时制宜、因人而异，引入马克思主义理论最新成果，结合社会热点，增强课程吸引力与时代感，同时批判错误思想观念，坚定学生正确立场。智慧课堂还创新了教学内容的传递方式，利用智能云服务平台，通过画面、音频、视频及情景互动等形式，丰富了表达手段。

教学环境方面，智慧课堂提供了自由交流的空间，使学生能畅所欲言，甚至匿名交流，不受时间限制。教师可根据学生交流内容，深入了解学生思想状况，制订个性化教学方案。智慧课堂的物理环境也更灵活现代，如电子白板、投影设备等智能设备取代传统黑板，桌椅布置无固定性，便于随时开展讨论。手机等移动终端成为师生交流的工具，教师推送学习资料，学生查阅信息、完成作业、提问交流，营造生动活泼的学习氛围，显著提升思政课的吸引力。

（三）建立学生主体的教学程序

在高校思政课的教学实践中，智慧课堂模式的引入为教学程序的优化提供了新的思路与方法。与传统教学模式不同，智慧课堂强调学生在教学过程中的主体地位，通过信息化技术手段，力争实现教学程序的重构与优化，从而更好地服务于学生的学习需求。

在智慧课堂教学模式下，教师的角色从传统的知识传授者转变为学习的引导者与促进者。借助智慧课堂平台服务系统，教师能够通过学情分析提前掌握学生的学习基础与需求，并利用大数据技术对学生的情况进行精准分析，获取第一手资料。在此基础上，教师依据教学目标设计课程内容，并准备充分的教学资料，如教案、课件及相关辅助材料。随后，教师通过平台向学生推送与课堂相关的教学资源，科学引导学生完成课前预习，并及时检查预习情况，根据反馈信息调整教学设计，确保教学内容与学生需求精准对接。

智慧课堂的信息化平台为课堂教学提供了更为丰富的互动形式。在课中教学环节，教师可以通过平台向学生推送学习任务，打破传统教学中点对点的提问模式，激发学生主动思考与提问的兴趣，充分发挥学生的积极性与创造力。教师能够基于课前预习、课中表现以及随堂测试所反馈的信息，进行针对性的精讲与点评，确保学生在课堂上能够及时解决学习中的问题，从而显著提升教学效果与效率。

智慧课堂的微课录制系统为学生提供了更为便捷的学习支持。在课堂上，学生可以通过实时录制功能记录教学内容，课后可反复观看，解决因羞于提问而搁置的问题。教师还可根据学生对知识点的掌握情况，进行个性化推送与微课录制解答，进一步满足学生的个性化学习需求。

智慧课堂教学模式通过对信息化技术的应用，实现了教师从"以教为中心"向"以引导为主"的角色转变，突显了学生在教学活动中的主体地位。教师能够实时掌握学生的学习情况，为学生提供个性化指导，真正实现因材施教，推动高校思政课教学向个性化、高效化的方向发展。

（四）实施科学精准的教学评价

在高校思政课智慧教育课堂模式的构建中，教学活动的有效性与科学性不仅依赖于教师的主导作用与学生的积极参与，还与教学评价的精准实施密切相关。智慧课堂模式要求对传统僵化的统一评价管理机制进行适当革新，以充分适应教学活动的系统性特征。

学生是教学质量保障与监控体系的核心要素，对其学习效果进行多元考核对于提升教学质量至关重要。智慧课堂智能评价体系的引入，为科学设置考核评价提供了可能，旨在通过精确的评价机制全面促进思政课教学效果的实质性提升。具体而言，提升教学考核的难度，旨在激励学生挖掘自身潜能，避免浅层学习与应试心态，从而促使学生深入课程内容，经历失败、反馈与试错的循环，实现认知与思维模式的重塑，推动学与悟的质变。

针对传统思政课教学中过于侧重知识记忆与期末考核的弊端，智慧课堂教学评价需转变评价目标，强调对学生高阶思维能力与认识能力的培养。这要求结合教学目标，采用多元化评价模式，不仅考核学生的知识掌握情况，还需全面评估学生的情感、态度与能力发展等方面。智慧课堂教学评价体系的合理设计，需融合多元评价要素，确保评价体系的合理性、综合性与科学性，同时制定体现学生个性差异的差异化评价标准。

在信息时代背景下，思政课教学评价应充分利用信息技术优势，实现评价主体多元化、评价指标科学化、评价方式多样化与评价反馈制度化。评价主体不仅限于学生，还应包括教师、督导等，形成多维度、多角度的评价视角。评价指标需全面覆盖教学有效性、知识能力与实践长期隐性目标，同时考量内外部教学因素。评价方式应结合问卷调查、访谈等多种手段，线上线下相结合，利用智慧云服务平台深入课堂，获取即时信息，最终实现评价方式的灵活性与深度。评价反馈机制应制度化，注重过程评价与结果评价相结合，将终结性评价转化为形成性评价，形成考核与反馈的良性互动，同时强化评价结果的合理应用，健全激励与反馈机制，增强评估的信度与效度。

二、高校思政课智慧课堂的具体教学模式

智慧课堂教学模式的构建往往依据课堂类型的特性而差异化展开，其根本立足于与之相匹配的教育理念。智慧课堂教学模式作为教育与科技深度融合的产物，为课堂教学领域带来了崭新的活力，显著提升了教学的智慧性与效率。该模式囊括了多种具体形态，主要包括互动式智慧课堂、探索式智慧

课堂、翻转式智慧课堂以及混合式智慧课堂。

（一）互动式智慧课堂

互动式智慧课堂教学模式有效解决了传统教学中师生互动存在的"低效"与"无效"问题，通过信息化手段构建一个高效的互动课堂环境，确保每个学生都能在教师的引导下积极参与课堂活动，持续获取新知。在此模式下，教师的引领作用得以充分发挥，同时还充分尊重了学生的主体地位。教师不仅是知识的传递者，更是学生探索知识的引路人。他们需精心规划知识传递与教学活动，并实时监控学生的学习状态，灵活调整教学策略。在智慧课堂环境中，教师与学生的情感交流更为深入，课堂互动更为频繁，这真正有助于学生主动性与积极性的激发。

在互动式智慧课堂中，教师引导学生将新旧知识建立联系，鼓励他们积极思考与探索，从而高效理解并掌握知识与技能，为创新思维与能力的发展奠定坚实基础。智慧课堂在此模式中扮演了多重角色：首先，在思政课堂教学情境创设中，智慧课堂结合课程内容提供背景信息，创设生动情境，有效吸引学生的注意力；其次，在课程内容讲授过程中，智慧课堂呈现出丰富的网络资源与材料，持续维持学生的注意力；再次，在组织教学活动时，智慧课堂提供便捷的师生互动工具与资源，并能即时分析、反馈学生的学习情况；最后，智慧课堂还贯穿于整个教学过程，为师生提供图表等辅助工具，确保课堂教学的顺利进行。

（二）探究式智慧课堂

探究式智慧课堂教学模式作为一种新兴的教学范式，契合新时代教育改革的理念，其核心在于通过自主、探究与合作的学习方式，实现课堂教学的深度变革。在这一模式下，传统的以教师和课堂为中心的教学结构被打破，课堂的重心逐渐回归至学生本身，突显学生在学习过程中的主体地位。学生不再是被动的知识接受者，而是在教师的引导下，主动参与到知识的探索与构建之中。

探究式智慧课堂教学模式的实施，对学生学习能力提出了较高的要求，但同时也为学生创造了更为广阔的发展空间。学生在自主化探究学习中，能够充分调动自身的学习兴趣，积极主动地探寻知识的内在逻辑与关联。借助网络资源的开放性与丰富性，学生得以突破传统课堂的限制，拓宽视野，培养创造力以及创新意识。这种模式不仅有助于学生对知识的深入掌握与理解，更能促进其创造思维的发展，为学生的未来学习与成长奠定了坚实基础。

教师在探究式智慧课堂教学模式中，不再是单纯的知识传授者，而是学生探究活动的引导者与支持者。教师需精心设计探究主题，以富有启发性的问题引导学生深入思考，并通过组织小组交流活动，促进学生之间的互动与协作。智慧课堂所提供的多样化的教学资源，如交流平台与探究策略等，为教师的引导提供了强有力支撑，使其能够更有效地激发学生的学习积极性，引导学生在探究过程中感受知识学习的乐趣。

从未来发展的角度来看，探究式智慧课堂有望与先进的教学技术紧密结合。例如，触摸式互动课桌等新兴技术的运用，将进一步增强学生与教师在课堂探究活动中的互动性，充分发挥小组合作学习的优势，推动探究式智慧课堂教学模式持续优化与创新。

（三）翻转式智慧课堂

翻转式智慧课堂的核心机制涵盖了课前自学与课堂互动两大阶段。在课前阶段，学生依托教师提供的学习材料，通过网络信息平台（如智能云服务平台上的教学视频），自主完成知识预习与导入，为后续学习奠定良好基础。进入课堂后，学生则通过小组合作等形式深化理解，运用所学知识解决实际问题，此阶段尤为强调师生间、生生间的深度沟通与协作探究。

翻转式智慧课堂的最大亮点在于高效利用课堂时间，聚焦于知识的内化过程。当学生遇到学习瓶颈时，教师能及时提供针对性的指导与帮助，有效促进了学习难题的解决。该模式视能力培养为首要目标，通过网络信息平台的媒介作用，全面构建起包含课前自学、课堂互动与课下复习三大模块的教学体系。在课前模块，学生自主学习，初步掌握知识框架；课堂模块则强调师生互动、生生合作，教师根据学生个体差异实施差异化教学，推动知识内化与学生个性化发展；课下模块则鼓励学生自主复习，巩固学习成果，以确保教学目标的达成。翻转式智慧课堂的实施，不仅革新了传统教学模式，也为培养学生的自主学习能力与团队协作能力提供了有效途径。

（四）混合式智慧课堂

混合式智慧课堂在高校思政教学中的应用，实现了传统思政教学与网络信息技术的深度融合，不仅增强了思政课的亲和力与吸引力，还促进了理论价值向实践任务的转化，为落实立德树人根本任务提供了有力支撑，助力学生成长为社会主义事业的合格接班人。这一教学模式融合多元要素，既保留了高校思政课的独特属性，又充分发挥了混合式教学与智慧课堂的功能优势，积极展现出政治性、主体性、智能化、信息化的鲜明特点。

作为落实立德树人任务的关键课程，思政教育旨在通过多样化教学手段培育高素质人才。鉴于我国的阶级性质及思政教育宗旨，高校思政课混合式教学呈现出显著的政治导向性。该模式以学生为本，激发其学习积极性，借助混合式教学模式与互联网技术，促进师生便捷互动，优化教学活动。

在混合式智慧课堂中，智慧课堂技术发挥了关键作用：①智慧课堂利用智能云服务技术，实现线上线下教学资源的无缝对接，有效缓解了传统思政课堂教学资源不足的问题；②通过课前、课中、课后三个阶段的混合式教学设计，有效增强了师生互动，提升了思政课的教学效率；③智慧课堂还强化了教学评价的精准性与科学性，借助信息技术全面分析学生课堂表现，打破了传统课堂单一依赖考试成绩的评价模式，为构建全面、客观、科学的评价体系提供了可能。

三、高校思政课智慧课堂教学模式的功能

（一）构建大数据驱动信息化教学思想

国家层面，应高度重视信息化教学的发展，加大对大数据的分析力度，把握大数据发展趋势，为教育事业的进步提供坚实的政策支撑与准确的导向。同时，政府还需强化对高校信息化教学的引领与指导，促进教育资源的优化配置与高效利用。

高校管理层则需更新管理理念，将信息化教学思想贯穿于教学管理的全过程，确保这一先进理念渗透到教学活动的各个环节，从而有效提升学生的学习质量与综合素质。在这一过程中，管理者需积极倡导并推动教学管理的创新，以适应大数据时代的教学需求。

高校教师作为教学活动的关键参与者与实施者，他们需主动转变传统的教学观念，积极拥抱大数据教学方式。教师应充分利用大数据技术的优势，将复杂的教学内容转化为直观生动的图片或视频资源，以此激发学生的学习兴趣与主观能动性。通过短视频等多媒体教学手段的巧妙运用，教师可以更高效地呈现教学内容，提升课堂的互动性与学生的参与度，进而实现教学效

率的显著提升。大数据驱动的信息化教学思想，不仅为高校教师提供了创新的教学路径，也为高校整体教学质量的提升奠定了坚实基础。

（二）运用智能工具与资源赋能教学

1. 智能工具赋能高校思政课教学

在当代高等教育中，思政课作为培养学生综合素质与价值观的关键环节，正面临着诸多挑战。其中，课程内容的抽象性与复杂性使得学生在理解与接受过程中存在困难。为此，借助智能技术赋能思政课教学成为一种有效的解决途径。通过将虚拟现实（VR）、增强现实（AR）和混合现实（MR）技术引入思政课堂，构建具有可感知性的教学环境，并结合人工智能等前沿技术进行知识模型化处理，开发出具有自主知识产权的智能辅助软件，能够为学生提供更具深度与广度的学习支持。

智能工具的开发与应用重点关注学生对思政课的深度理解以及问题体验探索。其核心价值在于为学生提供多维度的支持：一方面，智能工具能够全面支持学生对思政课程的深入认识，促进其开展探索式研究；另一方面，通过记录学生学习过程中的全流程行为，智能工具能够监控认知发展进程，并据此进行精准、动态的调整。此外，基于理论研究成果，智能工具还能深入剖析思政课程的理论体系，从而为学生提供实践探索的平台。

传统思政课堂往往受限于学习环境与资源条件，难以满足学生自主探究学习的需求。一方面，学习资源建设缺乏系统性，学生获取的学习资料仅限于固定教材，难以找到针对每个知识点的详细讲解与探究工具；另一方面，学习资源的推送缺乏精准性，难以满足学生个体化的学习需求。然而，借助互联网、人工智能和大数据等多项技术，可以有效解决这些问题。通过构建基于学科图谱分类体系的资料库，将思政课知识按照学科发展线索进行整合，并为每个知识点配备相应的教学资源，使学生能够便捷地调用与学习。此外，智慧课堂智能云服务系统能够根据学生的学习喜好与认知水平，精准推送满足其需求的学习资源，从而支撑学生系统学习与深入探究学科知识。

对于思政课中疑难知识的深入研究以及复杂问题的系统探究，智能技术不仅提供了过程支撑环境，还通过可视化手段帮助学生理解知识的内在机理。知识学习的最终目标是培养学生的思维能力和自主建构科学概念的能力，因此学生需紧跟思政课内容的更新不断学习。智能技术能够将知识的内在机理可视化地展现出来，包括知识的来源、发展及其内部活动等方面，从而揭示知识的本质。同时，智能工具能够根据教学需求快速切换多种变化状态进行对比分析，并模拟知识的运行过程，在关键学习点上进行针对性的检验与评估。通过这些功能，智能技术为思政课教学提供了全方位的支持，全面推动了教学模式的创新与学生学习能力的提升。

2.教学条件和学习路网资源优化赋能高校思政课教学

在网络学习平台与智慧教学平台广泛应用的背景下，高校思政课教学资源虽数量庞大，但其呈现方式多为单一化，资源仅简单堆砌于资源库中，导致思政课教师与学生在查找所需资源时需耗费大量时间，进而造成资源库中多数资源闲置，利用率低下。这种现状使得思政课教师难以依据自身教育理念精准筛选出适配的教育资源，导致现有资源难以高效赋能思政课教学活动。

为切实提升思政课教学资源的效能，应依据思政课教学与学生学习需求，对高校思政课教学设计、课件、导学案、素材包、工具箱、同步练习、试卷、微课等工具包进行系统整合。在此基础上，将优秀教师的思政教育教学过程记录下来，制作成"微课"，并构建思政教育的教学网络，供高校学生使用。通过优化教学条件与学习路网资源，将杰出教师的教育思想与教学方法呈现给全体思政课教师，适当引导教师依据优秀教育理念，借助适配的套件资源开展思政课教学。如此，真正实现教学套件与学习型资源对思政课教学的赋能，为智慧课堂支持高校思政课教学奠定坚实基础。

（三）提升教师与学生的信息化与媒介素养

在教学活动的框架内，教师作为引领者与辅助者至关重要，其信息化与媒介素养的完善是构建高质量信息化教学模式的基石。因此，构建一支具备全面信息化能力的教师队伍显得尤为迫切。这一目标的实现需从两个维度着手：一方面，随着大数据时代的深入发展，教师应紧跟政策导向，紧密结合学校的教学要求与学生的知识需求，致力于提升学生的信息分析与整合能力，为其理论知识的积累提供坚实支撑；另一方面，教师应不断拓展个人的知识结构，尤其是深化对实践领域的认识，以便更好地为学生提供引导与服务。高校应充分发挥教师共同体的作用，组织定期的培训活动，通过培训促使教师深入挖掘高价值信息，并推动教师角色从传统讲授者向引导者与帮助者的转变，从而在教学活动中有效提升学生的自主学习能力。此外，教师应将计算机操作能力融入日常教学，利用网络平台与移动设备搜索并整合教学视频，以此显著增强自身的教学效能。

在智慧课堂教学模式的应用中,学生的主体地位同样不容忽视。教师在提升自身信息化与媒介素养的同时,也应注重培养学生的分析与整理信息的能力。通过智慧课堂平台,竭力促进师生间、生生间的深入交流,使学生在互动中逐步增强对信息化技术的掌握与信息提取应用能力,为其全面发展奠定坚实基础。

第三节 高校思政课智慧课堂教学模式的应用

一、高校思政课智慧课堂教学模式应用的原则

高校思政课作为中国特色社会主义建设的关键一环,受到党和国家的高度重视。在探索高校思政课智慧课堂教学模式的过程中,应坚守以下核心原则,确保教学的有效性和质量。

(一)坚持"内容为王"原则

高校思政教育作为立德树人的重要途径,其质量与成效的提升是当前教育领域的重大课题。教育质量与教学效果之间相辅相成,紧密相连。在这一背景下,坚持"内容为王"原则成为确保高校思政课教育质量的关键所在。

"内容为王"不仅是对教学质量的坚守,更是对思政课核心价值的彰显。中国共产党和中国特色社会主义取得成功,归根到底是因为马克思主义。马克思主义真理的力量在于其能够团结群众,指导实践,转化为改造世界的物质力量。思政课是开展高校学生思政工作的主要阵地,思政课教学的理论性很强。高校思政课要有"理论性",这是衡量"思政"课程质量的主要标准之一。

在智慧课堂的建设过程中,坚持"内容为王"意味着要突出思政课的基本原理,强化知识的载体作用,以知识为引导,促进学生的学习实践活动。同时,还要时刻牢记学生的主体地位,将理论知识与学生的实际相结合,用知识指导学生成长,帮助学生实现自我价值,为其未来的发展和辐射自我奠定坚实基础。只有这样,思政课才能真正发挥其应有的作用,培养出具备坚定理想信念、高尚道德情操和扎实专业知识的新时代大学生。

（二）坚持"设计为要"原则

在提升思政课教学质量与效果的道路上，坚持"设计为要"原则显得尤为重要。思政课应兼具思想性、理论性、亲和力、针对性，这四点不仅是提高教育质量的关键，也是有效确保教育效果的重要因素。思政课旨在培养德智体美劳全面发展的社会主义建设者和接班人，其教育成效的评估标准之一，便是学生能否将所学思想内化于心、外化于行，积极投身于社会主义现代化建设。

思政课的教学过程，实质上是一种价值观念的"外化"与"内化"，是价值观念的不断传播与接受过程。思政教育定位的"应然"与"实然"之间的差异，则揭示了思政教育中"价值输出"与"价值接收"之间的梗阻现象。为解决这一问题，课堂教学便成了价值观念外溢与内化有效沟通的桥梁。

坚持"设计为要"原则，意味着在思政教育创新过程中，需高度重视并实施好思政教育的具体环节。通过整合教学内容，使得思政课更加贴近学生实际，增强其亲和性与适切性，从而促进价值观念发展与辩证融合。这一过程不仅要求教学内容的科学性与针对性，更强调教学方法的创新性与艺术性，以激发学生的学习兴趣，提高其参与度，从而真正实现思政课的教学目的，提升思政课的教学有效性。

（三）坚持"传播为道"原则

在当今时代背景下，高校思政课智慧课堂教学模式的构建旨在有效地向大学生传播马克思主义理论知识和社会主义核心价值观，为国家培养社会主义现代化发展所需的高质量人才，即优秀的社会主义接班人。这一模式的构建不仅要求积极传播马克思主义理论知识，还需同步传播社会主义情感，实现知识与情感的双重滋养。因此，在构建过程中，坚持"传播为道"原则，科学整合思政课混合式教学模式中的各要素，成为提升教学效果的关键。

高校思政课智慧课堂模式的构建需紧密贴合具体教学实际，避免盲目照搬他人经验，而应采取因地制宜的策略，以便更好地展开教学活动。在这一过程中，需对时代发展需求保持敏锐的洞察力，实现教学模式的创新。当前，互联网已成为大学生成长过程中不可或缺的一部分，深刻影响着学生的个性特征和认知方式。因此，智慧课堂教学模式需与互联网时代发展需求紧密结合，采用微课教学、交互互动等学生喜闻乐见的教学方式，从而大幅增强教

第七章 高校思政课智慧课堂教学建设与实践分析

学的吸引力和实效性。

高校思政课智慧课堂教学模式需呈现出本土化特征，彰显学校特色。在研究过程中，各高校应相互借鉴，各自探索，避免一味模仿他人经验。由于不同高校拥有的校本资源和学情存在差异，因此在构建智慧课堂模式时，需结合学校实际情况，采取针对性措施，使学生更加熟悉教学资源，从而更好地融入思政课教学，提高学习效果。

思政课智慧课堂教学模式在使用过程中还需把握好度，避免过度依赖智慧教学工具和混合式教学平台。部分教师在实践中可能存在盲目使用智慧教学工具的现象，导致教学内容缺乏组织性，师生课堂交流功能弱化。因此，在使用智慧课堂教学模式时，须注重教学内容的组织和师生交流的深化，确保教学过程具备连贯性和有效性。

思政课智慧课堂教学模式由多个要素构成，要实现其效果的最大化，需将这些要素体系地联系在一起。具体而言，需将线下教学与线上教学相结合，实现教学模式的创新和发展。这并非简单地将线上教学和课堂教学叠加，而是要对互联网技术以及教学体系等进行重新设计和构思，实现两者的深度融合。同时，思政教育还需与课堂教学积极配合，通过正面教育的方式，让学生系统地学习思政知识，为其今后的学习奠定良好基础。

在构建思政课智慧课堂教学模式时，还需注重教学活动的创意性和思想内涵的深刻性。通过举办启发性强、思想内涵深刻的小活动，如利用智能云服务教学平台播放小视频等，对大学生产生深远而持久的影响，引导他们形成正确的人生观和世界观。此外，还需明确学生与教师各自的职责分工，严格确保学生在学习过程中占据主体地位，教师发挥主导作用。教师应引领学生进行学习，主导教学过程，同时尊重学生的个性特点和需求，不断优化教学方式，调整思维模式，以充分调动学生的学习热情，发挥其主观能动性。

在构建高校思政课智慧课堂教学模式的过程中，坚持"传播为道"原则，还需注重捍卫学生的主体地位和教师的主导地位。通过建立良好的师生关系和互动机制，为教学工作的开展奠定良好基础。教师应熟悉学生的特点和需求，给予他们充分的尊重，并不断对教学方式进行完善。同时，学生也应积极融入课堂教学之中，由"被动学习"逐渐向"主动学习"转变，不断丰富自己的知识体系。

二、高校思政课智慧课堂教学模式应用的路向

（一）提高课堂讨论质量

学生在线自主学习的投入程度，对课堂讨论的质量具有决定性影响。当学生在线上学习中全情投入，并进行适当的知识拓展时，他们往往能够发掘出值得深入探究的问题。这些问题伴随着思考、领悟及疑问，促使学生在课堂讨论中积极发言，清晰阐述个人观点。相反，若学生态度消极，仅将学习任务当作应付，其课堂讨论中的观点便可能显得浅显且模糊，难以准确表达，也难以有效评价他人观点。这种消极态度若持续累积，将导致课堂讨论的质量大幅下滑，最终可能使讨论环节变得可有可无，逐渐失去其应有的教育价值。

混合式智慧课堂教学模式因其能够有效融合教与学，激发学生积极探索与深入分析问题的能力而备受推崇。具体而言，该模式能够培养学生冷静、理性的分析能力，激发学生参与讨论的积极性，并增强团队协作能力。课堂专题讨论作为该模式的重要组成部分，对于实现认知目标具有关键作用。而认知目标的达成程度，又在一定程度上充分反映了学生探索与研究精神的强弱。

当代大学生虽然能够接触到丰富的信息，但部分学生在思考问题方面存在不足，认知能力有待提高。这在一定程度上归因于他们抽象思维发展的局限性，部分学生仍处于感性认知阶段，难以适应思政课的理论深度。因此，在课堂专题讨论中，他们更倾向于选择煽情、浅层或感性的议题，而对于理论性较强的主题则避而不谈。这种现象导致讨论内容价值并不高，难以达到预期的教学效果。显然，若混合式智慧课堂教学模式下的思政课讨论缺乏深度，将违背该模式的初衷。这一现状需通过针对性培训加以改善。

（二）合理安排学生学习时间

智慧课堂教学模式将教学活动细分为三个环节，其中两个环节需在课外完成，一个环节则要在课堂中进行。在设定这些任务时，必须综合考虑学校教务管理的具体要求以及与传统课堂的融合与"翻转"效果。合理设定三个环节的教学活动时间，确保主次分明、难度与分量适中，是实现教学时间合理协调的关键。

在智慧课堂模式下,"放"与"收"的策略至关重要。"放"即鼓励学生根据在线自主学习积累的经验,深入分析问题,形成独特见解,积极参与课堂讨论,营造活跃的学习氛围;"收"则指教师在讨论过程中及时评价、引导,防止讨论偏离主题,确保讨论高效有序。

(三)合理分配教学和技术手段

在智慧课堂教学模式中,技术仅是教育的辅助工具,而非教育的全部。它能够提升教学的效率和互动性,但无法替代教师在学生知识构建、情感培养和价值观引导等方面的核心作用。因此,在智慧课堂的构建中,应避免技术过度介入,以免导致教育本质的异化。

教育的核心在于教师与学生的双向互动,而技术作为这一互动过程中的媒介,其对学生学习的影响不容忽视。对于不同年龄阶段的学生,其对技术的接受程度和应用方式应有所不同。对于低龄学生,技术的"寓教于乐"模式能够激发学习兴趣,促进知识吸收。然而,对于高校学生而言,过度依赖技术的娱乐化教学方式可能会削弱其学习的深度和专注度,不利于培养其独立思考和理性分析的能力。因此,在智慧课堂的教学中,应根据学生的年龄特征和认知水平,合理选择和应用技术手段,以期实现教育的个性化和差异化。

智慧课堂作为一种全新的教学方式,教师和学生在教学模式和教学设备的运用上都需要进行一定的适应和学习。在这一过程中,可能会因技术操作不熟练或教学模式不适应而影响教学质量和效果。此外,智慧课堂的教学设备和软件启用往往需要通过网络进行师生互动,这在一定程度上会占用原有的教学时间。在固定的课堂教学时间内,教师授课时间的减少必然会导致教学内容量的缩减,从而影响教学质量的提升。

为了解决这一问题,需要采取的措施包括:①加强教师的技术培训,提高其对智慧课堂设备和软件的熟练程度;②优化教学模式,将技术与传统教学方法相结合,实现优势互补;③合理安排教学时间,确保教学过程的紧凑性和高效性;④通过课前预习、课后复习等方式,弥补课堂教学时间不足的问题,确保学生能够充分掌握所学知识。

第四节　基于云课堂平台的思政课智慧课堂教学实践

一、"云课堂"在高校思政课教学中的优势

步入网络时代,"云技术"已广泛渗透至社会生活的诸多方面,对教育行业也产生了深远的影响。为了深入推进思政课的教学改革,教师们纷纷采用"云课堂"这一创新形式对高校学生进行教育,从而促使云端教学成为思政课领域的一种崭新教学模式。在信息化技术的助力下,传统的思政课堂发生了巨大的改变。思政教师借助信息化平台整合教学资源和内容,构建以学生为主体、以教师为主导、以问题为中心、以信息化为手段的教学体系,创造"人人皆学、处处能学、时时可学"的学习型环境,解决传统授课模式无法解决的问题,让学生在信息化环境下变被动为主动,促进师生双向沟通的最大化,使思政课更深入人心[1]。

"云课堂"是借助互联网云计算技术,打破空间局限,实现远程教师授课与学生在线学习的新型信息化教学平台。在思政课教学中,"云课堂"展现出以下三大优势。

(一)突破空间限制

"云课堂"作为一种新兴的教学模式,凭借其突破空间限制的核心优势,为思政课教学带来了前所未有的变革。这一模式彻底打破了传统教学中知识传授必须在教室完成的局限,使得学生仅需一台电脑或一部手机,便能在家中或其他任意地点,领略优秀思政课教师的精神魅力与学术底蕴。依托互联网技术的强大支撑,"云课堂"将教室的概念无限延伸至云端,学生只需通过信息终端设备接入互联网,便能随时随地学习思政课程内容,这种学习方式不仅摆脱了特定时间与空间的束缚,更赋予了学生极大的学习自由度与灵活性。

在"云课堂"的持续推动下,思政课教学的影响力得到了显著的提升。

---

[1] 刘晶.信息化技术下的高职院校思政课教学模式研究:以常州工程职业技术学院"云课堂"为例[J].现代交际,2020(19):4-6.

学生可以在业余时间，根据个人兴趣与需求，自主选择相关内容进行深入学习，并有机会与教师及其他同学进行即时探讨交流，这种开放与互动的学习氛围极大地激发了学生的学习兴趣与参与度。更为重要的是，"云课堂"的便捷性使得千万学生得以同时在线观看，不仅高校学生能够受益，其他社会群体也可以借此平台领略思政课的精神力量，这种"以点带面"的教学模式，极大地拓宽了思政课的受众范围，有效提升了其社会影响力与覆盖面。

对于思政课教师而言，"云课堂"无疑是一款高效的辅助教学工具。它打破了传统教学中师生交流必须面对面的局限，使得教师能够依托互联网，随时随地与学生进行沟通交流，推送学习资料，检查学习进度，从而更加全面、精准地掌握学生的学习情况。这种教学模式的变革，不仅提升了教师的教学效率与质量，更为思政课的创新与发展开辟了新路径。

（二）冲破时间桎梏

在传统思政课堂的教学模式下，知识传授往往局限于特定时间点，即教师课堂实时讲授时段。若学生因故缺席，便可能面临成绩受影响的风险，即便后续有机会补课，也难以完全还原当时的课堂氛围与实时互动，从而影响了学习效果。然而，"云课堂"所具备的课堂教学重播功能，为这一难题提供了全新的解决方案。

通过"云课堂"，学生不再受特定学习时间约束，而是可以根据自己的需求与安排，随时回溯并参与到之前的课堂学习中。这一功能不仅让学生有机会重温教师的讲授过程，还能让他们在任何时间、任何地点，都仿佛置身真实课堂，参与整个课堂的思考与讨论。对于那些在课堂上未能完全理解的内容，学生也可以利用重播功能进行反复地补充学习，直至完全掌握。

对于高校思政教育而言，培养学生的社会责任感和正确的价值导向是至关重要的。而"云课堂"所打破的时间限制，为学生提供了更为充裕的课后学习时间，促使他们能够更深入地领悟、感受并体验思政课堂的教学内容。通过重复收看课堂实录，学生不仅能够加深对知识点的理解，还能更加细致地观察并学习教师的教学神态与教学语言，从而进一步提升他们的学习效果与综合素养。

（三）提高学习兴趣

在思政课的教学过程中，教师需紧密关注前沿问题，并据此不断调整与优化课程内容与教学方式，运用最新的教学手段，致力于构建富有吸引力的课堂。而"云课堂"作为一种创新的线上教学模式，为教师提供了更为灵活多样的教学手段，以充分满足学生多元化的学习需求，并提升学生的学习兴趣。

在"云课堂"的平台上，教师可以通过多种形式的教学活动来激活思政课堂。例如，利用"微视频"与"微短剧"等视觉化的教学手段，将抽象的理论知识转化为生动具体的影像内容，让学生在观看的过程中能够直观地感受到所表达的情感与思想，从而激发他们的社会责任感。此外，教师还可以通过直播课的形式，将教学与直播有机结合，为学生创造一个既具有娱乐性又富含教育意义的学习环境，使学生在轻松愉快的氛围中完成学习任务。

这种教学形式的改革，不仅丰富了思政课的内涵，还使学生在网络时代对思政课有了更为深刻的理解与体会。通过"云课堂"的教学实践，学生能够在享受学习乐趣的同时，不断提升自身的综合素养与思维能力，为未来的社会发展奠定坚实基础。

二、"云课堂"模式下高校思政课建设的优化

思政课的核心价值在于，在扎实传授马克思主义理论知识的基础上，有效引导高校学生积极承担社会责任。为实现这一目标，教师需坚定不移地以马克思主义理论为指导，积极探索并创新教学方法，促使思政课借助"云端"教学模式，深入触动学生心灵。面对潜在的挑战，应不断优化"云课堂"技术体系与教学路径，旨在拓宽思政课的覆盖范围。在此过程中，确保网络空间的健康与纯净，对提升思政课教学质量至关重要。通过这一系列举措，旨在促进高校学生树立坚定的政治立场与高尚的道德情操，进一步激发大学生群体的蓬勃活力与社会责任感。

（一）构建教育服务平台，保障教学顺畅

构建专门的教育服务网络平台，是确保思政课教学顺畅进行的关键。一个稳定且高效的网络环境是思政"云课堂"的重要基石，其持续优化对于提升教学体验与教学成效具有基础性作用。鉴于此，解决网络接入问题显得尤为迫切。随着我国全面建成小康社会，物质条件的极大丰富为偏远地区学生提供了更多可能性，即通过政府与网络服务提供商的合作，为这些地区的学生免费开放专门的教育网络资源，甚至在其家庭安装专用教育网络，以保障

学习不受地域限制。此举不仅确保了教学活动的连续性与高效性，还促进了家庭成员共同参与学习，共享中国特色社会主义建设成果，从而深化思政课的社会影响力。

高校构建统一的教育网络系统，能够支撑大规模学生同时参与线上思政课，确保课程直播的高清晰度与流畅度，这对于实现教学目标至关重要。通过实施这些策略，思政课不仅能够有效传递理论知识，更能激发学生的社会责任感与历史使命感，为培养具有时代担当的高素质人才奠定坚实基础。

（二）创新"云课堂"系统，确保教学效果

在追求高效"云课堂"系统以确保教学效果的进程中，支持多人同时视频交流的功能已成为教学质量的关键要素。传统平台如钉钉、微信等，由于缺乏多人视频交互能力，可能导致学生产生"懒学"或"隐性逃课"行为，特别是在线上考试场景下，真实性验证尤为困难。鉴于此，对云端课堂软件进行革新，以容纳多人在线同步学习便显得尤为关键。此举不仅便于教师在授课时有效监督学生的学习状态，确保其专注投入，还能通过即时提问，激发学生的主动思考，将学生置于教学过程的中心位置，提升参与度与互动性。

鉴于高校学生普遍对网络工具拥有较高的操作熟练度，甚至可能超越教师，这在一定程度上增加了学生在线学习过程中分心或从事非学习活动的风险。因此，云端课堂软件需进一步升级，赋予教师远程控制学生学习界面的权限，直接将思政课内容推送至学生终端，以此确保学习材料的准确传递与学习过程的真实性。此外，系统应集成线上签到、在线提问、作业提交等多元化功能，力求在虚拟环境中重现传统课堂的沉浸式学习体验。

思政课堂的独特之处在于，它不仅仅要求学生理解知识，更强调将理论知识应用于实践，实现情感与价值观的升华。这种深层次的情感变化，需要教师细致观察学生的言语、情感反应及行为表现，以合理评估教学目标的达成情况。因此，云端课堂程序的升级，通过增强教学互动与监控能力，成为优化思政课堂环境、提升教学效果的重要手段。通过这一系列技术创新，不仅能够保障学生在线学习的质量，还能进一步激发学生学习的主动性与创造性，为培养具有社会责任感与时代担当的高素质人才奠定坚实基础。

（三）强化积极观念，提升思政课地位

引导学生树立正确的学习态度，从根本上提高对思政课的重视程度至关

重要。这要求思政课教师秉持正确的政治立场，在云端课堂上为学生树立正确的价值观，引导他们走好人生第一步。思政课教师应紧跟国内外发展动态，准确把握国家政策新要求，善于引导学生以积极客观的态度审视问题。特别是在云端教学中，要将理论内容与现实生活紧密相连，鉴于网络信息丰富且传播迅速，教师应迅速筛选有效信息，并充分利用"云课堂"的优势，将国内外大事与日常琐事融入教学，确保思政课的时效性和实效性。通过引导学生分析实际问题，培养他们的批判性思维和辨别是非的能力，同时还应鼓励他们在日常生活中安全、合理地使用网络传播正能量。

高校学生应保持勤奋好学的态度，提升学习效率。高校学生作为新时代的青年，应时刻铭记责任与使命，增强"四个意识"，不忘初心。在云端思政课学习中，应积极配合教师教学，增强自我管理能力，自觉维护网络学习环境的纯洁性，文明、安全地参与云端思政课学习。通过"云课堂"学习，学生不仅要获取知识，更要树立正确的人生观、价值观，并在此基础上，尽己所能传播社会正能量，力争扩大思政教育的社会影响力。

（四）人才引进与培养并重

办好思政课的关键在于教师，教师的积极性、主动性和创造性至关重要。思政课教师是引导学生树立正确价值观的引路人，因此，高校思政课教师的素质和能力对大学生思政教育具有决定性的影响。

高校思政课教师队伍建设不同于其他专业教师队伍建设，要求教师既具备高超的教学水平，又拥有强烈的责任心和事业心。为此，高校在引进人才时应慧眼识珠，既要引才聚才，更要育才用才。通过发挥有经验教师的传帮带作用，全力加速青年思政课教师的成长，为高校培养更多社会主义建设者和接班人。

三、"云课堂"模式下高校思政课的拓展实践——"云剧场"

"云剧场"作为"云课堂"的拓展型课程内容，构建了一个集多媒体戏剧表演与互动功能于一体的创新空间，融合了全息投影、手势控制等现代信息技术手段，展现了其在教育领域的前沿应用。将其引入思政课，旨在为学生提供一个现代化、互动性强的学习平台。在这一平台上，学生能够参与一系列富有意义、趣味性和自主性的活动，如模拟现场培训、排练及讲解等，这些活动由讲解员社团依托"云剧场"的信息技术优势进行组织与实施。

第七章 高校思政课智慧课堂教学建设与实践分析

现代信息技术以其独特的魅力广受学生青睐。在思政课中融入现代信息技术，不仅推动了德育的网络化与信息化进程，还实现了传统教学方法与现代信息设备、技术的深度融合。这种融合为学生带来了生动、形象、活泼的思政教育体验，有效扭转了思政课教学方法单一、呆板的不利局面，极大地提升了学生的学习兴趣与参与度。

通过"云剧场"这一信息平台，学生能够开展丰富多彩的思政教育及宣传活动，深入挖掘爱国主义教育的内涵，营造出浓厚的思政教育氛围。这一举措不仅进一步提升了校园文化品位，还显著提高了学校思政教育的有效性，突显了学校的特色教育理念，为提升学校整体形象注入了新的活力。

（一）"小空间、新技术"的社团活动

在校本课程的开发与研究中，应深入挖掘"云剧场"这一前沿技术的潜能，为学生开辟了一条更为开放且广阔的学习路径。此路径着重于让学生在亲身实践中掌握新型学习方式，从而大力推动其主动学习、综合学习、探究学习以及实践学习。社团活动的设计应紧紧围绕爱国主义文化的传播与国家意识的培育，旨在增强学生的民族自豪感，并促使学生自觉承担起弘扬传统文化的使命。

社团活动致力于实现的培养目标包括：一是通过深入学习与实践，不断扩充社团活动中爱国主义教育的内容，同时丰富其形式，对"红喇叭"社团的系列活动设计进行优化，使之更具吸引力和教育意义；二是通过丰富的学习与实践活动，充实学生的课余生活，促进其个体身心的健康发展，提升日常生活的品质，并激发学生对文化生活的兴趣与追求，逐渐培养其爱国主义精神；三是通过鼓励学生主动探索与研究，激发其自主求知的热情，同时培养其独立思考与解决复杂问题的能力，为成为具备创新精神和实践能力的未来人才奠定坚实基础。

（二）"小空间、大容量"的"云剧场"校本课程

"云剧场"作为一种创新的校本课程形式，以其"小空间、大容量"的特点，在爱国主义教育领域展现出独特的价值。该课程以中共一大会址为试点，将这一爱国主义教育基地的丰富音频影像资料整合至"云剧场"资源库，为社团活动提供了更为便捷的资源调用途径。

在学科性爱国主义教育中，"云剧场"通过开发校本课程和设立选修课，将中共一大会址的内容融入教学，实现了爱国主义教育的课程化。同时，依托学校已有的社团课程，如快乐活动日课程和"红喇叭"讲解员社团，进一步推进了爱国主义教育。

"云剧场"还注重渗透性爱国主义教育的实施，将爱国主义教育与学科教学相结合，通过构思课程的结构和要素来设计教学过程，完善教学方法，强化教学效果。在具体设计中，教师可采用课本剧形式呈现教学内容，或以课本剧结构设计教学过程，使得爱国主义教育更加生动、具体。

表演性爱国主义实践活动教育也是"云剧场"的重要组成部分，通过课本剧编演、红色基地讲解、自编自导自演等方式，让学生在实践中体验、感知爱国主义教育。这种主题实践活动不仅丰富了学生的感知，完善了其人格，还提升了其能力和综合素质。

在"云剧场"校本课程的学习与实践中，学生能够在心智发展、综合素质和能力提升等方面获得独特的发展。同时，"云剧场"虚拟体验系统的四大功能——签到、录像拍摄、上传分享和成长记录，也为学生社团活动提供了全程的学习支持、记录与评价。特别是点评互动功能，通过现场师生及观众的"打星"评分，实现了评价的及时反馈，增强了活动的互动性和参与感。

在开发"云剧场"校本课程时，还应充分考虑学生的年龄特点和学校已有的传统校本特色项目，以确保课程的针对性和实效性。通过这一创新形式，不仅丰富了爱国主义教育的内涵和形式，还提升了其在学校教育中的重要地位。

（三）"小空间、多变化"的灵动课程

在构建爱国主义教育平台的过程中，"云剧场"作为一种创新的虚拟体验系统，其核心价值在于通过灵活的课程设置，实现了教育空间与内容的多样化整合。该系统主要由三块投影幕构成视频成像与互动空间，巧妙地将爱国主义教育基地转化为虚拟场馆地图，并提供在线浏览功能，为学生提供了身临其境的讲解体验。在此基础上，表演者能够在立体空间内与音视频素材实现实时互动，极大地丰富了社团活动的表现力与参与感。

"云剧场"的便捷应用方式赋予了社团活动设置以高度的灵活性。它能够依据爱国主义教育内容的变化及学校德育主题活动的需求进行模块化设计，使教育活动能够按需组合，既保持了内容的丰富性，又确保了活动的针对性与实效性。这种设置方式在时间上给予了社团活动更大的自由度，允许其根

据实际需要调整节奏，从而在保证教育质量的同时，也大幅提升了学生的参与热情与学习效率。

1. 素材资源的统整

在素材资源的统整方面，"云剧场"全面整合了爱国主义教育基地的音频影像资料，从而形成了丰富的资源库。这一举措不仅为社团活动提供了强有力的资源支撑，也为教育内容的拓展与活动形式的创新奠定了坚实基础。随着资源库的持续扩充与完善，社团活动将能够更加深入地挖掘爱国主义教育的内涵，设计出更多富有创意与实效的活动，进一步激发学生的爱国情怀与历史责任感。

2. 自主学习的安排

在自主学习安排方面，"云剧场"展现出了其独特的优势。学生能够自主安排课程开展的时间与节奏，自由选择感兴趣的爱国主义教育内容，这一灵活性极大地激发了学生的学习主动性。通过"云剧场"，学生能够自发组成小组，设计多样化的活动形式，并在社团活动中自由发表感言，从而构建了一个以学生为中心、充满活力的学习环境。这一平台不仅打破了时间与空间的限制，还通过表演、讲解、演讲、辩论等多种形式，让学生能够随时、随地、随需地进行培训与实践，极大地拓宽了自主学习的边界。

3. 课程内涵的拓展

在课程内涵的拓展方面，"云剧场"作为一个信息丰富的平台，具备容纳爱国主义教育资源的特性，为原有社团活动的丰富提供了坚实基础。通过场景再现技术，"云剧场"能够为学生创造一个逼真的环境，使他们沉浸于多感官体验之中，获得视觉与听觉上的全新感受。这种身临其境的体验方式，不仅提升了学生对历史事件的情感共鸣，增强了他们的学习动力，还为学生打开了一个更为宽广的学习视角。通过"云剧场"，学生能够更加深入地理解历史，感受爱国情怀，从而在知识与情感上不断实现双重成长。

4. 课程形式的突破

基于"云剧场"的"红喇叭"社团活动中，课程形式的突破成为一大亮点。此类活动致力于让学生在亲身实践中，深切体验并感悟爱国主义情感，这一核心理念贯穿于整个社团活动的设计。设计过程尤为关注学生学习方式的转变，旨在促进学生主动学习与合作学习能力的提升。

为实现学生自主选择、自主策划与自主合作的目标，教师充分利用技术平台，精心整合了多种教育资源，为活动的顺利开展提供了坚实支撑。在活动过程中，教师鼓励学生以合作的方式共同解决问题，并在关键时刻提供及时且有效的方法指导，从而确保了活动的顺利进行，促进了学生能力的有效提升。

社团活动的形式已不再局限于传统的单一讲解模式。小组表演、小剧目、研讨互动等多种新颖且富有吸引力的样式被引入，不仅极大地丰富了活动的表现形式，也极大地激发了学生的学习兴趣与参与热情。这些多样化的活动形式，不仅促进了学生之间的交流与合作，也进一步加深了他们对爱国主义情感的理解与感悟，使得整个社团活动在形式与内容上都实现了质的飞跃。

5. 课程活动范围的延伸

在"云剧场"平台的助力下，"红喇叭"社团的课程活动范围实现了显著的延伸。传统上，该社团的活动受限于时间与空间，主要围绕学校周边展开。而随着"云剧场"的引入，活动范围得到了极大的拓展，真正实现了"随时、随地、随需"的灵活性与便捷性。具体而言，"红喇叭"社团课程不再局限于课堂之内，而是成功延伸至课外，从学习一大会址扩展至整个校园，并进一步拓展至社区，从而构建出一个更为广阔且连贯的学习生态系统。

6. 互助共进的成长

以往，学生主要依赖教师提供的学习材料进行演练学习，缺乏主动性与创造性。而在"云剧场"平台下，学生能够自主选择感兴趣的内容，通过自主收集整理资料、编写学习教材和设计讲稿，积极参与到学习过程中。教师在这一过程中的角色逐渐转变为支持者，通过观察学生的学习、体验与实践，及时发现其存在的困难，并提供必要的学习帮助。这种支持不仅有助于学生获得成长，也促进了教师自身能力的提升。教师在观察学生学习情况、读懂学生的专业感悟以及支持学生的业务能力方面均取得了长足的进步。因此，"云剧场"平台下的"红喇叭"社团活动不仅锻炼了学生的能力，也为教师的专业成长提供了宝贵的契机。

（四）"随时、随地、随需"的"云剧场"平台

"云剧场"平台作为现代技术的杰出应用成果，为爱国主义社团活动的优化开辟了新路径。通过这一平台，社团活动在爱国主义教育内容方面得到

了极大的丰富，不仅涵盖了传统教育资源，还融入了更多元、更鲜活的历史与文化元素。在社团活动设计上，"云剧场"推动了从单一讲授向多维度互动的转变，使得活动形式更加灵活多样，能够更好地激发学生的学习兴趣与参与热情。

在实施形式上，"云剧场"平台凭借其"随时、随地、随需"的特性，打破了时间与空间的限制，为学生提供了更为便捷高效的学习体验。学生不仅能够根据个人兴趣与需求选择学习内容，还能在虚拟环境中与同伴进行实时的互动与合作，共同解决问题。这一过程不仅提升了学生的创新意识与实践能力，还让他们深刻体会到团队合作的乐趣与价值。

第八章 "互联网+"赋能思政课：实效、互动与一体化探索

互联网为思政课提供了更加灵活、开放的教学空间，能够突破时间和地点的限制，实现更高效的教学互动与内容传播，这一变革要求教学内容和方法必须进行深刻的创新，以确保教学实效的提高和学生的全面参与。本章通过分析"互联网+"时代下思政课教学的实效性与网络化发展，探讨互联网平台对互动教学模式的推动作用以及如何在互联网环境中推动思政课的教学一体化建设，为新时代的思政课提供创新的教学模式与路径。

第一节 "互联网+"时代思政课教学的实效性与网络化

一、"互联网+"时代思政课教学实效性

（一）借助互联网丰富教学形式

在"互联网+"时代，随着信息技术的飞速发展，高校思政课（简称思政课）教学正面临着前所未有的机遇与挑战。信息技术的应用，尤其是互联网的普及，已成为提升思政课教学实效性的重要途径。具体而言，互联网不仅为思政课提供了更加丰富多样的教学资源和平台，也为教师与学生之间的互动创造了更加便捷的沟通渠道。

1.利用数字博物馆，激发学习兴趣

数字博物馆作为数字化时代的重要产物，借助现代信息技术将传统博物馆中的文物、艺术品、历史资料等进行数字化存储和展示，打破了时空限制，为思政课的教学提供了一个全新的资源平台。利用数字博物馆，通过虚拟参

观和互动体验，能帮助学生在更直观的环境中了解历史事件、文化背景以及社会发展进程，从而激发学生对思政课内容的学习兴趣。在此基础上，学生能够更好地融入思政教育所传递的核心价值观和思想精髓，提升教育教学的实效性和吸引力。例如，通过数字博物馆展示中国特色社会主义建设的历史进程和重大成就，可以促使学生更加直观地感受到中国特色社会主义道路的历史必然性和实践成果，进而深化其对思政课内容的理解和认同。

2. 通过网络进行实时调查与数据收集

在传统的思政课教学中，社会调查往往需要学生亲自开展实地调研，这不仅费时费力，还存在一定的局限性。而借助互联网，教师便可以引导学生利用在线调查工具和平台，进行实时的网络调查。通过这种方式，学生不仅能够快速地获取大量的社会调查数据，还能够在更广泛的范围内了解社会各界的看法和观点。网络调查的即时性和广泛性使得学生能够更及时地掌握社会动态与公共舆论，有助于培养其独立思考和社会观察的能力。同时，互联网平台能够为学生提供多样化的调查工具，使得调查内容更具针对性和深度，从而为思政课的教学提供更为丰富的素材和依据。

3. 通过自媒体平台发布新闻、发起讨论

随着自媒体平台的兴起，教师可以充分利用微信、微博、抖音等社交媒体平台，发布与思政课教学相关的新闻资讯、时事热点、历史事件以及经典理论，引导学生关注社会发展和思想潮流，进一步增强思政课的时代感和实践性。通过自媒体平台，教师不仅可以及时发布课堂知识的扩展内容，还能够组织开展线上讨论和互动，帮助学生在讨论中深化对课程内容的理解。在此过程中，教师可以针对学生在讨论中的观点进行科学引导，纠正其可能存在的错误历史观和价值观，帮助学生形成正确的马克思主义思想体系，并通过对实际问题的分析，培养学生的批判性思维和理论思辨能力。例如，在讨论某一社会事件时，教师可以引导学生运用马克思主义的分析工具，帮助其从经济基础和上层建筑的角度进行全面的思考，进而理性判断事件的社会意义，树立科学的历史观和价值观。

（二）借助互联网加强教学过程管理

随着互联网技术的迅猛发展，思政教育（以下简称思政课）教学过程愈加透明化，教师能够通过社交软件平台与思政云课堂 APP 等多种工具，实时监控学生的学习动态，并根据需要灵活调整教学方式。这一变革不仅提高了教学效率，也为学生提供了更加丰富的学习体验。具体而言，借助互联网加强思政课教学过程管理的优势表现在以下几个方面。

1. 互联网技术推动思政课教学模式创新

通过互联网技术，尤其是云平台的应用，思政课实践教学实现了前所未有的变革。这一变革极大地提升了学生的学习积极性和参与度，学生能够通过在线平台随时随地学习，互动性和灵活性得到了显著增强。相较于传统的课堂教学，互联网云平台为思政课的教学提供了更广阔的空间和更灵活的方式，教师和学生之间的互动也变得更加即时和高效。

2. 提升学生的参与感和沉浸感

在互联网时代，学生通过网络平台参与思政课实践教学，可以全身心投入学习的各个环节之中。无论是在课程讨论、案例分析，还是在个性化的学习任务中，学生都能够积极参与并获得相应的反馈。这种参与不仅限于课堂时间，还可以延伸到课外，使学生在不同时间和空间中都能保持对课程内容的关注和参与，增强了思政课的学习深度和广度。

3. 实时监控与个性化辅导

借助云课堂和其他网络教学平台，教师可以全面掌握学生的学习情况、思想动态。这种全面的了解使得教师能够根据学生的具体情况进行个性化辅导和针对性指导。教师还可以随时通过网络与学生沟通，及时纠正其思想观念，帮助学生克服认识上的误区，有效解决学生在学习中遇到的思想问题。通过这种即时互动和反馈，思政教育能够更加精准地对接学生的需求，从而提升教育的实效性和针对性。

（三）借助互联网丰富考核形式

在"互联网+"模式的推动下，高校思政课程的教学考核方式得到显著拓展和创新。传统的纸笔作业和闭卷考试已无法满足新时代对教育质量和教学效果的多元化需求，因此，教师可以在互联网平台的支持下，采用多种形式来进行课程考核，从而更全面地评估学生的学习成果和综合素质。

1. 视频作业形式

在互联网教学环境中，视频作业作为一种新型的考核形式，能够极大地激发学生的创造力和表达能力。教师可以根据各个思政课教学章节的内容安排，让学生以个人或小组合作的方式完成视频作业。这种方式不仅能够帮助学生深化对思政课程内容的理解，还能锻炼他们的沟通能力和团队协作精神。在考核过程中，教师可从学生的参与态度、实际表现、创意展现以及视频内容的深度等多维度进行科学评价，为每个学生提供个性化的反馈与成绩。

2. 音频作业形式

音频作业作为另一种创新考核方式，具有较高的灵活性和较强的个性化。教师可要求学生选择现代诗歌、古诗词等文学作品进行深情朗读，并以音频的形式提交。这不仅能够激发学生的文学兴趣，也有助于提高学生的语言表达能力和情感表达技巧。在考核中，教师可以从朗读的语音语调、情感传递以及语言的流畅性等方面进行综合评估，从而全方位地观察学生的语言素养和情感认知。

3. 活跃指数评价

互联网教学平台的互动性为考核提供了新的途径。教师可以通过平台设置"活跃指数"，根据学生在 APP 教学平台上的参与频率、发言次数以及作业完成情况进行综合评估。这种评价方式使得学生的思政课在线学习行为、互动质量和学习进度得到了充分关注，有助于激励学生在学习过程中更加积极主动地参与课堂讨论和课后互动。通过量化学生的参与度，教师能够更加精准地把握学生的学习态度和思维活跃度，进而为其学术进步提供更具针对性的指导和反馈。

4. 动态考核形式

在互联网平台上，动态考核模式打破了传统教学中以阶段性考试为主的考核方式，能够更实时地评估学生在学习过程中各个环节的具体表现。教师可通过 APP 设置签到模式来监控学生的思政课课堂参与情况，并将签到数据作为考核指标之一。每个教学环节结束后，教师可设定总结和反馈环节，及时了解学生的参与情况与学习成果。在此基础上，教师还可以开展针对性的讨论和反馈，帮助学生及时纠正错误，深化理解，进一步提升学生的学习效果和思政课的教学质量。

二、"互联网+"时代思政课教学网络化

在"互联网+"时代，随着信息技术的迅速发展，网络化教学模式已逐渐成为高校思政课的重要组成部分。网络化教学不仅为思政课的教育内容提

供了广阔的传播渠道,也在教学方式、教学手段及教育互动等方面带来了深刻的变革。

(一)网络课程资源的开发与整合

随着信息化技术的广泛应用,思政课教学的资源开发和整合已不再局限于传统的课堂讲授和纸质教材,而是逐渐向多元化、数字化方向发展。在这一过程中,高校应注重网络课程资源的多元化开发,以满足不同学生群体的学习需求。例如,可以通过制作专业化的思政课视频课程、音频课程、电子教材等,为学生提供个性化、可视化、互动性强的学习资源。这些资源应当具备较强的理论深度和现实针对性,同时还要结合当代社会的热点问题,如文化自信、社会责任等问题,增强学生的认同感和实践意义。

网络课程资源的整合不仅是单一课程的建设,还应考虑跨学科、跨领域的资源共享。例如,可以通过联合多学科的教师团队,整合社会学、哲学、政治学等多个领域的知识内容,将思政教育融入更多元的社会现实和知识体系中,形成一体化的课程体系。此外,高校应积极推动在线平台的建设与使用,如建立学习管理系统和慕课平台,并利用这些平台聚合各类学习资源,优化资源配置,从而提高课程的可获取性和学习的持续性。

(二)网络学习社区的构建与管理

网络学习社区的构建与管理是思政课教学网络化的重要组成部分。在传统的教学模式下,师生互动主要发生在课堂上,而网络化教学模式使师生互动不再仅限于课内时段,而是延伸到课外学习活动中。通过构建网络学习社区,学生不仅能够获得更加丰富的教学资源,还能在一个开放、共享的学习环境中,参与讨论、交流与互动,进一步提升思政课的学习效果。

有效的网络学习社区不仅是一个信息交流平台,更应是一个培养学生思维方式和价值观念的平台。在构建网络学习社区时,高校应鼓励学生主动参与社会实践、在线研讨和知识共享,通过这些活动促进学生对社会主义核心价值观的认同和理解。同时,教师应充当学习社区的引导者和组织者,定期发布学习任务、组织讨论活动,并对学生的参与情况进行督促和反馈,以确保学习社区的有效运作。

在管理方面,思政课网络学习社区需要建立起完善的管理机制,包括学习行为的规范、学习进度的跟踪、学习成果的评估等内容。通过数据化管理,教师可以实时监控学生的学习状态，及时发现和解决问题，优化学习路径。此外，高校应重视网络社区文化的建设，营造积极向上的学习氛围，防止网络社区中的不良信息和低质量互动对学生产生负面影响。

（三）网络学习行为的监测与分析

网络学习行为的监测与分析是保证思政课教学网络化顺利进行的关键环节。随着网络教学资源和平台的逐渐普及，学生的学习行为和学习过程可以通过平台进行实时监控和记录，这为教师提供了一个全新的教学管理和评估手段。通过对学生的在线学习行为数据进行系统分析，教师可以获得关于学生学习动机、学习进度、参与度等多维度的详细信息，从而为个性化教学和教育决策提供科学依据。

第一，教师应注重对学生思政课网络学习行为进行定量分析和定性分析。定量分析主要包括学生的登录频率、学习时长、在线互动次数、作业完成情况等指标；定性分析则着重于学生在学习过程中表现出的思维深度、情感投入、价值取向等方面。通过综合运用定量和定性分析，教师能够全面了解学生的学习状态和心理动向，进而调整教学策略。

第二，网络学习行为的分析也有助于发现学生在思政学习过程中可能遇到的问题。通过监测学生的学习轨迹，教师可以及时识别学习进度较慢、参与度较低的学生，并提供针对性的帮助和辅导。此外，数据分析还可以为教学内容和方法的优化提供坚实依据。例如，如果大部分学生在某一模块的学习上存在较大困难，教师可以重新审视该模块的教学设计，调整教学策略或提供额外的学习支持。

第二节 "互联网+"时代思政课互动教学模式

互动教学模式是一种强调教学过程中师生间、生生间信息与情感交流的教学模式，其核心在于打破传统单向传授知识的局限，转而构建一个以学生为中心、教师为引导者的双向或多向沟通环境。在互动教学模式下，教学活动不再仅仅是教师向学生的单向知识传递，而是包含学生的主动参与、质疑、讨论、反馈等多个环节，从而形成一个动态、开放的教学系统。互动教学模式充分利用各种教学资源，包括但不限于文本、图像、音频、视频以及互网技术等，旨在提升学生的主动学习能力和批判性思维能力。

一、互动教学模式的特点与价值

（一）"互联网+"时代高校思政课互动教学模式的特点

1. 主体多元性

互联网对当代大学生的思想观念、价值构建和行为产生了深刻影响，这为高校思政课教学模式的创新提出了内在要求[1]。在"互联网+"时代下，互动教学模式着重强调教师与学生之间关系的多元化和互动性，互动教学模式提倡教师与学生在教学活动中的双向交流，所有参与者均拥有平等的发言权和表达权。教师不再是唯一的知识传递者，而是知识建构过程中的引导者和支持者；学生则不再是被动接受信息的对象，而是主动参与、共同探讨知识的建设者。在此种模式下，教师和学生之间的关系更加平等、开放，信息的流动更加自由和广泛，全面促进了教学活动中的知识共享与思想碰撞，从而在集体智慧的作用下，推动了思政教育的创新与发展。

2. 过程动态性

互动教学模式强调教学过程的动态性和灵活性，教师不仅要根据思政课课堂的实际情况实时调整教学策略、教学内容和教学方法，还需依据学生的学习进程、兴趣点和反应进行即时的教学反馈和调整。借助"互联网+"技术，教学内容可以更加灵活和多样化，教学方法也可以根据不同的教学情境和学生特点进行个性化定制。教学不再局限于预定的计划，而是在一个动态、开放的环境中持续进行，能够适应学生学习状态的不断变化，促进学生自主学习和思考的深度发展。

3. 反馈即时性

互动教学模式充分利用"互联网+"技术，借助在线问卷、讨论板、即时通信工具等多元化手段，实现思政课教学反馈的即时性和个性化。在这种模式下，教师可以随时获得学生对课堂内容的理解和反馈，及时发现教学中存在的问题并进行合理调整，避免了传统教学中由于信息传递滞后导致的问

---

[1] 曹亚静，洪秘密，张新. "互联网+"时代以学生为中心的高校思政课教学模式改革研究[J]. 互联网周刊，2023（16）：28-30.

题。例如，教师可以通过实时在线答疑、课堂互动讨论等方式，立即获得学生对知识点的掌握情况及其学习难点，从而进行针对性的辅导与引导。此外，学生也可以通过这些平台表达自己的意见和需求，形成一种双向互动的反馈机制，确保每个学生在教学过程中都能得到及时的支持与帮助。

4. 评价综合性

在互动教学模式下，思政课评价的范围不再仅仅局限于考试成绩，而是通过综合评估学生在学习过程中的多维表现进行全方位考核。评价不仅考量学生在课堂中的参与度、思考深度和学习成果，还包括其团队协作能力、创新思维的展现以及对复杂问题的解决能力等方面。通过对学生多方面素质的评估，教师可以更加全面地了解学生的综合素质，进而对教学效果和学习进程做出客观准确的评判。这种综合性评价方式有助于更好地反映学生的实际发展状况，激励学生不断提升自己，同时也能为教师调整教学策略提供重要依据，最终促进学生全面素质的提升。

（二）互动教学模式在高校思政课中的应用价值

互动教学模式在高校思政课程中的应用具有重要的教育意义和实践价值，能够显著促进学生综合素质的提升。教学活动不再局限于传统的单向知识传递，而是通过多元化的教学手段和学习方式，不断增强学生的参与感和获得感，从而实现教育目标的多维度推进。

1. 增强学习兴趣与动机

互动教学模式通过设计丰富多样的教学活动，如小组讨论、角色扮演、案例分析等，使学生能够从多角度理解和运用思政理论。相较于单一的理论讲解，这些活动能够将抽象的思政政治理论知识具体化、生活化和情境化，有效激发学生的学习兴趣与内在动机。例如，角色扮演不仅能让学生深入理解不同角色的思维方式和价值观，还能增强他们对社会现象的认知和思考。通过这种方式，学生更易于形成对知识的自主探索和深度理解，进而推动其学习主动性和参与意识的大幅提升。

2. 提升批判性思维与创新能力

互动教学模式注重培养学生的批判性思维和创新能力，通过围绕社会热点、历史事件等问题组织深入讨论，鼓励学生独立思考、辩证分析并提出自己的见解。在这一过程中，学生不仅需要对现有理论进行批判性审视，还要在讨论中培养自我表达和反思的能力。此外，项目式学习和创意作业等教学方式还能够进一步激发学生的创新意识，使其能够在实践中运用所学知识，解决实际问题，推动思政教育的创新发展。

3. 促进师生、生生间的深度交流

互动教学模式为师生、生生之间提供了丰富的交流机会，推动课堂内外的互动与合作。通过小组合作、课堂讨论、学术交流等多种形式，学生能够在互动中获得教师的即时反馈，并与同学们共同探讨问题，不仅有助于增进师生之间的相互理解和信任，提升教师的教学效果，还能增强学生的团队协作精神和社会交往能力。在这一过程中，学生不仅在思政课程中获取知识的传授，也通过各种实践活动培养了与人沟通和合作的能力。

4. 实现个性化学习

借助大数据和人工智能技术，互动教学模式能够为学生提供个性化的学习体验。通过分析学生的学习行为和学习成果，教师能够了解每个学生的学习进度和知识掌握情况，从而为其量身定制教学策略。这一过程有助于最大限度地满足学生在学习方式和能力水平上的差异，推动其个性化学习发展。同时，教师还可以利用智能教学平台向学生推送个性化的学习资源，以确保每个学生都能够在其最适合的学习节奏和环境中获得最佳的学习效果。

5. 增强思政教育的时效性与针对性

互动教学模式强调结合时事热点和社会实际进行教学，使思政教育与现实生活更加紧密地结合起来。通过利用网络资源进行实时讨论，教师能够引导学生分析当前社会中发生的重大事件，培养学生的社会责任感和政治敏锐性。这种结合时事的互动教学，不仅增强了思政教育的时效性和针对性，还能使学生更加直观地感受到思政理论与日常生活的紧密联系，从而有效增强其对思政课程的认同感和实践意识。

二、"互联网＋"时代思政课互动教学模式的类型

在"互联网＋"时代，高校思政课互动教学模式可以充分利用互联网技术的优势，实现更加高效、多元和个性化的教学。以下是一些与互联网紧密相关的互动教学模式。

第八章 "互联网+"赋能思政课：实效、互动与一体化探索

（一）社交媒体互动教学模式

社交媒体作为现代信息传播的重要工具，其便捷性和广泛性为高校思政课提供了全新的互动教学平台。通过微博、微信公众号等多种社交平台，教师可以定期发布与思政课内容相关的学习资料、案例分析、时事热点等，实时传递教学资源与最新资讯。这些平台不仅能够提供文本资料，还可以通过视频、图片、音频等多媒体形式增强教学的吸引力和表现力。学生在这些平台上不仅能够获取丰富的学习资源，还可以在评论区或私信中与教师进行交流互动，提出问题、分享个人见解，进而激发深入的思考与讨论。

利用社交媒体的特点，教师可以通过互动式教学设计，组织学生参与实时热点事件的分析和讨论中，推动学生对时事政治、社会问题以及国家发展战略的深度关注与思考。例如，在某一时事事件的讨论中，教师可以引导学生从思政课程的理论框架出发，并结合马克思主义基本原理、社会主义核心价值观等相关理论进行多角度的剖析，帮助学生形成科学的价值观和判断力。

通过微信群、QQ群等社群工具，教师还可以建立学习小组，促进学生之间的知识共享和讨论互动。这些社群工具为学生提供了一个低门槛的在线学习平台，学生不仅可以在群内讨论课程内容、互相解答疑问，还能够分享个人在学习过程中遇到的挑战与困惑，增强团队合作意识，培养集体学习的精神。通过小组合作学习，学生能够在更为开放的学习环境中，激发自己的学习热情和创新思维。

基于社交媒体和群组工具的互动教学模式，不仅为学生提供了便捷的学习渠道和资源分享平台，而且能够打破时空限制，使得学生和教师之间的互动不再局限于课堂内的有限时间，而是能够在课外、课后的任何时间进行多层次、多形式的交流与互动，从而有效提升思政课教学的灵活性和针对性。

（二）在线平台互动教学模式

"互联网+"背景下涌现的智慧课堂教学模式有效弥补了高校传统思政课教学的不足，从学生的实际需求出发，依托智能化学习平台，有利于激发学生学习的自主性，提高师生互动率[①]。

[①] 代梦琪. "互联网+"背景下智慧课堂模式在高校思政课中的应用[J]. 互联网周刊，2024（14）：58-60.

1. 录播 + 互动讨论

录播教学是"互联网 +"时代普遍采用的教学方式之一，其核心优势在于可以让学生在自主学习的基础上进行深度学习和反思。在该模式下，教师提前录制教学视频，并将其发布到线上平台，学生可以根据自己的学习进度和实际需求，在课后反复观看学习。这种自主学习的方式不仅能帮助学生更好地掌握课程内容，还能在一定程度上培养其自我学习和时间管理的能力。

录播视频的内容一般包括思政课的基本理论、时事热点分析、案例教学三个方面。教师通过精心设计的视频讲解和实例分析，帮助学生理解抽象的理论，强化实践与理论的结合。在视频学习之后，学生需要通过在线平台进行小组讨论或全班讨论，进一步深化对教学内容的理解。通过平台的讨论功能，学生可以在小组内就某一议题展开深入探讨，分享自己的见解与观点，同时也能从同学的思考中获得新的启发与认知。

在讨论过程中，教师可通过在线平台提供的论坛、评论区等各种功能，及时参与其中，进行引导、点评和总结。教师不仅可以解答学生的疑问，还可以通过对学生讨论结果的反馈，促进思维的碰撞与深度交流。此种模式的优点在于通过线上互动，促进了学生之间的思想交流，增强了课堂学习的互动性，同时也提高了学生的参与感与自主学习能力。

2. 直播互动教学

直播互动教学是一种基于实时在线互动的教学模式，它利用直播平台进行实时授课，让教师和学生之间的互动更加即时、生动。在这一模式下，教师通过直播平台进行授课，学生则可以通过实时提问、评论或参与在线投票等多种方式与教师进行即时互动。直播平台互动性强，学生可以随时提出问题，教师可以根据学生的反馈调整教学内容和节奏。这种即时互动不仅能解决学生在学习过程中遇到的困难，还能增强学生的学习动机和参与感。

在直播教学的过程中，教师可以通过设置投票、问卷等互动功能，实时收集学生的反馈信息。例如，在讲解某一思政理论时，教师可以通过问卷调查学生的理解程度，了解他们对某一概念的掌握情况，并根据结果合理调整接下来的教学内容与讲解方式。这种即时反馈机制能够使教师更加精准地把握学生的学习进度和需求，从而提高教学效果。

直播互动教学还具有情境感强和互动性的突出特点，教师可以通过实时授课和互动，调动学生的学习积极性。例如，通过课堂中的问答环节，教师可以促使学生思考和反思，并通过生动的案例、对时事热点进行实时分析，引导学生在学习中不断扩展思维边界。同时，直播平台的即时互动功能也为学生提供了更多展示自我和表达思想的机会，有效促进了学生思维的开放和批判性思维的培养。

（三）App 互动教学模式

在"互联网+"时代，高校思政课的教学逐渐趋向数字化、智能化和个性化，特别是移动互联网技术的迅速发展，使得基于 App 的互动教学模式逐渐成为思政课教学的重要创新形式之一。通过定制化和功能多样的 App 平台，教师可以更为灵活地设计教学内容，促进学生与教师之间以及学生与学生之间的互动交流。这种教学模式不仅为学生提供了便捷的学习工具，还使得思政课的教学形式更加多元化，互动性强，能够更加适应现代大学生的学习需求和习惯。

在 App 互动教学模式中，移动端应用软件作为主要的教学载体，以其灵活的功能设置和信息流通机制，为思政课的互动教学提供了全新的支持。App 平台通常具备以下重要特点，从而促进了思政课的教学创新和学生学习效果的提升。

1. 个性化学习体验

借助 App 的个性化学习功能，教师能够根据学生的学习进度、兴趣爱好以及学习能力，设计针对性的学习方案，帮助学生进行自主学习和定制化学习。通过 App，学生可以根据自己的节奏选择不同的学习内容，例如，观看教学视频、阅读课件、参与在线测验等。这种灵活的学习方式有助于学生根据自身的学习需求制订学习计划，提高学习的自主性和效果。同时，App 平台还可以记录学生的学习轨迹和成绩表现，教师可以依据这些数据对学生的学习情况进行实时分析，从而为学生提供更加个性化的反馈和指导。

2. 互动与反馈机制

App 平台通常内置有丰富的互动功能，如在线问答、即时反馈、讨论区等，能够有效打破传统课堂中师生单向传递信息的局限。在思政课教学中，学生通过 App 平台可以随时向教师提出问题或发表自己的见解，而教师则能迅速给予反馈。这种即时互动不仅能快速解决学生在学习过程中遇到的困惑，还能够引导学生深入思考，促使学生与教师之间保持更紧密的联系和沟通。

此外，App 平台内的讨论区或社交功能还能够促进学生之间的交流与协作，学生可以在平台上分享自己的学习心得、讨论课程中的重点与难点，甚至还可以就某一时事热点展开集体讨论，形成良好的学习氛围。

3. 丰富的多媒体资源支持

为了提升思政课教学的吸引力和教学效果，App 平台通常会整合丰富的多媒体教学资源，包括视频讲解、图文资料、音频文件等多种形式。教师可以利用这些资源在教学过程中进行多角度、多层次的内容展示，帮助学生更好地理解和掌握思政课的核心知识点。例如，通过短视频或动画的形式展示抽象的理论概念，利用音频材料引导学生深入思考政治历史事件的背景与影响等。此外，App 平台还可提供情景模拟、案例分析等互动模块，通过这些功能将思政理论与实际社会问题相结合，增强学生的实践能力和问题解决能力，推动学生在学习过程中对知识的理解和应用。

4. 在线测评与学习监控

App 平台还具有实时测评和学习监控功能，能够帮助教师快速了解学生在学习过程中的掌握情况。通过在线测验、随堂小测、课堂互动等形式，学生可以实时检测自己的学习成果，教师可以根据测评结果调整教学策略和内容。比如，教师可以根据学生在小测中的表现，了解他们在哪些知识点上存在薄弱环节，从而针对性地进行补充讲解或安排额外的学习任务。此外，App 平台通常还具备数据分析功能，教师能够通过平台详细查看学生的学习时间、学习频率、学习成绩等数据，从而为个别化教学提供依据。

5. 课程进度和作业管理

App 平台还可以作为课程管理的重要工具，帮助教师制定课程进度安排、布置作业和发布课程通知。通过 App，教师能够轻松地向学生发布课程内容和教学安排，确保信息的及时传达与共享。此外，学生在平台上还可以随时查看和提交作业，教师则能够迅速批改并给予反馈。通过这种实时作业管理和进度跟踪功能，教师能够有效掌握学生的学习进展，并在必要时为学生提供帮助与指导。

三、"互联网+"时代思政课互动教学模式的运行要点

在"互联网+"时代，高校思政课的互动教学模式借助信息技术的迅猛发展，已逐步形成了以多元化、智能化和个性化为特征的教学创新模式。这

第八章 "互联网+"赋能思政课：实效、互动与一体化探索

一模式的运行不仅依赖于传统教学理念的更新，还与现代教育技术的有效整合密切相关。在此背景下，思政课教学应积极转变教学方法和理念，充分利用互联网技术实现教学内容、方式与评价的创新。为了确保这种互动教学模式的顺利实施，必须关注以下几个关键要点。

（一）教学设计与内容的精准匹配

在"互联网+"时代，教学内容的设计不仅要基于思政课程的核心目标，还需要紧跟时代发展步伐，结合社会热点和学生的兴趣与需求创新性地安排教学内容。具体而言，教师应在课程设计之初，就深入分析学生群体的学习特点与需求，灵活运用互联网技术，设计具有时效性和互动性的教学模块。例如，结合时事热点进行理论解析、通过案例教学分析社会问题，或利用多媒体和互动平台增强学生的参与感和学习兴趣。同时，教学内容的个性化和差异化也是"互联网+"时代思政课成功实施的关键要素。教师应根据学生的学习进度、兴趣和基础知识水平等，设计出不同难度层次的学习内容，以满足不同学生群体的需求。

（二）互动平台的功能建设和优化

互动教学模式的成功实施离不开高效便捷的技术平台支撑。在具体实施过程中，平台的功能设置不仅应具备教学资源共享、课堂互动便捷的特点，还应具备高效的反馈机制。例如，在线讨论区、实时问答、社群学习等功能可有效促进学生与教师之间、学生与学生之间的互动，增强思政学习的协作性与深度。教师可利用平台进行实时教学反馈，解答学生提出的问题，帮助学生解决学习中的困惑。平台还可以根据学生的学习数据进行智能分析，为教师提供个性化的指导意见，帮助其实时掌握学生的学习动态，优化教学策略。与此同时，平台的用户体验也应得到足够重视，界面简洁、操作便捷的设计能够有效提升学生的使用频率和学习参与度，确保互动教学模式的高效运行。

（三）教师角色的转变与能力提升

在"互联网+"时代，教师不再是单纯的知识传递者，而是学生学习的引导者和支持者。教师应具备灵活运用各种互联网工具和平台的能力，能够根据平台提供的数据和反馈情况，及时调整教学内容和方式，确保教学活动

- 219 -

的持续性和互动性。此外，教师还需要具备较强的信息素养和创新意识，能够根据社会热点、学生需求及课程内容的变化，精心设计出符合新时代要求的互动教学模式。教师还应注重学习平台的内容管理与互动引导，确保课堂的有序进行，并通过有效的互动促进学生积极思考和深度学习。

（四）学生主体性的发展

互动教学模式强调学生自主学习和主动参与。教师不仅要引导学生进行课堂上的互动，还应鼓励学生在课外通过在线平台进行自主学习和思维碰撞。学生应被视为学习的主体，教师则应通过设计灵活的互动任务和富有挑战性的课题，激发学生的学习兴趣和探究欲望。通过在线平台的学习、讨论、互动等环节，学生能够更加主动地参与到课程中，不断提升其思辨能力、表达能力以及批判性思维。这种以学生为中心的教学设计能够有效提高学生的学习质量和对思政课程的认同感，增强其对社会主义核心价值观的内化和认同。

（五）教学评估与反馈机制的完善

互联网技术为教学评估提供了新的可能性，通过平台收集的数据，教师可以实时掌握学生的学习情况、思维进展以及对课程内容的理解深度。教师可以依据学生的线上参与情况、讨论质量、作业完成度等一系列数据，进行全面且精准的评价，进而调整教学策略和内容。评估不应仅限于期末考试或传统的测验，更应涵盖学生的平时参与、互动情况以及实践能力等诸多方面。通过这种多维度、全方位的评估，教师能够更好地了解学生的学习进展与需求，进而为学生提供有针对性的指导和帮助。

第三节 基于互联网平台的高校思政课一体化建设

一、慕课与高校思政课的一体化建设

慕课即大规模在线开放课程，作为一种以学习者为中心的教育模式，打破了传统网络教学中内容单一、形式固定的局限，积极倡导自主学习、碎片化学习和个性化学习。其发展不仅推动了优质教育资源的共享，还为终身教育体制的构建提供了有力支持，促进了知识的迅速传播。通过慕课模式的应

用，高校思政课程的教学可以突破传统课堂的限制，借助互联网技术真正实现教育内容的创新和传播方式的多样化，从而更好地服务于当代大学生的思政教育需求。

（一）慕课与高校思政课一体化建设的要求

1. 对课程本身吸引力的要求

慕课作为一种现代化、信息化的教学形式，本身具有较强的灵活性和可操作性。借助数字化平台，慕课打破了传统课堂的时空限制，使学习更具个性化和自主性。然而，慕课的双刃剑效应也意味着其应用效果与学生对思政课程的态度密切相关。对于学生而言，思政课程作为一门理论性较强的课程，往往存在吸引力不足的问题。特别是在一些学生的认知中，思政课可能更多被视作"应付式"的学科，因此，如何提升思政课的内在吸引力已成为慕课与思政课一体化建设的首要任务。

思政课程必须具备充分的时代感和针对性。课程内容需要紧密结合当代社会实际、学生的实际需求以及当前的社会热点问题，避免课程内容过于抽象或脱离学生的生活实践。通过创新的课程设计，如情景化教学、互动式学习、案例分析等方式，可以有效激发学生的学习兴趣，提高其对思政课程的认同感。此外，慕课所提供的视频、音频等多媒体手段，可以帮助思政课程在教学形式上打破单一的讲授模式，将课程内容通过多元化、互动化的方式呈现给学生，从而提升学习的沉浸感和参与感。

然而，慕课的优势也可能被其灵活性所掩盖，尤其是当学生对思政课缺乏兴趣时。由于慕课形式的"自由性"，学生可能因缺乏课堂监管而出现逃课或分心的现象。这要求高校思政课在设计慕课时，必须注重激发学生的内在动力，而非仅仅依赖于教师的督促。为了促使学生主动参与学习，慕课需要在课程设计上增加互动性和反馈机制，使学生在学习过程中能够实时获得教师和同学的反馈，从而增强其对课程的关注度和参与度。

2. 对高校教学条件的要求

在确保慕课与思政课有效融合的过程中，高校教学条件尤为重要。慕课的实施不仅是教学模式创新问题，更涉及技术设施、资源支持和经济投入等多方面的保障。

高校必须提供强有力的技术支持，确保慕课系统能够实现高效的教学管理。具体而言，教学平台需要具备多个功能，包括教师对学生学情、作业提交情况的追踪与分析，学生自我评估、在线互动和课程进度管理等。这些功能的实现，有助于教师在课程实施过程中及时调整教学内容和策略，同时也能帮助学生随时了解自己的学习进度和不足之处，便于其在学习过程中进行自我调整。

慕课的开发与维护需要大量的资金和技术投入。高校尤其是规模较小、资金相对不足的院校，可能面临无法承受慕课教学模式带来的经济负担的情况。因此，如何保障慕课的可持续发展，要求大学在规划课程时充分考虑经济因素，可通过寻求政府支持、校企合作或者跨校合作等方式，共同分担技术和资金成本。此外，高校还需要配备专业的技术人员和教学设计人员，以保证慕课系统的稳定运行和教学内容的高质量输出。

3. 对学生配合程度的要求

学生参与慕课学习的程度是确保思政课教学质量的重要因素。在传统的课堂教学模式中，教师通过面对面的互动和监管能够有效地督促学生的学习进度。然而，在慕课模式下，学生的学习变得更加自主，学习主动性和自觉性对教学效果的影响尤为重要。对于许多学生，尤其是低年级的大学生来说，习惯了应试教育下的政治课模式，往往难以迅速适应慕课的自主学习模式。在中学阶段，学生往往在教师的引导下完成政治课的学习，而到了大学，思政课的学习方式逐渐转向网络化和自主化，这就要求学生在学习过程中能够积极主动配合，具备较强的自律性。

学生需要具备自觉按时登录、观看课程内容，并完成课后作业和讨论的能力。对于许多学生而言，尤其是在国内部分普通高校，能够持续保持这种自觉性并非易事。起初，由于新鲜感的驱动，学生可能能够按时完成课程，但随着学习周期的延长，能够保持持续性学习的学生数量会越来越少。因此，如何激发学生的持续学习兴趣，促使他们在整个学期内积极参与课程，成为慕课与思政课一体化建设中的关键问题。

学生在慕课中是否能够积极参与课堂讨论以及他们对讨论模式的兴趣，也是影响教学效果的重要因素。思政课的讨论往往涉及国家大事、社会热点等问题，这要求学生不仅具备一定的政治敏锐性，还应对时事问题有一定的关注。然而，学生的兴趣和参与度往往受到其个性、社会经验以及对思政课程的认同感等多方面因素的制约。因此，如何设计符合学生特点的教学模式，激发他们的参与热情，促使他们能够自发地融入讨论，成为有效提高教学质量的又一重要要求。

此外，学生的个性差异也使得慕课教学模式面临一定挑战。不同学生在学习方式、学习节奏、互动能力等方面存在一定差异，因此，如何根据学生的个性特点设计灵活的教学策略，使其能够在慕课学习过程中得到有效的支持和引导，也是提升教学效果的一个关键因素。

4. 对教师综合能力的要求

在慕课与思政课一体化建设中，教师的综合能力需要显著提升，尤其是在技术使用和线上互动方面。首先，教师不仅要具备扎实的思政课教学能力，还需要掌握在线教学所需的技术工具。这包括熟练运用慕课平台的操作、在线教学中的互动管理、作业批改与反馈等环节。教师的任务不再仅限于课堂讲授，而是要能够在网络平台上及时回应学生的提问，管理学生的学习进度，发布与课程相关的各种材料，并根据学生的学习情况科学调整教学策略。

教师在慕课教学中的角色发生了变化，由传统的"讲授者"转变为"引导者"和"督促者"。他们不仅要在课堂上清晰地传达知识点，还要通过线上平台与学生进行及时的互动，帮助学生解决学习中遇到的问题，推动学生的深度思考和讨论。这种转变要求教师具备较强的技术能力，能够熟练使用慕课平台以及相关的辅助软件，例如，视频编辑软件、在线测评工具、社交媒体平台（如抖音）等。这对一些传统的教师，特别是那些习惯了传统教学方式的"老教师"，构成了一定的挑战。对这类教师而言，提升其媒介素养和技术操作能力，是实现慕课与思政课有效一体化的一个重要任务。

此外，教师还需要具备一定的教学设计能力，能够根据学生的学习进度和反馈调整教学内容和教学方式。例如，在慕课中，教师通过数据分析可以得知学生的学习情况，从而灵活调整课程的难度、进度及互动方式。这种数据驱动的教学管理，要求教师不仅要掌握课程内容的教学方法，还需要具备一定的教学评估能力，能够通过数据反馈及时调整教学进度与内容，以确保教学效果的最大化。

（二）慕课与高校思政课一体化建设的路径

慕课与高校思政课的有机融合不仅是一种教学方式的创新，更是教育理念与技术进步相结合的产物。为了更好地推动这一融合发展，必须从宏观调控与课程特色的塑造两个层面，进行深刻的战略思考和系统性设计。

1. 顶层设计与平台建设

"思政慕课"的建设是一项系统工程，需要在国家层面加强宏观调控，以确保各项建设工作协同推进。顶层设计至关重要，在高等教育中，思政教育不仅要传承和发扬社会主义核心价值观，还要顺应信息化时代的发展潮流，推动思政教学模式的转型与升级。因此，应当从国家层面制定针对性的政策与规划，明确慕课与思政课程融合的方向与目标，推动技术与教育内容的深度结合。

慕课平台的建设必须具有开放性和共享性。慕课作为一种网络化教育资源，其优势在于能够突破时空限制，为广大高校师生提供丰富的学习与互动平台。国家应鼓励不同层次的高校共同参与慕课平台的建设，不仅要推动"双一流"高校主导平台的研发，还应通过平台建设辐射至地方高校和普通院校，形成全覆盖的思政教育网络。这样，不同地区、不同层次的高校便可以通过共享资源，促进教育公平，提升全民的德育素养。

此外，慕课平台不仅应服务于传统高等教育，更应与终身教育体系相融合。随着社会发展的不断推进，思政教育的对象已不仅限于大学生，还涵盖了整个社会的公民群体。因此，思政慕课平台的建设应该为不同年龄段、不同社会阶层的人群提供个性化和持续性的教育支持，以促进全社会的思政素质提升。

2. 融合传统思政课的优势

虽然慕课具有传统课堂不可替代的技术优势，但其在思政教育中的应用仍不能脱离传统课堂的支撑。传统的思政课堂依赖于教师与学生之间的面对面互动，通过课堂讲授、讨论等形式对学生的思想和认知加以引导。这种方式具有情感传递与思想交流的独特优势，能够增强思政教育的感染力与说服力。而慕课虽然能够为学生提供灵活的学习时间和丰富的学习资源，但如果完全取代传统课堂，往往会削弱师生之间的情感纽带和思想碰撞的机会。因此，在思政课程中，应当辩证地融合传统课堂教学和慕课教学的优点。传统课堂能够进行深度的情感传递和面对面的思想交流，而慕课则可以通过网络平台扩展教学的空间与时间，达到教学内容的普及和延展。两者应当相互补充、相得益彰。在实际操作中，学校可根据自身条件，将思政慕课作为传统课堂的有力补充，通过线上和线下教学相结合的方式，形成多元化的教学模式。这不仅能提升思政课程的教学效果，还能够提高学生的学习兴趣和参与感，确保思政教育在新时代背景下的有效性与针对性。

3. 加快慕课的普及与推广

"思政慕课"的建设不仅需要技术平台的支撑，还需要在教育内容和教学方法上实现普及与创新。由重点高校发起的慕课建设应当为其他院校提供示范与引领作用，逐步推动各类高校参与进来，从而实现由点及面的全方位推广。通过这一过程，可以在全国范围内构建起覆盖各类高校的思政教育网络，使"思政慕课"成为提升高校思政工作水平的重要支撑。

4. 增强学生"思政慕课"的获得感

为了提高学生对"思政慕课"的获得感，必须注重教学内容的创新与本土化。思政教育的内容不仅要与时代发展同步更新，还要结合学生的思想实际与社会背景，强化教学内容的现实针对性和时代感。特别是在全球化和信息化背景下，学生对于国际形势、社会问题、文化差异等话题的关注日益增加，因此，思政慕课应当更加注重将国际视野与本土实践相结合，重点关注学生对国家政策、社会现象、历史文化的深层理解。

慕课的技术手段应当更加深入地应用于思政教育的教学过程。例如，通过虚拟现实（VR）、增强现实（AR）等技术手段，构建沉浸式学习环境，让学生能够身临其境地体验历史事件和社会变革的场景，进而加深其对思政教育内容的理解与认同。此外，借助大数据和人工智能等技术，教师能够更加精准地分析学生的学习行为和学习需求，从而根据数据反馈为学生提供个性化的教学支持。

思政教育不仅是理论的传授，更是社会实践的引导。为了增强学生对"思政慕课"的获得感，必须加强课堂与社会实践的有机结合。通过组织学生参与社会服务、志愿活动、调研实践等，学生可以将课堂所学的理论知识应用到实际生活中，增强对思政教育的感性认知和实践能力。这种理论与实践的结合不仅能提升学生的思政素养，也能够使思政课程的教学更具针对性和时效性。

二、翻转课堂与高校思政课的一体化建设

翻转课堂即将传统课堂结构进行颠覆，从以教师为主体的教学方式转变为以学生为主体，充分利用新媒体等多种技术手段开展开放性和多样化的课堂活动。其核心目标是通过改变教学方式，最终实现思政教育的培养目标。

翻转课堂不仅避免了传统课堂教学中"独角戏"的弊端，也克服了慕课教学单纯依赖网络的局限性，已然成为"互联网+教育"背景下催生的有效混合式课程管理方式。

翻转课堂的优势十分明显，尤其在高校思政教育中尤为重要。许多高校学生普遍认为专业课程更加重要，而对思政教育的重视程度较低。翻转课堂模式通过赋予学生更多的学习自主性与灵活性，有效激发了他们的学习积极性、主动性和参与感。这一教学方式不仅保留了传统课堂的集中管理和教学指导功能，还在更大程度上体现了教育的民主化、信息化和时代化特征。在翻转课堂模式下，教学程序的调整和技术工具的引入，切实落实了"以学生为中心"的教学理念，并且极大地拓展了学生的学习空间，增强了学习的互动性与实效性。

（一）翻转课堂的特点

翻转课堂作为一种创新的教学模式，具有鲜明的特点，尤其体现在其对学习者自主性、互动性和数字化支持的强调。翻转课堂的核心理念是将传统教学结构和时间安排进行重新调整，进而激发学生的主动学习热情，促进其深度学习与知识内化。具体而言，翻转课堂的特点主要从以下几个方面进行探讨。

1. 个性化

翻转课堂的个性化特征表现在课程设计和学习路径上，强调根据学生的差异化需求进行灵活的学习安排。在这一模式下，课程内容、学习方式和评估标准均紧紧围绕学生的主动学习过程展开，着力提升学生的自我管理能力和学习自主性。教师在设计课程时，不再单纯依赖统一的讲授，而是通过提供丰富的学习资源、任务导向的学习活动以及个性化反馈，激励学生根据自己的兴趣和节奏进行学习，进而促进其全面发展。

2. 协同性

翻转课堂的协同性特点体现在课堂内外各学习环节的相互联系与合作。课前，学生通过自主学习获取基本知识，教师为学生提供引导和资源支持；课堂中，学生通过小组讨论、合作学习等形式共同探讨和消化知识，教师则充当引导者和促进者的角色；课后，学生通过复习和反思巩固所学内容，同时教师也通过数据跟踪和个别辅导，帮助学生进一步内化知识。通过这种三维协同，翻转课堂真正实现了学习内容与学习方式的高度互动，有效促进了学生对知识的理解与应用。

3. 数字化

翻转课堂的数字化特征是其在现代信息技术支持下得以广泛应用的关键因素。借助数字化平台和工具，学生可以随时随地访问学习资源，进行在线互动与讨论，教师也可以通过数据分析实时掌握学生的学习进度与难点，从而为其提供个性化的教学支持。数字化不仅提升了教学的灵活性与效率，还为学生提供了丰富的学习途径和便捷的反馈渠道，极大地增强了学习的互动性和开放性。

（二）翻转课堂与高校思政课的一体化建设的路径

1. 确立师生双主体地位

从学生主体的角度来看，翻转课堂强调尊重学生的认知特点和自主学习能力。通过提前布置学习任务、引导学生进行课前自主学习，翻转课堂激发学生的学习兴趣和主动性。这种模式不仅赋予学生更多的学习选择权，还有效促进了其学习责任感和自我管理能力的培养。在这种教学安排下，教师的角色从单纯的知识传授者转变为引导者和促进者，帮助学生构建个性化的知识体系，不断提升其批判性思维和独立判断能力。

教师的引导作用在翻转课堂中依然不可或缺。尽管学生的自主学习和探索在教学过程中占据了重要位置，但思政教育作为一门具有高度理论性和价值导向的学科，其教学内容和核心理念的传递仍需依赖于教师的引领。教师在翻转课堂中的任务是精准把握学生的学习进度与实际需求，及时进行知识点的梳理与深化，确保学生的思维沿着正确的轨道发展。尤其是在思政教育中，教师不仅是知识的传递者，更是价值观的塑造者和思维方式的引导者。因此，教师的教学不仅要注重理论的讲授，还要引导学生从多元角度进行思考，帮助其形成全面且深刻的价值体系。

从宏观层面来看，确立师生双主体地位并非简单的角色分配，而是教学共同体的协同互动。通过翻转课堂模式，教师与学生的角色可以灵活转换，形成一种相互依赖、相互促进的教学氛围。教师既要通过精心设计的教学内容和活动，引导学生在学习中实现自我构建；同时，学生也需在翻转课堂的学习过程中，主动担负起学习的主体责任，激发其对知识的内在需求和思考。

这种双主体的互动模式，不仅有助于克服传统思政课中教学形式单一、内容枯燥的弊端，也能最大限度地调动学生的学习热情和参与度，使思政课程实现理论教学与实践探索的有机结合，从而达到培养学生健全世界观、人生观、价值观的最终目标。

2.注重课前、课中和课后环节的衔接

在现代教育改革的背景下，课程教学的有效性不仅依赖于课堂内的直接授课，更多的是要实现课前、课中与课后环节的紧密衔接，以确保教学内容的有效传递和学生学习效果的最大化。尤其是在高校思政课程中，课前、课中和课后环节的有机结合，是提高教学质量、推动学生全面发展的关键途径。

在思政课翻转课堂教学的课前预习环节，教师应通过多元化的方式，例如，提供在线学习材料、设置自主学习任务、推送相关文献或视频讲解，引导学生提前了解本节课的知识框架及关键内容。通过课前的自学，学生不仅能对课程内容有初步的认知，还能为课堂讨论和互动做好准备。在思政课程中，这一环节特别强调学生对政治理论基础知识的自主学习，使其能够在接下来的课堂中进行深度思考和多角度分析。

在思政课翻转课堂教学的课堂教学环节，教师应根据学生的实际情况，通过多样化的教学方法激发学生的思考与互动。翻转课堂模式强调以学生为主体，课堂时间更多地用于问题讨论、案例分析、情景模拟等形式的互动性教学，教师则起到引导、启发和点评的作用。这一过程不仅是知识的传递过程，更是思政课教学中思想碰撞和价值观形成的关键阶段。在这一过程中，学生能够在自主探究和同伴交流中逐渐加深对思政理论的理解和应用，为课后环节的复习提供有力的理论支撑。

在思政课翻转式教学的课后复习环节，教师可通过布置拓展性作业、组织线上测评、设立反馈机制等方式，帮助学生巩固课堂所学，并激励学生通过实践活动将理论与社会实践结合。在思政课程中，课后活动如社会调研、志愿服务、实践项目等，能够促使学生将课堂上所学的理论知识应用于实际，推动学生在实践中不断完善自己的世界观、人生观和价值观。

参 考 文 献

[1] 操菊华. 人工智能背景下思政课教学精准化研究 [M]. 武汉：华中科技大学出版社，2023.

[2] 曹亚静，洪秘密，张新. "互联网+"时代以学生为中心的高校思政课教学模式改革研究 [J]. 互联网周刊，2023（16）：28-30.

[3] 代梦琪. "互联网+"背景下智慧课堂模式在高校思政课中的应用 [J]. 互联网周刊，2024（14）：58-60.

[4] 翟羽佳，林于良. 数字技术赋能高校思政课教学的逻辑理路 [J]. 学校党建与思想教育，2025（2）：64-66+94.

[5] 董君，陈晓琴，徐瑞玲. 智慧课堂教育理论与实践 [M]. 长春：吉林出版集团股份有限公司，2021.

[6] 杜朝举，李文亮，赖小妹. 大数据时代高校思政课教学话语建设论略 [J]. 学校党建与思想教育，2024（16）：29-32.

[7] 段维清. 现代教育技术与智慧课堂的构建研究 [M]. 北京：中国商业出版社，2022.

[8] 胡刚. 人工智慧场域高校思政课教学话语重构的意义、困境与对策 [J]. 华北电力大学学报（社会科学版），2023（6）：126-134.

[9] 胡颖. 人工智能在教育中的应用模式、风险及实践路径 [J]. 科教文汇，2024（15）：26-29.

[10] 季海菊，王艺润. 数字生态下高校思政课教学相长的认知逻辑与效果反馈 [J]. 南京社会科学，2024（10）：123-133.

[11] 郎嬛琳，从春侠. 健全突出教学优先的高校思政课教师评价体系 [J]. 思想理论教育导刊，2024（12）：96-103.

[12] 雷莉. 信息技术之于高校思政课教学改革的困境与优化路径 [J]. 煤炭高等教育，2024，42（4）：66-70.

[13] 李丙南. 大数据时代学生主体性培育的机遇、挑战及对策：基于思政课视角的研究 [J]. 林区教学，2023（11）：10-14.

[14] 李梁.信息技术与思政课教育教学的深度融合研究[D].上海：上海大学，2017.

[15] 李晓瞳.新时代学校思政课程一体化建设研究[M].长春：吉林大学出版社，2021.

[16] 林明惠.数字时代高校思政课精准教学：机遇、挑战与路径[J].中国大学教学，2024（9）：58-64.

[17] 刘晶.信息化技术下的高职院校思政课教学模式研究：以常州工程职业技术学院"云课堂"为例[J].现代交际，2020（19）：4-6.

[18] 刘亚品，胡耀尹.高校思政课教学高质量发展的着力点[J].人民论坛，2024（20）：89-91.

[19] 刘杨.试论高校思政课教师信息化教学能力的提升[J].学校党建与思想教育，2023（24）：39-41.

[20] 罗洪，周琪.人才学原理[M].北京：人民出版社，2013.

[21] 吕睿，夏江敬.大学生思想政治教育的新媒体应用研究[J].传媒，2021（15）：85-87.

[22] 马瑶.新媒体环境下研究生思想政治教育创新策略研究[J].公关世界，2022（10）：123-124.

[23] 买买提江·艾依提.新媒体时代大学生思想政治教育工作创新路径探析[J].新闻研究导刊，2023，14（5）：180-182.

[24] 欧胜虎.智能教育时代高校教师角色转型的必然、实然与应然[J].成都工业学院学报，2024，27（4）：89-92.

[25] 钱梦婷.智能时代思政课教学形态变革：基于生成性教学视角[J].教育评论，2024（3）：87-92.

[26] 上官文丹，王黎斌.人工智能驱动高校思政课教学模式创新的基本原则[J].湘潭大学学报（哲学社会科学版），2024，48（6）：187-192.

[27] 施旋，徐天啸.新媒体时代大学生网络思想政治教育的现状[J].文教资料，2022（6）：65-68.

[28] 孙代尧.以学理性增强高校思想政治理论课的实效性[J].思想教育研究，2020（4）：122-124.

[29] 孙多玲.基于问题逻辑的高校思政课专题教学模式研究[J].辽宁科技学院学报，2021，23（6）：102-104.

[30] 谭笑.智能时代高校思政课教学设计的难点与破解路径[J].现代教育科学，2024（6）：135-142.

[31] 王洪洋.新媒体环境下提升高校校报思想政治教育功能路径探析[J].沈阳工程学院学报（社会科学版），2022，18（3）：140-144.

[32] 王卫国，杨晓，黎娟.高校思政课虚拟仿真教学体验中心建设探究[J].广西教育学院学报，2021（6）：122-126.

[33] 王玺.互联网时代大学生思政课教学理论与实践研究[M].北京：北京燕山出版社，2024.

[34] 夏越.基于智慧课堂的高校思政课教学模式研究[D].长春：吉林大学，2023.

[35] 张党诺.构建高校思政课实践教学体系三维指向[J].中学政治教学参考，2023（47）：44-47.

[36] 张继龙.智能技术变革背景下高校思政课课堂教学之问及其破解[J].思政课研究，2024（3）：124-132.

[37] 张洁.基于虚拟仿真技术的高校思政课教学实践探索[J].淮南职业技术学院学报，2024，24（2）：22-24.

[38] 张佩佩，苏洁.高校思政课教学加强历史自信教育略探[J].学校党建与思想教育，2024（6）：43-46.

[39] 张新标，汤小静.主体交互：高校思政课对分课堂的实践审思及其优化[J].高教探索，2025（1）：103-109.

[40] 郑冰悦.虚拟仿真教学法在高校思政课教学中的应用研究[D].南京：东南大学，2023.

[41] 周之琳.论思想政治教育过程中受教育者的逆反心理[J].鄂州大学学报，2021，28（1）：81-83.

[42] 朱丹.以系统观念推进高校思政课实践教学体系构建[J].思想战线，2024，50（6）：152-161.

- 231 -